文联版
http://www.clapnet.cn

2015 年的胡芝风

1956 年，胡芝风入学清华大学

胡芝风拜师梅兰芳先生时的合影

胡芝风与周信芳（左）、父亲胡选斌（右）合影

1982 年，胡芝风向杨友鹤老师学习川剧表演

1987 年，胡芝风在中国艺术研究院戏曲理论研究班毕业，
与张庚（右）、郭汉城（左）合影

胡芝风与阿甲先生

2006 年，胡芝风（左一）与刘厚生先生夫妇（中）、龚和德先生（右一）

胡芝风（后排左一）与家人

《霸王别姬》（1995 年于新加坡），胡芝风饰虞姬

《四郎探母》（1995 年于新加坡），胡芝风饰铁镜公主

《百花公主·赠剑》（1982 年），胡芝风饰百花公主

《李慧娘》（1979年），胡芝风饰李慧娘

《中国演员》杂志

胡芝风学术专著代表作

2012 年 6 月 28 日，胡芝风被香港演艺学院授予"荣誉院士"称号

中国文学艺术基金会资助项目

中国文联文艺出版精品工程项目

中国艺术家评传

CRITICAL BIOGRAPHY OF CHINESE ARTISTS

戏曲卷

# 胡芝风评传

陈建平 著

主编 谢柏梁

中国文联出版社

http://www.clapnet.cn

图书在版编目（ＣＩＰ）数据

胡芝风评传 / 陈建平著. -- 北京：中国文联出版

社, 2017.10

（中国艺术家评传 / 谢柏梁主编. 戏曲卷）

ISBN 978-7-5190-3207-4

Ⅰ. ①胡… Ⅱ. ①陈… Ⅲ. ①胡芝风－评传 Ⅳ.

①K825.78

中国版本图书馆 CIP 数据核字(2017)第 264332 号

## 胡芝风评传

| 作 者：陈建平 | |
|---|---|
| 出 版 人：朱 庆 | |
| 终 审 人：朱彦玲 | 复 审 人：蒋爱民 |
| 责任编辑：张凯默 李成伟 | 责任校对：傅泉泽 |
| 封面设计：马庆晓 | 责任印制：陈 晨 |

出版发行 中国文联出版社

地 址：北京市朝阳区农展馆南里 10 号，100125

电 话：010-85923060（咨询）010-8592300（编务）010-85923020（邮购）

传 真：010-85923000（总编室），010-85923020（发行部）

网 址：http://www.clapnet.cn　　http://www.claplus.cn

E - mail：clap@clapnet.cn　　panshijing@clapnet.cn

印 刷：中煤（北京）印务有限公司

装 订：中煤（北京）印务有限公司

法律顾问：北京天驰君泰律师事务所徐波律师

本书如有破损、缺页、装订错误，请与本社联系调换

| 开 本：710×1000 | 1/16 |
|---|---|
| 字 数：300 千字 | 印 张：17.5 |
| 版 次：2017 年 10 月第 1 版 | 印 次：2017 年 10 月第 1 次印刷 |
| 书 号：ISBN 978-7-5190-3207-4 | |
| 定 价：50.00 元 | |

# 戏曲卷·总序

谢柏梁

## 一

在宇宙的浩瀚星空中，我们人类所居住的地球，无疑是最有灵性的星球之一。

人类作为地球的主人，其源远流长的创造与发展变化的历史，主要由各行各业的杰出人物所代表，由各色各样的奋斗历程所体现。

在美丽地球的东方世界，在古老而又年轻的中国，历朝历代的大家们，一向以对各式各类人物事迹的记述与描摹作为己任。我国的人物传记体裁丰富多样，大致可以分为纪传（皇家大事记）、文传（文学化传记）、史传（历史家所写人物传记）、志传（各地方志中所记载的本地人物传记）这四大类别。四类传记互为补充，构成了中国传记文化的多元谱系。

从左史记言、右史记事的专业化分工，到《左传》《国语》《战国策》式的整体氛围感的描述，最后由司马迁振臂一呼，以人物传记体为中心的《史记》横空出世。《史记》记载了地球东方的上自传说中的黄帝时代、下至汉武帝元狩元年（前122年）共三千多年的华夏历史。概述历代帝王本末的十二本纪，记录诸侯国和汉代诸侯兴废的三十世家，描摹重大历史人物的七十列传，使之成为号称"史家之绝唱，无韵之离骚"的中国历史上第一部纪传体通史。

在《史记·孔子世家》所记载的夹谷会盟中，孔夫子面对"优倡侏儒为戏而前"的表演场面，在非常严肃而力图放松的外交场合下，做出了特别粗暴野蛮的极端化处理。这也成为历代梨园界对于孔子不够恭敬的源头。此后历代史书方志，都不同程度地涉及优伶们的言行事迹。

魏晋以降，文史两家由混成到分野，自一体而两适。文者重藻饰心曲，史家倡材料事实，各臻其至，泾渭分明。隋唐而后，碑铭行传，五花八门，高手操觚，佳作如云。韩愈《祭十二郎文》情深委婉，柳宗元为慧能所作碑文机趣横生。

北宋乐史作《太平寰宇记》，分地区而织入姓氏人物，因人物又详及诗词、官职，"后来方志必列人物艺文者，其体皆始于史"（《四库全书总目提要》）。

太平世界，因人物而繁盛；梨园天地，赖优伶而生存。

美妙绝伦的中华戏曲艺术从唐代的梨园开始，至少存在了漫长的10个世纪。千百年以来，戏曲艺术一直在蓬勃兴旺地发展，成为中国人民雅俗共赏的朵朵奇葩、民族文化中不可忽视的重要部类、戏剧天地内中华文化的闪亮名片、国际社会审美天地中的东方奇观。

较早对优伶进行分类撰述的史书，是宋代大文学家欧阳修的《新五代史》。该书包含了分类列传45卷，这种分类传的体例较有特色，其中就包括了《伶官传》。

一向被人们所津津乐道，甚至还被收入到中学教科书的《五代史伶官传序》云："《书》曰：'满招损，谦受益。'忧劳可以兴国，逸豫可以亡身，自然之理也。故方其盛也，举天下之豪杰，莫能与之争；及其衰也，数十伶人困之，而身死国灭，为天下笑。夫祸患常积于忽微，而智勇多困于所溺，岂独伶人也哉！"尽管欧阳修的本意是说祸患之起乃多方面的原因所累积爆发而成，但还是对表演艺术家们带来了较大的负面影响。

与东土中国的情形完全不同，西方世界对于戏剧艺术家的看法与评价完全不一样。对于以三大悲剧家和一大喜剧家作为代表的古希腊戏剧家，对于以莎士比亚、歌德、席勒等的西方戏剧界的灿烂星座，西方人给予无限崇敬和由衷热爱。

晚清以来最早睁开眼睛看世界的中国人，是那些在西方世界出使、考察或者读书的官员士子。当他们瞻仰到西洋剧院的建筑艺术之华美绝伦、内部装饰之金碧辉煌后，不由得发出由衷的赞美，感叹西洋剧院其"规模壮阔逾于王宫"，特别是舞台上的机关布景之生动逼真，变幻无穷，"令观者若身历其境，疑非人间"；至于西方的戏剧艺术家地位之高贵，更是令国人叹为观止：所谓"英俗演剧者为艺士，非如中国优伶之贱"，"优伶声价之重，直与王公争衡"！

人类的艺术天地原本皆是可以共同分享的，何以东西方对于戏剧艺术家的认同度与景仰度，相差之大犹若天壤之别呢？泱泱中华，文明古国，难道就没有有识之士站出来振臂一呼，为戏剧艺术家们说几句公道话吗？

# 二

江山代有才人出，是非终有识者论。

我国历史上，首度给予戏曲艺术家们全方位高度评价的文人，是元代的钟嗣成（约 1279 年—约 1360 年）。这位祖籍大梁（今河南开封）人士，长期生活在素有天堂之称的杭州城。他先在杭州官学读书，师从于邓文原、曹鉴、刘濩等名家宿儒，又与对戏曲有着共同爱好的赵良弼、屈恭之、刘宣子、李齐贤等人同窗攻书，其乐融融。有记载说，钟嗣成曾一度在江浙行省任掾史。他自己写过《寄情韩翊章台柳》《讥货赂鲁褒钱神论》《宴瑶池王母蟠桃会》《孝谏郑庄公》《韩信泜水斩陈余》《汉高祖诈游云梦》《冯驩烧券》等 7 种杂剧，但不知为何皆已散佚。

真正使得钟嗣成开宗立派、名传青史的著作，还是其为中华民族有史以来第一代剧作家描容写心、传神存照、树碑立传的《录鬼簿》。

《录鬼簿》上卷分"前辈已死名公有乐府行于世者""方今名公""前辈已死名公才人有所编传奇行于世者"三类，这三类名公才人之情形，乃其友陆仲良从"克斋吴公"处辗转所得，故"未尽其详"。下卷分为"方今已亡名公才人余相知者为之作传，以【凌波曲】吊之""已死才人不相知者""方今才人相知者，纪其姓名行实并所编""方今才人闻名而不相知者"四类。这上下两卷书大体依据时代之先后加以排列，一共记述了

152 位元杂剧及散曲作家的基本情况，同时也记录了四百余种剧目。

我很欣赏钟嗣成的"不死之鬼"说。在他看来，天地开辟，亘古及今，自有不死之鬼在。何则？圣贤之君臣，忠孝之士子，小善大功，著在方册者，日月炳焕，山川流峙，及乎千万劫无穷已，是则虽鬼而不鬼者也。

不死之鬼，是为不朽之神或曰永恒之圣。在钟氏的神圣谱系中，那些门第卑微、职位不振的剧作家，那些高才博识、俱有可录的梨园才人，都值得传其本末，叙其姓名，述其所作，吊以乐章，使之名传青史，彪炳千秋，泽及后世。

因此，写作《录鬼簿》更为重要而直接的意义，还在于对于后学的直接指导和充分激励。"冀乎初学之士，刻意词章，使冰寒于水，青胜于蓝，则亦幸矣。名之曰录鬼簿。"唯其如此，则杂剧戏文创作之道，才可能被一代代年轻的才人们所自觉自愿地衣钵相传，推陈出新，生生不已，得到更加健康的发展。

元杂剧作为中国戏剧史上第一个黄金时代，需要有人进行认真的归纳和总结。从此意义上言，钟嗣成在中国的地位，因为其成书于至顺元年（1330 年）的《录鬼簿》之横空出世，甚至可以与西方的大学问家亚里士多德的《诗学》等书相提并论。

有明一代，在贾仲明所增补的天一阁蓝格钞本《录鬼簿》之后，又附有约成书于洪熙、宣德（1425 年—1435 年）年间的《录鬼簿续编》一卷。该书直接受到《录鬼簿》的影响，以相同的体例记述了元、明之间一些戏曲家、散曲家的大致事迹，接续前贤，踵事增华，令人欣慰。

自兹之后，从总体上对于当代戏曲作家进行专门记载和研究的著作，从明清两代至中华民国，皆未得见。中华人民共和国成立以来，安葵的《当代戏曲作家论》和本人的《中国当代戏曲文学史》等相应的专著，都属于《录鬼簿》的悠远传统在新时代的传承、示范和发展。

# 三

与《录鬼簿》蔚为双璧的元代重要戏曲典籍，是生于元延祐年间、卒于明初的华亭（今上海松江）人夏庭芝所撰的《青楼集》。前书论作家，后者集演员，正好勾勒出元代戏曲艺术家中两个最为重要部类的旖旎景观和绰约风采。

《青楼集》成书于元至正乙未十五年（1355 年），该书记述了从元大都到山东，从湖广武昌到金陵、维扬以及江浙其他地方的歌妓、艺人共一百一十余人的简约事迹。这些女演员们各自身怀绝技，有的在杂剧、院本、诸宫调方面负有盛名，有的在嘌唱、乐器和舞蹈等项目上造诣颇深。有的演员如珠帘秀的弟子赛帘秀在双目失明之后，依然能在舞台上正常表演，"出门入户，步线行针，不差毫发"；脚步地位，规范犹在，这是多么高深的艺术造诣！

也正是因为她们的色艺双绝，声名鹊起，所以才引起了社会各界的热切关注和诸多应酬往还。书中除了记载与她们有过合作关系的二十多位男伶之外，还记录了她们与诸多戏曲散曲作家等文人士子的交情，其中有五十多位达官贵人、名公士大夫，都与这些女演员们有着或多或少、或深或浅的广泛交往。一部《青楼集》，作为第一部比较简练而系统的表演艺术家史传，对研究元代演剧、表演艺术、演员行迹与时代风尚等多方面的话题，都具备非常重要的史料价值和文化意义。

明清以来，与关于戏曲剧作家的记录相对寂寥的研究局面不一样，类似明代潘之恒《鸾啸小品》之类关于演员与表演艺术的文献相对较多。表演艺术家们的优美声容及其较大的社会影响力，使他们得到了较多的关注和充盈的记载。

清代，戏曲艺术进入另一个鼎盛时期，演员记录极为丰富。《清代梨园燕都史料》中所收录的《燕兰小谱》《日下看花记》等几十种书，都对演员予以主体性的关注。如小铁笛道人在《日下看花记》自序中论及其作传缘起云：

唐有雅乐部。宋时院本始标花旦之名，南北部恒参用之。

每部多不过四、三人而已。有明肇始昆腔，洋洋盈耳。而弋阳、梆子、琴、柳各腔，南北繁会，笙磬同音，歌咏升平，伶工荟萃，莫盛于京华。往者，六大班旗鼓相当，名优云集，一时称盛。嗣自川派擅场，蹁跹竞胜，坠髻争妍，如火如荼，目不暇给，风气一新。迩来徽部迭兴，踵事增华，人浮于剧，联络五方之音，合为一致，舞衣歌扇，风调又非卅年前矣。……录成一稿，名之曰《日下看花记》。梨园月旦，花国董狐，盖其慎哉。余别有《杨柳春词》一册，备载芳名，以志网罗，无俾遗珠之叹。凡不登斯录者，毋怼予为寡情也。

这段序言，既有史识在，又有人情浓，令人为之莞尔首肯。

民国以来，由于出版业的发达与报刊传媒业的勃兴，又使得关于演员的记载、评选和评论蔚为大观。民国二十七年（1938年）由徐慕云编著的《中国戏剧史》（上海世界书局出版）卷一专列《古今优伶戏曲史》，以编年体形式，研究家的眼光，纵述自先秦以来直到民国戏曲演员的大的历史线索与知名演员，颇具史家眼光。

近些年来，北京学者孙崇涛、徐宏图等人合著的《戏曲优伶史》（文化艺术出版社1990年）和上海学者谭帆的《优伶史》（上海文艺出版社1995年）先后问世，这都是关于中国历代演员事迹的研究著作。

## 四

中华人民共和国成立以来，戏剧艺术家的位置得到了前所未有的大提高。在全国政协委员和全国人大代表的席位中，戏剧家特别是戏曲表演艺术家都占有一定的比例。

与此同时，关于戏曲表演艺术家的各种传记资料愈来愈繁盛起来。最负盛名的自传性著作，是梅兰芳的《舞台生活四十年》。关于盖叫天的《粉墨春秋》，也激励过业内外的诸多读者。

20世纪末叶到21世纪初叶以来，戏曲艺术家的传记纷纷面世。诸如河北教育出版社、中国戏剧出版社、中国青年出版社、文化艺术出版社等多家单位出版过不少戏曲家传记。

有鉴于目前出版的一些戏曲家传记，还存在着收录偏少、体例不全的遗憾，随着新资料的发现、新人物的涌现，社会各界迫切需要一套相对系统、完整些的戏曲人物传记资料。这既是对于钟嗣成、夏庭芝等人开拓的曲家与伶人传记之风的现代传承，也是在国学与民族艺术学越来越受到全民重视的前提之下，从戏曲艺术家传记方面所做出的积极呼应。

在中国已经崛起为世界上第二大经济体的今天，在中国商品出口多、文化输出少的不对称情形下，在国际社会与世界戏剧界关于中国民族戏剧的热切关注下，一部系统的中国戏曲家传记丛书呼之欲出。

作为中国戏曲人才培养与学术研究的专业化最高学府，中国戏曲学院理所当然地应该担当起编纂中国戏曲艺术家传记丛书的重任。而且今天的戏曲艺术家丛书，既包括了演员与编剧在内，也同样不会遗漏著名的戏曲音乐家和舞美设计家等不同专业的代表人物。

中国戏曲学院的表、导、音、舞、美等不同系科，都对本专业的佼佼者了如指掌。在教师、研究生和本科生三结合的编纂模式下，在文献资料收集、当事人采访调查、专辑文本写作修改等较为漫长的过程中，学院都有着较为雄厚的人才基础。有道是铁打的校园水流的学生，也只有中国戏曲学院才能一直具备较为丰富而新鲜的专业化人力资源。

在文化部、中国文联、北京市教育委员会的慧眼关照下，在上海文化基金会的一度支持下，在中国戏曲学院领导与师生的有效指导与大力参与下，在社会各界贤达众人相帮、共襄盛举的积极姿态下，中国戏曲艺术家传记丛书终于正式立项。从2010年到2016年5年间，上海古籍出版社、商务印书馆、中国政协出版社、中国戏剧出版社和后来居上的中国文联出版社，已经出版了70种京昆人物传记。

国务院艺术学科评议组召集人仲呈祥、全国政协京昆室负责人赵景发、王春祥、文化部外联局舒晓书记、中国戏曲学会会长薛若琳、副会长龚和德、王安奎、北京戏剧家协会名誉主席郭启宏、中国艺术研究院话剧所前所长田本相研究员、中国戏曲学院李世英教授等名家耆宿，都就这套严肃认真的戏曲人物传记，以蔚为大观序列鱼贯推出，给予了高度肯定，并寄予了无限期望。前文化部部长、全国政协副主席、中国文联主席孙家正先生，在该套丛书中的全国政协委员序列谭元寿、梅葆玖、李世济、叶少兰和蔡正仁等五位京昆大师的传记写作研讨会上说，这是传承京昆遗产、戏曲艺术和中华文化的重要举措。这套书的出版，与京剧的音配像工程一样，都会在戏曲文化的传承方面，做出重大的贡献。

美国加州大学洛杉矶分校吴琦幸教授，北美中国戏曲曲艺学会会长、美国佛萨大学都文伟教授，美国芝加哥大学陆大伟教授，台湾著名戏曲学者曾永义教授、洪惟助教授和王安祈教授，曾多次盛赞这套丛书在中国戏曲发展史上个体阐扬、微观记录和叠加在一起的宏大叙事的贡献和意义。大家认为，已经出版的近百种传记，行将逐年出版的三百多种传记，厥功甚伟，既有"青楼集"，也有"录鬼簿"，这将构成迄今为止第一套最为丰富的关于中国戏曲艺术家的传记丛书。

《中国戏剧》主编晓赓，《中国演员》主编陈牧，《中国京剧》《戏曲研究》《光明日报》《新民晚报》等多家报刊的相关主编与编辑，都对丛书的不断发展予以关注和阐扬。上海古籍出版社田松青主任，张永和、翁思再、和宝堂、陈珂、陈培仲、田志平等院内外评传作者，不仅在已经召开的三次传记研讨会上分别就自己的撰写情况作了交流，有的传记作者还在为丛书撰写新的人物传记。

人有善念，天必从焉，众必扶焉。大家共同期待这套日新月异、逐年发展壮大的丛书能够成为中国戏曲学院和中国戏曲界的诸多学术与专业品牌之一，为弘扬京昆传统、继承国粹艺术、振兴地方戏曲、留住民族记忆，深化联合国教科文组织人类口头与非物质文化遗产代表作的研究与推广，发挥其应有的作用。

# 五

"中国艺术家评传丛书"，是由中国文联牵头、中国文联出版社主持，并与相关艺术专业类大学合作，以期全面系统地评析不同艺术门类、不同时期艺术家的从艺经历、经典作品和艺术思想等，全方位、多层次地揭示中国艺术的发展脉络、传统沿袭和其中历久弥新的艺术活力，构筑一部点面结合的中国艺术发展史。丛书以弘扬和传承中华优秀传统文化、汇聚和总结中华优秀艺术资源为指导思想，选择在各艺术门类发展过程中，举足轻重、影响深远、德艺双馨的艺术名家，为其撰著评传。同时抢救性地寻访高龄的艺术名家，记录其个人口述艺术史，传承其服务人民的文艺观、美学观和创作观。评传既写传主的知识储备、文化修养、艺术训练、艺术作品等；又写后人对传主的艺德艺品、学养涵养、艺术观和方法论的理解与评价；同时站在当今时代精神的高度，把握传主的艺术思想，研究和继承其艺术精华和底蕴。重点剖析艺术家们高尚的职业操守、良好的社会形象、文质兼美的经典作品，同时力求从艺术评述的角度，建构中国艺术发展史的理论体系，体现中华艺术精神。丛书以历史性、学术性、艺术性的广泛视角，写作不同的传主，评传结合，有评有传，且侧重于评，再现传主的艺术精神风貌，呈现中国艺术各门类的全景式发展图景。既展现传主的艺术形象，又凸显各流派的发展规律，以微见著，古为今用。

"中国艺术家评传丛书"，拟规划《戏曲卷》《美术卷》《书法卷》《音乐卷》《舞蹈卷》《曲艺卷》《民间艺术卷》《电影卷》等分卷，既评述各时代传主的艺术成就，又呈现各艺术门类的发展历程。

作为"中国艺术家评传丛书"中的《戏曲卷》分类丛书，本套丛书将推出中国戏曲艺术家中对剧种做出过重大贡献的那些不可遗忘的人物。我们打算用十年时间，持续推出京昆艺术家当中的重要人物传记，推出越剧、黄梅戏和豫剧、粤剧和全国各大地方剧种之领军人物的传记，持续推进。积之以时日，继之以心力，伴随着梨园界各方贤达和社会各界有识之士的支持，中国戏曲艺术家的三百余种系列评传，就一定能够在太平盛世当中积少成多，聚沙成塔，共同托举出中华文化中戏曲艺术家的辉煌群像。

昆曲，既是京剧之前最具备代表意义的"前国剧"，又是戏曲剧本文学性较强、表演艺术趋于典范精美的大剧种，还是2002年起首批被联合国教科文组织列入"人类口头与非物质文化遗产"名录、具备较大国际影响的古典剧种。

从 1917 年开始，吴梅先生在北大开辟了戏曲教学的先例。在他的指导、启发和参与下，由上海的实业家穆藕初赞助，昆剧传习所在苏州正式开班，培养了承前启后的"传"字辈演员。设非如此，兰苑遗音，古典仙音，险些儿做广陵散，斯人去矣，芳踪难寻。至于北昆的韩世昌、白云生等人，也都是正式拜过吴梅先生的嫡传徒弟。这些人，这些事，不可不写，不可不传。

京剧，至今被公认为中国戏曲最具备代表性的剧种，海内外的不少人索性将其称之为"国剧"，也被列入人类非物质文化遗产代表作，得到社会大众的认同。京剧表演艺术家，流派纷呈，各称其盛，具备非常广泛的群众基础，也在世界各国都具备较高的知名度。这些角儿，这些流派，不可不述，不可不歌。

因此，昆曲类传记中，首先推出的是近代戏曲学术大师吴梅、昆剧表演艺术大师俞振飞和素负盛名的昆剧"传"字辈老艺人；京剧类传记中，余叔岩、言菊朋与"四大名旦"等名宿传记也规划较早。

昆曲是昔日的雅部，京剧是今日的雅部。豫剧等星罗棋布的地方戏剧种，可以看成是今日的"花部"。地方戏剧种最接地气，最能够构成中国老百姓看戏的基本生态活动，他们之中的代表人物不可不写，不能不写。

细心的读者很快将会发现，在本套丛书中，大多数是众所公认的戏曲界大师，但也还有部分正处在发展过程的中年名家。或许有人要问：既然曰传，树碑立传，盖棺才能论定，中年才俊尚还处于发展过程之中，缘何仓促为之写传？

此问有理，但又不全正确。须知任何一时代较有影响的人物，首先是被同时代的人们所热爱。举例说来，于魁智、李胜素和张火丁等人，豫剧的李树建等人，越剧的钱惠丽等人，都还处在发展前进的艺术路上，可是他们也确实拥有大量的观众群。那些忠实的粉丝们，迫切需要知道他们心中偶像的更多情形。那么，为同时代的人们的戏曲界偶像树碑立传，实属必要。再比方今天我们的诸多梅兰芳传记，实际上更多的是具备历史文献的意义，因为现存的大部分观众再也无缘得睹梅大师演出的现场风采了。

更有甚者，我们与《中国京剧》的朋友们总是在计划某月某日去采访某一位德高望重的艺术家。可是每当我们如期去实地采访时，常常会发现老人家年事已高，对于昔日的风采与精彩的艺术，已经很难清楚地加以表述了。英雄暮年，情何以堪？

至于有时候看到讣告上的名家，原本已经列入我们要拜访的日程表上，但是拜访者尚未成行，受访者却已经远行，远行到另外一个遥远不可及的世界中去也！天壤永隔，沟通万难，那就更属于永远的遗憾了。

有鉴于此，我们提倡两次写传法或曰多次写传法。此次先写名家的壮年时期，未来再补足传主的晚年事迹，这样的传记，也许更加齐备可靠一些。若必要年老而可写，若必等盖棺而论定，却使后人对前辈艺术家知之甚少，叙之渺渺，称之信史，恐也非理想之传记。

评传的生命力在于讲述一个个真实的故事，演出一幕幕人生的大戏。但是如何讲好故事，怎样使得故事讲得精彩动人，令人读后余香满口，味道袭人，实属不易。《史通》说："夫史之称美者，以叙事为先，至若书功过，记善恶，文而不丽，质而非野，使人味其滋旨，怀其德音，三复忘疲，百遍无斁。"

戏曲艺术家们在舞台上创造了富于美感的各色人物形象，但在生活中却还是一位凡人，或者说往往是一位烦恼更多的凡人。如何使得生活中的凡人和舞台上各色才子佳人、贤士高官和其他或正或邪的人物形象有机地对接起来，更是亟需在传记写作过程中不断探索的难关。

评传包括家族身世、教育承传、艺术人生和舞台创造等部分，也酌选精彩而有历史价值的照片，以期图文并茂，赏心悦目。评传强调文献记载、口述历史与适度评述相结合。附录包括大事年表、源流谱系、研究资料索引等。每位传主的评传大约十五万字，俱以单行本方式印行出版。

二百年来，风云变幻，梨园天地，名家辈出。区区一套丛书，尽管编者力图使之相对完整系统一些，但挂一漏万、沧海遗珠的现象，还是不能避免。即便收入本丛书中的名家大师，由于多侧面历史的诸多误会以及材料的相对匮乏，编撰者的经验不足，错讹之处，在所难免。尚求方家不吝指正，遂使学问一道，有所长进；梨园群星，光芒璀璨。这也正好呼应了马克思的人物传记理想，那就是写人物应当从感情气势上具备"强烈色彩""栩栩如生"，力求达到恩格斯关于人物形象应当"光芒夺目"的审美理想。

尽管为梨园界的艺术家们作传，从理论上看厥功甚伟，但是实际工作却常常会举步维艰，甚至梨园界的一些同仁乃至某些传主的家属学生，也都会存在着一些不一致的想法。尽管前路漫漫，云雾遮蔽，甚至常常山重水复，坎坷难行，但是坚定的追求者和行路人还是会历经千辛万苦，抹去一路风尘，汇聚锦绣文章，迎来晨曦微明。

彼时彼刻，仰望戏曲艺术的长空，那一颗颗晶莹的晨星正在深情地闪烁着动人的光华。晨钟响起，无限芳馨远播，那正是全体传记写作人和得以分享传记的读书人，以及关心本套丛书的戏迷和社会各界朋友们的无量福音。

2016 年 5 月 28 日

**谢柏梁**，文学博士，中国戏曲学院学术委员会副主任、戏文系主任，北京市特聘教授、市教学名师，国务院政府特殊津贴专家，国家社会科学基金艺术学重大项目《戏曲艺术当代发展路径研究》首席专家，中国戏剧文学学会副会长、国际剧评协会中国分会副理事长。

# 目 录
c o n t e n t s

# CONTENTS

# 引子：结缘"胡旋风"

十多年前，在中国艺术研究院戏曲研究所主办的一次全国性研讨会上，我注意到，在圆桌旁一大群头发斑白而且多为男性的学者中，有一位端庄娴雅的"中年"女性①。当时，二十多岁的我，刚从武汉考到北京的中国艺术研究院，攻读博士学位。对于云集首都的这些全国戏曲界的学术大腕们，还比较陌生，有的虽早有耳闻，却从未谋面，有的则从未听说过。

也许是同为女性的缘故，对那位坐在圆桌旁看起来颇有风致的女学者不免多看了几眼，并向旁边的老师打听起来。

"她呀，就是二十多年前主演过京剧《李慧娘》的胡芝风啊！那个年代，多风光啊！当时号称'胡旋风'呢！"言语中，充满了回味和向往。

时光往前倒流 20 年的话，穷乡僻壤，我还是个无知的顽童，尚不知京剧为何物呢。而彼时初到京城、依然孤陋寡闻的我，也还是一片茫然："胡芝风"到底是谁啊？不过，这三个字却印在了我的脑海里。此后，在中国艺术研究院举办的多次研讨会上，屡屡看到这个静雅美丽的身影，并聆听到她清晰有力的发言。只是，当时的我，从没想过多年后，竟有机

《李慧娘》（1979 年），胡芝风饰李慧娘

———————————

① 当时的胡芝风已年过花甲，但看上去也就四五十岁。

会走近这位女学者。

随着资料翻阅的逐步深入，对于这位青年时放弃了诱人的清华大学学位，矢志不移地投身到京剧表演事业，中年后又从舞台表演转到理论研究，不仅出版了数本理论专著，还指导了十多位戏曲演员，使他们荣获了中国戏剧界优秀中青年演员的最高殊荣——"中国戏剧梅花奖"，并且担任了连续四届的全国政协委员的"双栖型"学者，我了解得越来越多，疑惑也越来越大。

"清华大学"——迄今为止，还是多少学子心中梦寐以求的学术圣殿啊！而20世纪50年代末的一位少女，是哪里来的勇气，促使她毅然决然地放弃这所世人欣羡的名校，只身投入到京剧演艺事业中来呢？而又是什么，使得这位在京剧舞台表演上已然大获成功的艺术家，在年逾不惑之时，又迈进戏曲表导演理论研究的崇山峻岭，并艰难跋涉、笔耕不辍？

对于常人而言，做出这两次转型的决定已经是难能可贵了；而在转型之后，尚能永不停歇、勇攀高峰，直至绽放出生命最绚丽的光芒，又需要多大的决心和毅力啊！又有多少人在自己人生的紧要关头能及时调整航向，并做到"妾拟将身嫁与，纵被无情弃，不能休"呢？

而这一切，胡芝风做到了。

那现在的胡芝风又会是什么样的风采呢？

在第一次踏进北京市西城区官园桥附近那栋与周边的繁华不太协调、有点老旧的高楼的电梯时，我的心是忐忑不安的。之前与胡芝风，虽已有过无数次的"神交"，可这次，却将是如此近距离的面对面。尽管还有几名仰慕胡芝风的青年学子相伴，但不善言辞的我，心里还是有些打鼓。她会怎么接待我们这群名不见经传的无名小卒？

疑虑很快被打消了。在一阵门铃声响后，一位衣着朴素、略施粉黛、声音清朗的女士为我们打开了门。她一边微笑着连声说"请进请进"，一边忙着要为我们倒茶水。我一眼就认出，她正是我们今天要拜访的主人公胡芝风女士。比起十年前，她的容貌似乎并没有太大的改变，完全不像七十多岁的老人。大概学表演出身的人，都有一套神秘的驻颜术吧，我心里在暗暗揣摩着。

这是一套两室一厅的小房子，客厅不大，除了沙发、茶几、餐桌、冰箱外，还摆着一台电脑，电脑前面是一个高高的凳子。墙壁上挂满了胡芝风不同时期的剧照和生活照。时间在轻松的聊天氛围中溜得很快，其间，有好几个电话打进来，大都是关于《中国演员》杂志的排版、组稿之类的。我们准备的问题很多，胡芝风很有耐心，也很健谈，从生活到工作，从表演到导演，从中国戏曲表演学会到刊物……娓娓道来，我们则听得如痴如醉。

采访中，胡芝风大多数时间端坐在电脑前面的高凳上，我们则环坐在沙发上。坐久了，我既心生歉疚，又担心她的身体。她则朗声道，自从腰伤以后，已习惯了这种坐姿，蛮舒服的。有时，讲到动情处，她也会站起身，在客厅的空旷处兴致勃勃地做上几个身段，流畅优美的动作每每让我们大饱眼福。凝视着那轻快灵动的脚步和干净利索的身形，我似乎明白了老人不老的奥秘……两个多小时眨眼间就过去了。我怕耽搁太久，影响老人的休息，她却爽朗地笑着说，今天下午的时间就是专门留给你们的。结果第一次采访就聊了近四个小时。后来，每次的拜访我们都是满载而归。

随着交流的深入，我越来越惊讶于这位早已年过古稀的老人身上那种丝毫不亚于年轻人的干劲。虽说已退休多年，可她的日子并没有想象中的清闲。退休后，差不多每年都有几个月的时间要到香港演艺学院排戏、讲课；每年还要举办一两次中国戏曲表演学会的年会；每两个月都要固定出版一期《中国演员》的杂志；时不时还有国内外的各种讲座、研讨会……她似乎就像传说中的永动机！更有甚者，为了保证每期刊物的准时出版，熬夜到两三点，乃至东方渐白，都是常有的事。

想到在公园里看到的那些或信步，或闲聊，或弹唱，或健身的老人，我困惑了：一位本应享受天伦之乐的老人还这样风风火火、马不停蹄，她到底在追求什么呢？

当了解到《中国演员》办刊的不易后，我才渐渐有了答案。由于经费问题，人手严重不足，以至于刊物的所有工作，从选题、采编、审定，到发稿、排版、付印、发行等流程，实际上只有胡芝风和老伴陈牧先生两个人负责。个中艰辛，难以备述。但《中国演员》从 2008 年问

胡芝风担任中国戏曲表演学会会长（1996 年研讨会）

世至今，每期都能按时出版，每每还都能获得好评。胡芝风微笑着说，我办刊，就是要努力给读者提供最好的戏曲艺术，就是觉得应该有个园地，好让大家互相交流和联系。所有的辛劳、付出，好像都融化在了那清澈、坦然的眼神之中。

窗外的马路上，是一副典型的现代都市的样态：川流不息的车辆、熙熙攘攘的人群、匆匆前行的步履。而在这喧嚣忙碌的闹市中，却有这么清凉、宁静的一个所在。

恍惚中，耳边厢又响起李慧娘"怨气冲天三千丈""幽冥茫茫往前闯"的高亢、激越的声音，在那犹如玉龙般矫健的身姿的裹挟下，我们仿佛也被带进了一片执着、超然、充满激情的天地。这不正是现在的"胡旋风"？这不正是永远的"李慧娘"吗？那饱满的生命力似乎正穿透时空，洒向浩瀚苍茫的宇宙……

有人说，胡芝风是戏曲界的一个"传奇"，那就让我们一起来揭开这个"传奇"的神秘面纱吧。

《李慧娘·见判》（1979年），胡芝风饰李慧娘

# 第一章　梅兰芳的关门女弟子——生平志趣

## 一、"芍药开牡丹放花红一片"——父亲的熏陶和支持
### （1938年—1951年）

1938年12月2日，伴随着一阵哇哇的啼哭声，在上海租界内，一个清丽可爱的女婴，诞生在一位酷爱京剧的职员——胡选斌①的家中。这个充满生机的小生命就是后来曾在中国戏曲舞台上叱咤风云的胡芝风。

上海，虽然早在13世纪初就有了独立的行政区划，但在19世纪40年代以前，它始终不过是一个在东南沿海颇为活跃的棉纺中心和交通重镇而已，与北京、南京、西安等历史悠久的故都老城相比，是难以望其项背的。但近代改变了这种局面。上海开埠（1843年）后不久，英国、美国、法国等西方列强就相继在此建立租界，并在租界内按照西方人的观念和经验，进行道路、戏院、照明等各项城市基础设施的建设。由此，上海沿着一条迥异于中国传统的道路，快速"成长"起来。经过近百年的不断发展，到了20世纪30年代，上海已然发展成为中国的经济中心和世界重要的贸易、金融都市之一，"它不再是过去那个传统的棉花和棉布生产基地，不再是一个普通的滨海小县城，而是中国最大的贸易中心，远东的国际商港。上海正在从'江南鱼米之乡'的那个社会模式中游离出来，成为镶嵌在东西方之间的一块中性地带，一个新开发的商业王国"②。随之而来的是，上海也成了"创新"和"反传统"的代名词，并以此种锐意开拓的城市气质，与20世纪三四十年代的北

---

① 胡选斌，因自幼随外婆姓，又名罗选斌。
② 乐正.近代上海人社会心态［M］.上海：上海人民出版社，1991：31.

平相对而立。

这个新的经济中心，也成就了近代京剧最大的演出市场。对当时的伶人而言，以往"入宫作内廷供奉"的诱人道路已不复存在，而"南下跑码头"则渐渐变得风光迫切起来，"京伶之名角，且视海上为外府。而营戏园业者，亦争以邀角为能事。故一岁中必有若许京角南下"①。"新三鼎甲"（孙菊仙、谭鑫培、汪桂芬）、"四大名旦"（梅兰芳、尚小云、程砚秋、荀慧生）、"四大须生"（余叔岩、马连良、言菊朋、高庆奎），"四小名旦"（李世芳、毛世来、宋德珠、张君秋）、"四大坤旦"（新艳秋、雪艳琴、章遏云、胡碧兰）、"金霸王"金少山等这些闻名大江南北的梨园名角，都在上海的戏曲舞台上留下了令无数戏迷神魂颠倒的风姿，使得上海"梨园之盛，甲于天下"②，成为继北京以后的又一个京剧演出中心。在 20 世纪 30 年代的上海街道上漫步，常能听到"好多店家收音机喇叭筒里都播放着电台的京戏唱片节目，这家《追韩信》，那家《玉堂春》"③，此种风习堪比今日遍布大街小巷的时尚音乐。

胡芝风诞生时的上海恰是这样一个以京剧为时尚，且洋味十足、锐意进取的大都市。

当时的上海租界有一道独特的风景线，那就是女伶登台和妇女观戏。女伶的出现不仅改变了戏曲舞台上须生独领风骚的局面，而且由于更加注重女性情感的诉求和女性审美的独立，从而赢得了更多女性观众的追捧。同时，租界内华洋杂处、中西交融的现实环境，使得人们的思想更为开放、包容，也使得越来越多的女性走进了戏曲观众的行列，加入了"捧角"的疯狂大军。著名京剧武生杨月楼，就曾以其精湛的演技和英武的外形俘获了无数佳人的芳心："每当白日西坠，红灯夕张，鬓影钗光，衣香人语，沓来纷至。座上客常满，红粉居多"④。另据胡芝风在自传《艺海风帆》中的描述，她的外婆也是这样一位痴迷的戏剧粉丝："外婆家住在上海天津路，那里附近有个小小的戏馆，叫天香剧场，

① 拙庵. 近三十年来海上剧场之变迁记［N］. 申报，1927-01-01.
② 葛元煦等. 沪游杂记 淞南梦影录 沪游梦影［M］. 上海：上海古籍出版社，1989：101.
③ 胡导. 海上演剧忆旧事［J］. 上海戏剧，2003，（6）：41.
④ 严禁妇女入馆看戏告示［N］. 申报，1874-01-07.

总共只有四百多个座位。当时的越剧叫'绍兴戏',又叫'的笃班',是女子剧团,她们长年就在天香剧场这样的小戏馆演出。我外婆是她们的忠实观众,每个月要去光顾二十多场。"① 即便是女儿生下外孙女后,都没能阻挡住外婆看戏的脚步——她常常抱着包在"蜡烛包"里的小外孙女一起去看戏。所以,天香剧场从此又多了一个襁褓里的"小观众"。

胡芝风,正是沐浴着上海租界这种戏园林立、笙歌不绝、诸腔竞奏、女性意识觉醒的社会氛围,从蹒跚学步起,就与戏曲结下了不解之缘。

最早把戏曲的种子埋在胡芝风幼小心田的,当非外婆莫属。因为胡芝风出生后便与外婆住在了一起,而外婆又是这样一位铁杆戏迷,再加上当时他们居住在繁华热闹的二马路永安公司后门,附近聚集了中国大戏院、大舞台、共舞台、大上海电影院、大光明电影院、天蟾舞台、浙江大戏院、皇后大戏院等剧场,所以酷爱看戏的外婆,就常常带着外孙女一同看戏。而小芝风也乐此不疲,舞台上花花绿绿的衣衫、流光溢彩的头饰、色泽鲜艳的翎子、翩翩起舞的身姿……无不让充满好奇心的孩童流连忘返,甚至自己在家中还悄悄地用红纸蘸了唾液,往脸上擦"胭脂",并学着戏台上的表演一扭一扭地唱起来,引得四邻八舍的公公婆婆们常常笑弯了腰②。

如果说,是外婆把戏曲艺术的种子悄悄埋进了胡芝风的心田;那么,父亲胡选斌,则是引导胡芝风走上艺术道路的第一个促成者。胡选斌青年时期就对京剧产生了兴趣。1930年,16岁的胡选斌还在北京白纸坊印刷厂当学徒时,即随师父参与了业余京剧社的活动;后来,工作虽屡有变动,但对京剧的爱好始终不变。他不仅自己清唱,还粉墨登场,在《坐宫》中扮演过铁镜公主,在《黄鹤楼》中扮演过周瑜。新中国成立后,还一度担任著名京剧表演艺术家周信芳的秘书。

看到女儿对舞台动作有板有眼的模仿,一向爱好京剧的胡选斌,随即萌生了让女儿学戏的念头。"芍药开牡丹放花红一片",是父亲最爱唱的《四郎探母》中的曲词,也是他最早教给女儿的一句京戏,虽然幼小

---

① 胡芝风. 艺海风帆——我的艺术道路 [M]. 香港:中国国学出版社,2009:1.
② 胡芝风. 艺海风帆——我的艺术道路 [M]. 香港:中国国学出版社,2009:1-2.

的胡芝风学了好多遍也没唱对，但自此，父亲开始有计划地提高女儿的艺术修养。

20世纪40年代初，上海龙门路附近有个"沪社"票房，那是胡选斌工作之余常去消遣的地方。在发现女儿爱唱戏后，就常常带着小芝风一起去玩，还请那里的老先生教了女儿一些"趟马"之类的动作。每当挥舞着马鞭上下翻飞的时候，是小芝风内心最为惬意的时刻，她觉得比学唱"芍药开牡丹放花红一片"，要开心多了。

在胡芝风小学四年级刚结束的时候，父亲还专门请了两位白俄罗斯老师（父女俩）教她练习芭蕾舞。一遍遍的"下腰""劈叉""空腿"……虽然单调而乏味，但十岁的小芝风却练得津津有味，甚至为了轻松自如地完成这些动作，还在家人睡着后偷偷地起来，在床边悄悄练习。可是不久，白俄罗斯老师就回国了。

学生时期的胡芝风练芭蕾

新的芭蕾老师暂时没有着落，胡选斌又为女儿请了一位洪老师教习钢琴。优美的琴音悦耳迷人，而练琴并不轻松，但小芝风坚持每天练两次，每次都至少一个多小时，结果第一次在洪老师举行的钢琴演奏会上，就受

学生时期的胡芝风学钢琴

到了老师的鼓励和表扬。

后来，我国第一代芭蕾艺术家胡蓉蓉，在延安西路开了一个私人芭蕾训练班。胡选斌得知后立即给女儿报了名。由于练过一些基本功，小芝风总是能较快地掌握芭蕾动作的要领，所以常常得到胡蓉蓉老师的夸奖。这些刻苦的训练，为胡芝风后来演戏时，根据剧情和人物性格塑造的需要，灵活借鉴芭蕾的动作和舞姿，融进戏曲表演的程式语汇中，奠定了一定的基础。

除了练钢琴和学芭蕾，胡选斌还注意女儿其他兴趣爱好的培养，骑马和游泳就是童年时期的胡芝风最喜欢的运动。沿着虹桥路慢慢地"遛马"和嬉戏在清澈见底的游泳池里，是最让小芝风感到惬意的休闲时光了。这些爱好不仅给了小芝风一个健康的身体，更赋予了她大自然的生机和灵气，这棵艺术的小苗就这样沐浴着阳光的恩赐苗壮成长着。

学生时期的胡芝风学骑马

学生时期的胡芝风与弟弟胡之雨

小学快毕业时，稍大一点的胡芝风渐渐有了自己的想法，她向父亲明确提出"我要学戏"的请求。母亲和外婆起初都不赞成，最后还是开明的父亲投了她一张关键的赞成票，并先后请了一些有名的教师为女儿教戏：先是擅长花旦戏的吴继兰教了胡芝风《拾玉镯》《铁弓缘》《金玉奴》《辛安驿》《红楼二尤》《花田错》《红娘》《玉堂春·嫖院》等京戏；同时，盖派武生刘君麟也教胡芝风练习把子功、毯子功、腰腿功、靠功等基本功，并传授了《乾元山》等盖派武戏；另外，还先后邀请了朱庆辉、朱庆舣、卢文勤三位琴师为胡芝风操琴吊嗓。

为了支持女儿学戏，胡选斌还在家里特意开辟了一间练功房专供小芝风练功。这个铺有地毯、配有穿衣镜的房间是儿时的胡芝风最快乐的天堂。每天一早起床，胡芝风就会跑到这里先练一遍基本功，下午放学做完功课、学完戏后，也会在这里一遍遍地压腿、下腰，练习各种身段。地毯上几乎到处都浸有她的汗水，但这个执着坚毅的小女孩从未感到厌倦。舞台的刀光剑影、艺术的神秘莫测，像个有着巨大吸力的漩涡，裹挟着追梦的少女永不停息、永不疲倦地向着艺术的殿堂奔腾不止。

上中学后，在周信芳先生的建议下，胡选斌又请了梅兰芳的大弟子魏莲芳，教女儿学了《穆柯寨》《宇宙锋》《十三妹》《穆天王》《樊江关》《破洪州》《棋盘山》《霸王别姬》《天女散花》《花木兰》《贵妃醉酒》《打渔杀家》《凤还巢》等梅派戏，使胡芝风比较全面地了解了梅派艺术的表演风格。为了提高胡芝风的演唱技巧，胡选斌还让女儿先后师从薛兰芬、杨畹农、包幼蝶等

《铁弓缘》（1958 年），胡芝风饰演陈秀英

《金山寺》（1962 年），胡芝风饰白素贞

《白蛇传》（1961 年），胡芝风饰白素贞、李匡云饰许仙

著名京剧老师，学习了《祭塔》《武家坡》《大登殿》《女起解》《玉堂春》《生死恨》《审头刺汤》《二堂舍子》《四郎探母》等梅派唱功戏。

除了京剧，周信芳先生还主张学点昆曲，把表演底子打得厚实些。于是，胡选斌又先后请了昆剧"传"字辈的名演员方传芸和朱传茗为女儿教戏。擅长花旦和武旦的方传芸，教胡芝风学习了《金山寺》《挡马》《思凡》《扈家庄》《小放牛》《昭君出塞》《借扇》等昆剧的刀马旦戏；擅长五旦（闺门旦）的朱传茗，教胡芝风学习了《游园》《惊梦》《断桥》等昆剧文戏。这种文武兼备的广泛学习，不仅使胡芝风熟悉了昆剧的表演风格，也为自己日后的表演积累了丰富的表达语汇。

有了几十出戏的积累后，少女胡芝风终于赢来了她企盼已久的人生中的第一次登台演出机会。那是1952年的国庆节，在父亲的一位酷爱京剧的老朋友宋希元伯伯的热心张罗下，胡芝风应邀在海关俱乐部的国庆联欢会上表演。经过老师们和父亲的商议，胡芝风准备上演适合小舞台的《拾玉镯》。在吴继兰老师的精心辅导下，胡芝风初次登台就赢得了阵阵掌声。这次演出也引起了周信芳先生的注意，周先生看后曾评价14岁的小芝风"学得还瓷实"[①]。也是从这次演出中，胡选斌看到了女儿展露的戏曲表演才华，同时更坚定了他要努力创造各种条件，让孩子继续沿着这条道路学下去的信心。此后，胡芝风就经常在业余时间到上海钢铁厂、曹阳新村俱乐部和一些大学去演出，剧目有《穆柯寨》《拾玉镯》《十三妹》《樊江关》《贵妃醉酒》《凤还巢》等。一次次的演出，既让胡芝风积累了一定的舞台经验，也使她在和艺友的合作中，倍受激励和感染，进一步增强了对戏曲艺术的热爱。

《拾玉镯》（1958年），胡芝风饰孙玉娇

① 胡芝风.周信芳先生为我说《坐楼杀惜》[N].戏剧报，1985，（3）：46.

就这样，在外婆的启蒙和父亲的引导下，胡芝风，这颗未来戏曲界的明星正冉冉升起……


## 二、周府小剧场的"特约演员"——麒派的滋养
## （1952 年初—1956 年夏）

上海市静安区长乐路 788 号，是一幢绿荫掩映、竹径通幽的别墅式花园洋房。这里曾经是京剧麒派艺术创始人周信芳生活、居住过的地方，也曾经回响着一代京剧大师梅兰芳和周信芳共同切磋的欢声笑语。花园的后院有个小剧场，曾是专供周信芳和裘丽琳的长子周少麟练功学戏用的，有时周信芳自己也会兴致勃勃地登台唱上几段。昔日的丝竹轻弹、锣鼓喧天，早已消散在历史的云烟中，今天的游客，只能在恍若隔世的神思飘渺中，去勾勒那一段风光岁月了。

20 世纪 50 年代，周家小剧场多了一位亭亭玉立的小姑娘的身影。她，就是胡芝风。由于父亲胡选斌和周信芳新中国成立前就是好朋友，新中国成立后父亲又曾做过周信芳的私人秘书，这样，胡芝风到周家聆听教诲的机会就更多了。当时胡芝风的家在长乐路 764 弄 9 号，离周家寓所很近，步行五分钟即可到达。于是，周家小剧场，也成了她练功学戏的一个"基地"。

这个小剧场很简易，仅有个两尺左右高的舞台。舞台占据了剧场约五分之四的面积；台前的小平地，摆上椅子，大约能容纳 150 位观众；演出时，"舞台上挂起蓝色的底幕，上有银白色丝线绣的大大的麒麟的图案，在灯光映射下显得很有气派"[1]。多年以后，胡芝风还曾撰文满怀深情地回忆这座小剧场："我对这个地方怀有很深的感情"[2]。

在父亲的带领下，胡芝风经常在此观看周少麟练功、排戏；有时，周信芳也边看边指导。但凡逢此良机，细心的胡芝风是从不放过的。她一边用心揣摩着周信芳对儿子的言传身教，一边贪婪地吮吸着麒派艺术的琼浆玉液。作为这个小舞台的"特约演员"，胡芝风在这里上演过《贵

---

① 胡芝风. 麒派艺术对我的启迪 [J]. 中国京剧，2006，（7）：6.
② 胡芝风. 周信芳先生为我说《坐楼杀惜》[N]. 戏剧报，1985，（3）：46.

《穆柯寨》(1953年周信芳家舞台),胡芝风
饰穆桂英

妃醉酒》《杨排风》《十三妹》
《昭君出塞》《穆柯寨》等剧,也
和周少麟排演过《战樊城》《坐
楼杀惜》《打渔杀家》等剧。

1952年的深秋,胡芝风与
周少麟初次合演《战樊城》,饰
演马童这一角色,就不仅得到了
周信芳的赞许,也获得了同在台
下观看的田汉老先生的称赞。为
了演好马童这个角色,小芝风可
没少花心思。虽然之前她也学过
一些反串小生的戏,如《挡马》
《花木兰》《大英杰烈》《乾元山》
等,但《战樊城》的家将这个角
色可没学过。为此,她专门请
刘君麟老师设计了"饮马""趟

马"等身段,并对着镜子,反复琢磨马童的表情和神态,竭力想把这个
无名小卒演得"活"一点。功夫不负有心人,演出果然获得了出人意料
的效果。

有了这次成功的合作,后来周信芳在给儿子排戏时,就总是让胡芝
风与他一起合排,这自然让小芝风受益匪浅。

周信芳为胡芝风说的第一个戏是《坐楼杀惜》。那是1952年的寒
假,周信芳正好要教周少麟排演《坐楼杀惜》中的宋江,就让胡芝风学
演阎惜娇。阎惜娇是个刁钻泼辣、阴险恶毒的坏女人,这可让只扮演过
善良女性的胡芝风犯了愁,她学了一段时间,始终觉得未"入门"。表
演坏人有什么窍门吗?为什么自己总演得不像?她把自己的困惑如实地
告诉了周先生。

周先生想了想,和蔼地告诉她:"阎惜娇虽然是个坏女人,可是我
们不能在化妆上丑化她,还是要按花旦的扮相。如果只是一味漫画式的
表演或夸张式的丑化,即使能得到一些剧场效果,也是不足取的。这

样，只会显得肤浅。一定要从剖析角色的内心活动着手，善于捕捉具有表现力的细节，然后想办法通过动作、表情、语气，表现出这个人物灵魂的丑恶，这就算是'窍门'吧。"

周先生的一番话让胡芝风豁然开朗，可具体怎么表演呢？看着胡芝风似懂非懂的样子，周先生就站起身一边比画，一边解说："戏曲表演的节奏感是十分重要的。比如，宋江要看阎惜娇正在做的鞋子，阎惜娇刚要交给宋江，却又突然把鞋子往地下一扔。这个扔的动作节奏要强调做得'脆'，表现她对宋江的厌恶；在宋江向她讨还招文袋时，她恶意地捉弄宋江，把空袋子也是往地下一扔。这一扔，也要做得'脆'；当阎惜娇逼宋江写了休书，抓住宋江的手在休书上按下手印后，她突然扑向桌子抢休书。这个动作的节奏也要'脆'，表现她迫不及待要得到休书，同时，又怕宋江变卦的心理。如果这些动作得到了强调，观众便能形象地看到她那恶劣的本性。"①

周先生说完，胡芝风和周少麟就接着排练，没想到的是，排练刚刚有点进展，胡芝风却在抢"休书"时，由于用力过猛，竟把纸撕破了。看着两个孩子的尴尬相，周先生也笑了，他先对周少麟说："宋江按下手印后，突然想到阎惜娇若得了休书，是否会赖账，所以，在抬起按手印的右手的同时，左手立即要将休书抽去，你刚才稍慢了一点，所以被芝风把纸按住了。"又转过来对胡芝风说："抢休书的动作要'脆'，表情要逼真，但是，手上要有分寸，还得注意姿态优美。生活化的真实表演，不等于就是艺术。你们要互相配合好，可不能把纸抢破了。"②这些话不仅让小小年纪的胡芝风意识到与对手相互配合的重要性，更重要的是让她明白了在戏曲舞台上如何化丑为美的真谛。

除了强调动作的节奏感，周信芳还特意叮嘱胡芝风："演戏要注重面部表情，尤其是阎惜娇这个人物，更不能死脸子，但是又不能乱做戏。"③并结合人物的内心活动，具体分析了阎惜娇几种不同的"笑"。如宋江进了乌龙院，因张文远躲在内室，担心露出破绽，她便挡在内室

① 胡芝风.周信芳先生为我说《坐楼杀惜》[N].戏剧报，1985，（3）：46.
② 胡芝风.周信芳先生为我说《坐楼杀惜》[N].戏剧报，1985，（3）：46-47.
③ 胡芝风.麒派艺术对我的启迪[J].中国京剧，2006，（7）：7-8.

门前，极不自在地向宋江露出皮笑肉不笑的僵笑表情。又如当宋江看了阎惜娇做的鞋，一语双关地说"颜色不对呀"，她立马变脸，一声冷笑："哼！早知颜色不对，你就不该来！"这声冷笑，要用鼻音，声音要短促；但转念一想，张文远还躲在内室，就想把宋江尽快哄走，于是又自嘲地堆起一副假笑的面容："又颜色不对了！"这个假笑，头部稍微高仰，发音要松快。再如宋江索要招文袋，阎惜娇故意奚落他："噢，就是你那要饭的口袋啊！"这时的神情是讥笑，要微微撇嘴，眯眼斜睨宋江。而为了骗得休书，她又故意奉承宋江，一脸媚笑："宋大爷，您给了我休书，难道我还能逃出您的手心吗？"这个媚笑的眼神要有点造作的味道，眼睛要特别有神地斜瞟着宋江。最后，阎惜娇横下心要置宋江于死地，拒不交还梁山书信，宋江被激怒，两人都冲着对方狠劲地"哼哼"，阎惜娇在狠笑时，要撇着嘴，瞪圆眼睛，斜盯着宋江。通过周先生的详细解说和亲身示范，胡芝风又明白了一个道理：人物的表情是千变万化的，要想表情丰富动人，就必须仔细揣摩角色的内心活动和性格特征，并反复练习，才能做到运用自如、恰如其分。

时间溜得很快，夕阳已悄悄地爬到了小舞台的地板上。尽管已到了回家的时间，但好学的胡芝风不肯放过任何一个学习的机会，因为刚才听到周先生说"语气"也很重要，她就央求先生再指点一下这方面的问题。周先生似乎也受到了感染，继续侃侃而谈："语气是十分重要的表演手段。有的演员不大重视念白的语气，念台词像背书，缺乏表现力，观众感到平淡乏味。比如，阎惜娇三次念：'下楼睡觉去！'这句台词，要注意三次语气的区别，不要念得一样硬。第一次，装得一点不在乎，用轻松而随便的语气，意思是：今天你把柄在我手，我不是非求你写不可。第二次，她想：'你不让我嫁张文远！好吧！'这句词要说得直截了当，带有要挟口气。第三次，她是决定昧心不还书信，要置宋江于死地，这次念'下楼睡觉去'，要用蛮横的耍无赖的语气。"[①]这让胡芝风再次意识到舞台上的每一个细节都要力求完美，尤其是念白决不能"一道汤"，要有起伏变化，要让观众看到人物的内心波澜。果然，经过周

---

① 胡芝风.周信芳先生为我说《坐楼杀惜》[N].戏剧报，1985，（3）：48.

先生的指点，胡芝风和周少麟再次排练时，戏就活泛生动了许多。

　　和周少麟一起排演《坐楼杀惜》的经历，给胡芝风最大的收获就是，要以"情"来统领戏曲表演，要把人物放到规定情境中仔细揣摩其内心的细微变化，这样的表演才能真正"活"起来。

　　此后，胡芝风又和周少麟合排了《打渔杀家》。周信芳先生在看了两人的初排后，指出这个戏的关键是情感交流的默契配合，要通过眼神、气口、手势等来传递情感；并以自己和梅兰芳在"抗美援朝"时，合作演出《打渔杀家》的经历，来启示后辈：要善用眼神巧妙地传达所见所想，并用眼神与同台演员进行心灵的交流。

　　正是在周府这些点点滴滴的教诲和熏陶，不仅使胡芝风这棵艺术的幼苗成长得更加茁壮和挺拔，也成为她日后受用不尽的宝贵财富。就这样，少女时代的胡芝风，在周信芳、魏莲芳、方传芸、朱传茗、吴继兰、薛兰芬、包幼蝶、杨畹农、刘君麟等前辈名师的指点下，秉承着对戏曲艺术的挚爱，向着艺术之巅坚定而执着地攀登着。


## 三、咬定青山不放松——从清华园到羊城京剧团
## （1956 年秋—1959 年 11 月）


　　20 世纪 50 年代前期，胡芝风既是周府小剧场的"特约演员"，同时还是上海南洋模范中学的优秀学生。南洋模范中学创建于 1901 年，其前身是号称"中国公立小学之始"的南洋公学附属小学，迄今为止，它依然是一所名师荟萃、校风纯正、质量上乘的知名学校。从 1950 年到 1956 年，胡芝风在这里度过了充实而愉快的 6 年中学生涯。让人想不到的是，颇有艺术天分的胡芝风，在中学阶段最喜欢、最擅长的功课居然是数理化，她当时的理想就是希望将来能当一名工程师。但这位堪称"学霸"的优等生，却把业余时间大部分花在了学戏上，即便是在骑车上学、放学的路上，也都见缝插针地边骑车边哼唱。练功、学戏，虽然占据了大部分课外时间，但这丝毫不影响胡芝风的文化课成绩，尤其是她钟爱的数理化。高二时的一次考试，她十门功课中竟有七门都是满

分，另外三门之一的几何只扣了 1 分。可是，当邮递员把清华大学工程物理系的高考录取通知书送到胡家的时候，胡芝风却犹豫不决了……

是上大学，还是继续学戏？在人生的岔路口，17 岁的胡芝风陷入了一片迷惘：工程师是自己儿时就有的理想，清华大学又是那么诱人的高等学府，梦想似乎已触手可及；可真要下决心离开舞台，却又是那样牵肠挂肚！虽然开明的父亲鼓励自己做出决断，但一想到这些年来，父亲为自己学艺术花了那么多心血，胡芝风就总下不了继续求学的决心。最后，还是父亲看出了女儿的心事，他开导芝风说："你是不是考虑白花了学戏的学费？你不用顾虑，即使你走艺术道路，目的也不应该是为了挣钱。只要是你决心求知，就安心地去读书。"①

就这样，在父亲的鼓励和家人的期盼下，胡芝风来到了朝气蓬勃的清华园，开始了她工程师的追梦之旅。临行前，收拾行李时，她特意带上了练功的刀枪把子。其中值得一提的是一根褪了色的马鞭。那是盖派武生刘君麟老师送给她作纪念的。刘老师在新中国成立前一度穷困潦倒，把行头都快卖光了。临解放时，只剩下了一根马鞭。新中国成立后，演员的地位大大提高，刘老师的光景才有所改善。刘老师把这唯一保留的行头送给心爱的徒弟，意味深长。这根马鞭虽已褪色，但弹性很好，而且很有意义，所以成了胡芝风的心爱之物。

清华园的学习是热烈而紧张的，连上课、去图书馆都要提前跑去占座位。但一有空闲，胡芝风就会在体育馆的一个角落里跑圆场、耍刀花、舞双枪、练虎跳……她练得那么投入，姿势那么优美，以致很多在体育馆锻炼的人都好奇地停下了活动，远远地看着这个有点"另类"的女孩。很快，这个舞起刀枪把子行动如风的少女，引起了清华大学京剧社社长的注意，她被邀请参加了京剧社。想不到的是，第一次演出《穆柯寨》，就在同学们中间引起了热烈的反响。戏刚演完，还没来得及卸妆，胡芝风就被不少同学像追堵明星似的给围了起来。大家七嘴八舌地夸个不停、问个不止，这使得一向开朗大方的胡芝风，竟然羞涩得连脸上的油彩都顾不上擦，就一路飞奔地跑回了宿舍。后来，胡芝风还在清

① 胡芝风. 艺海风帆——我的艺术道路 [M]. 香港：中国国学出版社，2009：31.

华大学演出过《霸王别姬》等，也赢得了阵阵掌声。

自那以后，同宿舍的姐妹们就常"嘀咕"：芝风，你的戏唱得那么好，为什么不去当演员呢？你要是去演戏，保准错不了！

胡芝风并不是没有主见的人，可同学们善意的提醒还是在她的内心掀起了阵阵涟漪。在北京的学习是充实而顺利的，但却满足不了她学戏的愿望，虽然父亲曾托人为她介绍了芙蓉草老师，可老师科班传统的教学方法与大学的学习时间冲突很大，最终还是不得不放弃了。于是，就只能趁寒暑假回家的时间如饥似渴地学戏。假期里，父亲又先后请了杨畹农、包幼蝶、朱传茗、杨小培、王福卿等京昆、梆子名宿，为女儿教戏。就这样转益多师，不拘一格，胡芝风的唱、念、做、打等表演基本功得到了更为扎实的训练。但在艺术的道路上走得越远，走得越投入，胡芝风就越感觉大学的学习时间愈加紧迫。

1956年，胡芝风与清华大学同班同学（左起：郑丽娟、董楚琴、乐瑶、刘汉嵛、李砚平、胡芝风）

胡芝风在清华大学后台化装（《霸王别姬》中饰虞姬）

将近两年紧张的大学生活，使她越来越意识到，在一个人有限的生命中，要想同时摘取艺术和科学两颗明星是不现实的，她只能选择其一。这时，她开始郑重地衡量科学和艺术在自己心目中的分量。她发现京剧艺术似乎有一种神奇的魔力，吸引着自己向它靠近。她隐隐地感觉到：只有在京剧的舞台上，自己的生命才能得到最为酣畅淋漓的绽放。她把自己的想法如实地向学校做了汇报。最后，经过学校慎重研究后，清华大学党委书记何东昌等领导，本着人尽其才的原则，做出了如下决定：准许胡芝风休学一年，到京剧专业团体去实践；如果合格，学校允许退学；如果不行，欢迎继续返校学习。校领导的通达、惜才，让胡芝风深受感动，她暗下决心，一定要学好戏、演好戏，争取用最好的成绩报答母校。就这样，胡芝风怀着深切的感恩之心，离开了美丽的清华园。

1956年，胡芝风与清华大学工物116班合影，前排右四为胡芝风

后来，经过父亲友人的介绍，在1958年的冬天，胡芝风来到了广州市京剧团，开始了她作为专业演员的艺术生涯。报到的第一天，刚安置好行李，胡芝风就迫不及待地来到了她最关心的练功房。看着宽敞的舞台和台下空旷的平地，她忍不住兴奋地叫起来："太好啦！台上台下都可以练功！"从此，每天早晨，东方刚刚泛出鱼肚白，胡芝风就早早地来到练功房，压腿、踢腿、下腰、拿顶、跑圆场、跑虎跳……当清晨

的第一缕曙光从门窗洒进来时，她早已是汗水淋淋、满面红光了。

团里的气氛非常好。每天，除了胡芝风，还有好几位男女青年演员，大家似乎比赛似的，看谁起得早，练功练得勤。每逢碰在一起练功的时候，都格外起劲，汗也出得分外多。大家还互相学习，胡芝风看到女青年王韵和小英对她练的武戏身段很感兴趣，便把自己学过的《小放牛》《昭君出塞》《天女散花》《扈家庄》《金山寺》《花木兰》《挡马》《辛安驿》等戏的舞蹈身段轮番演练，并教她们一起学。早功结束后，大家又一起到剧团附近的河对岸去喊嗓子。南国的清晨清新宜人，郁郁葱葱的树木、五颜六色的野花、悦耳动听的鸟鸣，混合着阵阵高亢嘹亮的嗓音，一切都显得那么生机勃勃。胡芝风就在这昂扬向上的氛围中，为了心中的舞台梦想，不断蓄积着生命的能量。

《辛安驿》（1958 年），胡芝风饰周凤英

在广州京剧团一年多的时间里，她有幸得到了较多的演出机会，主演了《贵妃醉酒》《十三妹》《昭君出塞》《大英杰烈》《花木兰》等多部传统戏。不仅如此，她还有机会尝试新的舞台创作。比如，在新戏《陈三五娘》的排练中，她开动脑筋，借鉴了《游园惊梦》和《小放牛》中的一些舞台调度和身段元素，根据剧中小姐和丫环的性格，为新谷莺和孙艳

《十三妹》（1958 年），胡芝风饰何玉凤

《昭君出塞》(1961 年),胡芝风饰王昭君

琴两位演员,编排了看灯的优美身段。这一设计得到了领导和主演的一致赞许。后来,团里排练新编古装戏《嫦娥下凡》时,胡芝风又把《天女散花》中长绸舞的身段,移植到嫦娥的水袖舞中,增加了舞蹈的"仙气"和美感。

胡芝风在广州京剧团的出色表现,还使她获得了一次与同团演员一起,去国学大师陈寅恪家中清唱的机会。那是 1959 年 3 月 15 日 的下午,胡芝风在傅祥麟团长的带领下,和李文秀、新谷莺、孙艳琴、何英华等一行六人,来到中山大学陈寅恪先生的寓所看望老人。陈寅恪,这位三百年来不世出的史学大家,当时正因足跛目盲,而足不出户、孤寂抑郁;再加上历次运动造成的身心伤害,老人的心情可谓愤懑到了极点。京剧演员的来访与清唱,像一道亮丽的彩虹,照亮了这位学术老人阴郁、黯淡的晚年生涯。这件事在陆健东所著《陈寅恪的最后二十年》一书中,曾专列一节特为记述,可见作者的重视。其中对胡芝风有较为详尽的介绍:

　　而胡芝风,尚是一娉婷少女。①

　　六位艺人中有一位当时年龄只有 21 岁的名叫胡芝风的少女。当时她是一名在广州京剧团学艺的新人。胡芝风投身戏班前曾是清华大学的学生。20 年后,当年的少女已成为神州著名的京剧演员,其代表作《李慧娘》饮誉一时。②

---

① 陆健东.陈寅恪的最后二十年[M].北京:三联书店,2013:272.
② 陆健东.陈寅恪的最后二十年[M].北京:三联书店,2013:275.

这段记载说胡芝风是广州京剧团的一位"新人"，诚然如斯。但说她在此"学艺"，则不尽然。因为当时的胡芝风虽然才二十出头，却已如前所述，在周信芳、魏连芳、杨畹农、包幼蝶、朱传茗等菊坛名宿的指导下，在演技上已经崭露头角。否则，傅祥麟团长也不会带她一同去拜访陈寅恪先生了。耐人寻味的是，胡芝风当年拜访的陈寅恪先生是第三届全国政协委员，而三十多年后的胡芝风，从1991年到2008年，则连续担任了第七、八、九、十共四届全国政协委员。虽然"全国政协委员"的名号，于陈寅恪或胡芝风而言，未必就是他们追求的人生价值，但被推举为"政协委员"这样的殊荣，却是因为他们在各自的领域做出了世所公认的非凡成就。

而1959年那个生机盎然的春天，刚到广州京剧团不足半年的胡芝风，当然不会预见到后来的事情。她那时正沉浸在演戏、排戏的反反复复的舞台实践中，心里正享受着比杨桃、香蕉更香甜的美味呢。就这样，近一年的演出和创作，不仅使胡芝风的艺术修养得到了加强，也让她对演员的生活有了更真切更全面的体会。

那是1959年的8月，胡芝风随剧团一起到武汉巡回演出。8月的武汉，像个潮湿闷热的铁罐子，稍一动弹，就会汗流不止。一场演出下来，大家无不汗流浃背。流汗过多，加上睡眠不足，大家的体力都有不同程度的下降，团长感冒发烧得几乎说不出话来。可就在胡芝风担心团长晚上是否能登台表演的时候，傅祥麟团长已稳步上场，尽管嗓音有些嘶哑，观众中起初也有些骚动，但很快，随着整台演员一丝不苟的认真表演，观众席又恢复了安静。演出结束后，台下响起了雷鸣般的掌声。胡芝风赶紧关切地跑到后台，她看到傅团长拖着疲乏的身子正缓步走来，汗水流进了他的眼睛，他只好低着头、闭上眼，轻晃着脑袋，把汗珠甩下来。睁眼后看到有点发愣的胡芝风，傅团长用嘶哑的嗓音轻轻地问她：演员生活很辛苦的，你怕不怕呀？

虽然刚才自己在演完《贵妃醉酒》后，也累得一阵眩晕，可看着团长那充满期许的眼神和花白的头发，胡芝风又立刻觉得，似乎有一股热流涌遍全身，她坚定地回答：为了做一个合格的演员，我愿意吃苦一辈子！即便跑一辈子龙套，我也要努力干好！

一年的艺术实践很快结束，广州市文化局、京剧团最终对胡芝风做出了这样的鉴定："极有艺术才华，已达专业演员水平"，并为她向清华大学申请肄业。1959年底，清华大学正式批准了她的辍学申请。从此，带着"即便跑一辈子龙套，也要努力干好"的决心，胡芝风义无反顾、心无旁骛地走上了心爱的艺术道路。她立志要用自己毕生的努力，来报答清华师生对她的厚望。

## 四、"大学生，小徒弟"——梅大师身边的日子
### （1959年12月—1960夏）

正式离开清华大学后，胡芝风本想继续留在充满团结友爱精神的广州市京剧团，但周信芳先生的一番指点再次改变了她的人生轨迹。那是看了胡芝风演出的《贵妃醉酒》后，周信芳对胡选斌说：芝风到广州这一年，很有进步，演唱和身段都不错，表情也算到家；不过，还需要提高气质，还需要有名师指点；她应该向梅兰芳先生请教。说完，当即给梅先生写了一封信推荐胡芝风，希望他能收芝风为徒弟。

1959年的梅兰芳已经65岁了，本不打算再收徒弟，但听说胡芝风宁肯舍弃著名的清华大学，也要投身京剧艺术后，很是感动；再则又是周信芳院长力荐，便欣然破例接受了这个关门女弟子。胡芝风清晰地记得和父亲第一次去梅府拜访的情形。那是一个阳光灿烂的日子，她和父亲来到护国寺大街1号院梅兰芳的府邸，穿过锃光发亮的朱漆大门，是一个打扫得干干净净的院子，院子正对着客厅。梅先生和夫人从耳房闻声迎出。寒暄过后，梅先生风趣地招呼胡芝风："来，大学生，小徒弟，坐到我旁边来！"这亲切的话语让本来还有些紧张的胡芝风一下子就释然了。仰视着梅先生神采奕奕的面容，胡芝风觉得比自己以前在照片上见过的容颜还要和蔼慈祥。梅先生微笑着继续说："我看了周先生的信，听说你为了当演员，连清华大学都割舍了，决心可真不小啊！从现在起，你就是我的学生了！"梅夫人也随和地让胡芝风叫她"香妈"就

行了。

另一个让胡芝风记忆犹新的日子是正式拜师那天。那天下午，梅兰芳和夫人先是带着胡芝风到王府井的中国照相馆拍了师徒的合影，接着来到丰泽园。当天前来参加拜师宴的宾客济济一堂，欧阳予倩、荀慧生、俞振飞、言慧珠、马彦祥、徐兰沅、张梦庚、许姬传等许多戏曲界的知名人士和老一辈艺术家都纷纷赶来祝贺。客人落座后，梅兰芳先生高兴地向大家介绍："这是我的小徒弟，大学生胡芝风。"并爽朗地说："现在拜师讲究新法，不要叩头了，咱们握握手就行了。"客人们听了都笑了，胡芝风则坚持遵照周信芳先生的嘱托，向梅先生和梅夫人恭恭敬敬地叩了头。全场响起一片"哗哗哗"的掌声。在那一刻，胡芝风暗下决心，一定不负先生的深情厚谊，好好继承梅派艺术。

了解到这个小徒弟已有多年的学戏根底，梅兰芳决定先让胡芝风在梅剧团演一场戏，以便具体指导。拜师仪式过后，胡芝风就开始积极排演《穆柯寨》《穆天王》。演出地点在中和剧场。演出前，梅先生还特意到后台嘱咐胡芝风："上了台，力气要匀着使，不要使足劲，不要太'冒上'。待会儿我在台下看戏，你放大胆子演。"① 就这样，在梅先生的指点下，戏演得很顺利。

演出最终博得了大家的称赞，但梅先生也指出："演武戏，不能只注意武功，还要重视人物个性。比如穆桂英和梁红玉在扮相上虽然都扎大靠，但因两人性格不同，表演分寸就不一样。穆桂英是个妙龄少女，年轻活泼，表演时要强调她的孩子气，矫健中略带娇憨之气，可以在刀马旦基础上糅些花旦的味道，就拿'掏翎子'这个小身段来说，应该干净利索、姿态流动，你做得'粘'了点；梁红玉就不一样了，她是个少妇，又是个统兵大元帅，要表现出稳重、干练的气度，掏翎子的动作也要做得沉稳、有气魄。还有在检阅兵丁的场面中，有个鹞子翻身亮相的动作，你蹲得太低了些，显得不够威风，也不够优美。"

聊到《穆天王》时，梅先生又告诉胡芝风，舞台上的京白并不是单纯的北京话，而是经过加工提炼的，要有一定的音乐性和节奏感；以后

---

① 胡芝风.梅兰芳教我《穆柯寨》[N].解放日报，1984-06-12（4）.

还要在京白的语气、声韵等方面多下功夫。接着，还让胡芝风把"说亲"那段台词又念了一遍，并不时打断她，指出其中念得不够味的地方和原因。这些详尽的讲解使胡芝风意识到，正确运用恰当的表演程式，对塑造不同类型的人物形象是多么重要。

此外，梅兰芳还特意安排梅葆玖演了一场《天女散花》，让胡芝风观摩学习。看了梅葆玖的演出，胡芝风不由得心生佩服，尤其是他的唱功。她疑惑地问梅先生，为什么我在演这出戏的时候，总是感觉唱得很局促，好像嗓子不够用似的；而玖哥边舞长绸边唱，演来却从容不迫，没有一点喘吁之感呢？

梅先生笑着说："这不仅是嗓子好与否的问题，它一方面要靠平日多练，另一方面还要注意唱法，掌握气口。比如【二六】那段，要唱得稳练、均匀；【慢流水】的每个停顿处，要唱得干净且富有弹性；下场前的【散板】，要唱得明快和谐，不要拖泥带水。这样就会省却不少力气。来，你把这段戏排一遍给我看看。"

听到这里，胡芝风立刻起身排练起来。当演到双手合掌于胸前的姿势时，梅先生纠正道："做这个动作时，身体不能往前倾，前倾的姿态适宜于塑造罗汉的形象；天女的造型，应该略向后仰，这样可以给人一种飘逸安详的感觉。"

为什么会有这样微妙的差异呢？梅先生说，那是他从云冈、龙门、敦煌、洛阳等地的壁画、石刻、泥塑等艺术中得到的启示，并据此加以修改和加工的。梅兰芳有着很深的绘画艺术的修养，他告诉胡芝风，绘画艺术讲究色彩、布局、线条、气韵等，这与戏曲舞台的表演、服装、舞美，有着息息相通的关系。《天女散花》这出戏就是受古画《散花图》的启示编演的。说着，又将剧中一些特殊的身段和唱腔给胡芝风做了示范。这番言传身教，使胡芝风进一步领悟到，梅兰芳先生一生都在辛勤地采集着各种各样的美，并竭力通过艺术形象的塑造，把这种美传达给观众。

除了向绘画学习，梅兰芳还嘱咐胡芝风多学一些昆曲，尤其是要学一些文雅的昆曲来锻炼"静"功。比如《游园惊梦》中的杜丽娘在游园归来后，内心无限苦闷，外在的表演却只有极少的手势和神态变化。这时，就要注意把那些疏淡而细腻的身段同人物内心感情的细微变化结合起来，这样慢慢地就沉得住气了。

为了说明掌握"静"的功夫对提高演员表演气质的重要性，梅兰芳还特意让儿子梅葆玖拿来了相册，指着其中《贵妃醉酒》的几张剧照，为胡芝风逐一耐心地解说。比如，上场时的亮相，要表现出杨贵妃雍容华贵的气度和自信自傲的心情；唱"斜倚把栏杆靠"时的身段幅度较大，但头部切忌乱晃，要注意凤冠上的珠条不能打脸，否则，不仅影响美观，还显得不稳重；又如双手叉腰衔杯喝酒的身段，是用夸张的舞蹈来表演人物借酒消愁的醉态。说到兴致高昂的时候，梅兰芳还一边迈着"醉步"，一边解说："酒醉后的步法，重心在脚尖，腰部和颈部稍微放松，头部配合着微微晃动，但千万不要过火，要给人以美感。即使表演醉态，也要始终把握人物作为宫廷贵妇的矜持神态。"最后，梅先生总结道："把人物演得活而又不俗，这与演员的气质有关。不过，气质是很难用语言来说清楚的，它包括演员各个方面的修养和掌握表演艺术的水平等等，这不是全靠老师教得会的。练习表演上的'静'功，也可以作为演员提高气质的学习内容之一。"①

这番关于演员表演气质的教诲，使胡芝风深刻地意识到，梅兰芳先生被欧阳予倩誉为"美的化身"，是多么的确切！梅兰芳的美，不是一个抽象的概念，而是那么具体细微，它是由扎实的基本功和各方面的文化素养不断汇聚而成的，它还是博采众长、兼收并蓄、不断创造、不断积累、不断发展的结晶。从此，胡芝风在心中给自己确定了一个目标，那就是以恩师梅兰芳先生为楷模，永不停歇地执着追求"美"的气质。

在梅先生身边受教的日子里，梅先生对人物形象的细腻分析和独特演绎，尤其是塑造人物时那种大胆革新、勇于创造的精神，给胡芝风留下了极其深刻的印象。这些使她领悟到：演员的气质是个永无止境的美学境界，需要用毕生的精力去不断地追求和探索。这对她以后成功塑造李慧娘等舞台形象，有着不可估量的重要作用。

---

① 胡芝风.从《游园惊梦》到《贵妃醉酒》[N].解放日报，1984-07-08（4）.

## 五、梅花香自苦寒来——苏州京剧团的磨砺
## （1960 年 8 月—1985 年 8 月）

1960 年—1987 年，胡芝风在苏州市京剧团

1960 年 8 月，在这个丹桂飘香的季节，胡芝风正式加入了苏州市京剧团，成为该团的挑梁花旦（从 1980 年起兼任团长）。从此，开始了她在苏州京剧团 25 年的风霜生涯。在这里，胡芝风度过了无数个不眠之夜，也度过了她人生中最宝贵的青春年华。

苏州京剧团，既记载了青年胡芝风下海伊始的勤奋和执着，也留下了她和农民观众亲密接触的共鸣与感动；既刻录了胡芝风不断勇攀艺术高峰的蹒跚足迹，也让她饱尝了被当牛鬼蛇神处处遭排挤、时时受冷眼的凄凉与痛苦。苦难也好，欢笑也罢，却正是这日积月累的沉淀，酿出了最美的花朵——京剧《李慧娘》。

千百年来，江南水乡，一直是文人笔下风光旖旎、让人流连忘返的天堂胜境。但在苏州京剧团挑大梁的胡芝风，似乎并没有文人墨客们那么多情和敏感。在她记忆中更清晰的，不是江南的草长莺飞与风和日丽，而是江南那滴水成冰的严冬和酷暑难熬的盛夏。的确，对于一个常年跟着剧团，在河汊纵横的水乡四处奔波，有时还要忍饥挨饿的演员来说，与其欣赏沿途的美丽风景，恐怕还不如趁机打个小盹，放松一下疲乏至极的身躯。

那些年的下乡演出，境况极为艰辛。舞台要么在四面通风的破剧场里，要么就在露天搭建的台子上。冬天的时候，尽管寒风刺骨，但身为花旦的胡芝风，为了呈现给观众最美的形象，宁肯自己冻得感冒生病也不愿穿得鼓鼓囊囊地上台。她时常是只穿一件白布"水衣"作为衬衣，便套上戏装登场了，以致常常嗓音发哑；而为了不耽误下一场演出，就只好在台下拼命地吃药。夏天的时候，则不仅要忍受闷热潮湿——演出时衬里的胖袄常常被汗水浸透；还要备受蚊虫叮咬的困扰，甚至经常会

在晚上演唱的时候，为了不"搅"戏，而不得不把被汽灯招来的飞虫活生生吞下肚去。

在水乡走村串疃的演出，主要靠的是船。小船船舱的狭窄、粗糙，使得胡芝风的衣服几乎没有不被钉子钩破的。路途中也不总是一帆风顺的，有时会碰上刮风下雨的恶劣天气，大家就只能弯着腰挤在低矮的船篷下；因为船速减慢，常会错过正点吃饭的时间，如果再碰上干粮耗尽的情况，就只能忍饥挨饿了。

在乡下居住的条件也极为简陋。由于演出的流动性，他们常睡在临时铺就的草堆上，挂个蚊帐就是"床"了。有时睡到半夜，偶尔会有蛇来"造访"，于是大家又会嘻嘻哈哈地展开一场"人蛇大战"，闹够了，继续酣睡。

就这样，虽然艰苦，却总能"苦中作乐"，尤其是在演出中看到农民观众那如痴如醉、凝神欣赏的表情时，胡芝风更会情不自禁地感到一种由衷的幸福和满足！而演出后农民朋友的嘘寒问暖、主动帮忙，更是让胡芝风和她的团友们倍觉温馨与感动！与农民观众的长期接触，也使善于思考的胡芝风琢磨出了一些观众心理，知道他们偏爱看一些有头有尾的完整故事、有文有武的热闹情节。所以，她就尽量多演一些文武兼备的整本戏，如《穆桂英》《杨排风》《大英杰烈》《花木兰》《霸王别姬》《杨门女将》《雏凤凌空》《佘赛花》《红梅阁》《百花公主》《柜中缘》等。

除了传统戏，胡芝风还喜欢演现代戏，像《红珊瑚》《山乡风云》《社长的女儿》《南海长城》《洪湖赤卫队》《红灯记》《沙家浜》《苗岭风雷》《龙江颂》《杜鹃山》《一元钱》《他是我的丈夫》等都是她在苏州京剧团排演的。其中，除了《一元钱》和《他是我的丈夫》外，都是移植剧目。《一元钱》和《他是我的丈夫》这两个剧目，虽然一个失败，一个被"毙"，却为胡芝风的舞台创作生涯积累了宝贵的经验。

起初，为了演好《一元钱》中的女售货员，胡芝风甚至按照斯坦尼斯拉夫斯基的体验方法，亲自去菜场买菜，并与售货员交友谈心，撰写角色自传，充分体验人物的丰富情感，可是最终的舞台效果却平淡无奇。这次"失利"，让胡芝风认识到，在生活中体验到的情感，到了戏曲舞台上,必须转化为韵律化、程式化的身段动作,而绝不是生活原貌的再现,否则,就很难称之为"艺术"。

《他是我的丈夫》是由曾经培养苏昆"继"字辈演员的顾笃璜导演的。顾笃璜的导演风格给胡芝风留下了深刻的印象。顾先生排戏讲究"一棵菜"精神,一开始就把乐队、舞美设计人员请来,与演员一起研究剧本,共同创作。开排后,还要求音乐、舞美工作人员常来观摩,以便不断完善他们的设计。他强调音乐要烘托环境气氛和人物感情,舞美设计要以写意为主。对胡芝风表演的要求则是:要讲究美感,增加感情色彩,充分揭示人物矛盾、痛苦的心境。但这样一出有血有肉的现代戏,最终也被莫名其妙地"枪毙"了。戏,虽然夭折了,但排戏的宝贵经验,却在胡芝风的艺术生涯中留下了重重的一笔。

无论是传统戏,还是新编古代戏或现代戏,胡芝风都秉承着继承和创新的精神,坚持从人物性格出发,注入自己的新意。这使得她登台不久,就崭露头角,受到了戏曲界和观众的刮目相看。从1960年秋天到"文化大革命"开始前这段时间,胡芝风收获了人生的许多"第一次":第一次得到舆论界的专文赞誉,第一次得到戏剧专家和艺术家的大力褒扬,第一次参加苏州人民政治协商会议和苏州市人民代表大会,等等。

《山乡风云》(1963年),胡芝风饰刘琴

《社长的女儿》(1964年),胡芝风饰女儿

《洪湖赤卫队》(1964年)，胡芝风饰韩英

《红灯记》(1967年)，胡芝风饰铁梅

《沙家浜》（1968 年），胡芝风饰
阿庆嫂

《苗岭风雷》（1970 年），胡芝风饰腊梅

《龙江颂》（1972 年），胡芝风饰江
水英

《杜鹃山》（1973 年），胡芝风饰柯湘

然而，这些耀眼的光环，也使得胡芝风在接下来那场史无前例的浩劫中遭遇了一次又一次严酷的打击："胡芝风是周信芳黑店的黑爪牙""胡芝风是反动学术权威"等大字报，一度贴满了她的宿舍、蚊帐，甚至演出的后台；即便在身怀有孕、行动不便的特殊时期，也未能获得反动派的"网开一面"，依然被逼着登台演戏、登高刷漆。但"千磨万击还坚劲，任尔东西南北风"，在无数次挥拳舞臂的口号声中，在一次次张牙舞爪的批斗声中，胡芝风反而历练得更加沉稳和机智。她不仅在1968年冬顺利地迎来了爱子的降临，还让自己的艺术之花在严寒的洗礼下出落得更加艳丽。当时，胡芝风虽然在艺术上没有发言的权力，但为了使自己的艺术水平不退化，她就趁着排"样板戏"的机会练腰腿、练嗓子；还利用"样板戏"的招牌，到其他艺术团体寻师访友，使自己在发声、用气、扩大音域等方面都有所提高。这些收获是那些对她恨之入骨的"造反派"们始料未及的。

1969 年，胡芝风与儿子刘子阳

2015 年，胡芝风与文化部振兴昆剧指导委员会第一届秘书长、苏州原文化局长钱璎

苏州京剧团当时每年平均演戏三百多场，胡芝风一人承担的就有二百五十多场，如此日积月累，二十多年下来，她一共演出了六七千场戏。由于成年累月的超负荷运转，早在 20 世纪 60 年代，年仅二十多岁的胡芝风就患上了轻度肝肿病和神经衰弱。后来经过短期治疗，肝肿倒是渐渐痊愈了，神经衰弱却无法根治，成了长期困扰胡芝风的一个"顽疾"。但为了保证演出的质量，又必须睡好觉。于是，在外地巡演时，

人们常常会看到这位观众交口称赞的名演员，有时会住在简陋的茅草工棚里，有时甚至睡在密不透风的菜窖里，有时就住在废弃的锅炉房里，有时则住在施工未竣、水电不通、布满蛛网的房屋里……也有好心人想方设法为她安排更好的住处，却都被胡芝风婉言拒绝了。她的理由是："我不图舒适，只求安静。"

除了神经衰弱，"文革"期间无数次的批斗，又给她的心脏留下了"心律不齐"的永恒"纪念"。纵然是伤痕累累，纵然是夜不能眠，但这一切，都没有浇灭胡芝风心目中那盏坚持不懈追求艺术美的明灯。正是这种不畏艰难困苦、筚路蓝缕的精神，使得后来她主演的京剧《李慧娘》成为戏曲舞台上一朵绚丽无比的奇葩。

胡芝风在 20 世纪 80 年代主演的京剧《李慧娘》，能够誉满京华、声振寰宇，绝不是偶然的。那是她在苏州京剧团二十多年的汗水和心血凝结而成的。

早在 20 世纪 60 年代初，受李玉茹《红梅阁》的启发，胡芝风就开始尝试着用自己的独特方式重塑李慧娘的形象。她革除了传统鬼戏的一些表演方法，如斗鸡眼、惨白脸、大红唇等，融入了芭蕾的语汇，让李慧娘的形象变得轻盈、挺拔、舒展。仅在武汉一地，就连演了三十多场，受到观众和媒体的热烈追捧。当胡芝风想继续全面改进这出戏时，却因一场批判"有鬼无害论"的运动，而不得不中止。紧接着又是一场全民族的"革命"大风暴，李慧娘的重登舞台，看似更加遥遥无期了。直到"四人帮"垮台两年后的 1979 年，胡芝风才终于有了重排《红梅阁》的机会。积蓄了二十多年的能量，终于要在这一刻爆发了！

胡芝风一人既主持改编剧本，又当导演，把这出戏的各个部件（剧本、表演、音乐、舞美、调度、服装、灯光等）快速调动起来，有序运转。从 1979 年 3 月开始，仅用一个多月的时间就开始了彩排；5 月即在常熟进行了首演。后来，又到了苏州、昆山、上海、大连、青岛、济南、天津、北京等地巡演，获得了众口一词的称赞。首都戏剧界还专门为《李慧娘》召开了两次座谈会，与会的专家、学者、表演艺术家都赞不绝口。一时间，与京剧《李慧娘》相关的各种评论、宣传也在报端屡屡出现。1981 年初的《人民日报》还以接近整版的篇幅发表了京剧《李慧娘》的剧照和介绍，赞誉胡芝风是中国戏曲舞台上一枝艳丽的红梅。

《李慧娘》的"空前火暴"也吸引了电影界的目光。上海电影制片厂独具慧眼的导演艺术家刘琼，从1981年春天开始，花了四个半月的时间，终于把京剧《李慧娘》从舞台搬上了银幕。该片曾先后荣获文化部1981年"最佳戏曲电影片"奖、上海电影制片厂1982年首届"百花奖"之"最佳影片"奖。电影放映后，深受广大观众的喜爱，同时掀起了一股席卷中华大地和欧洲大陆的胡芝风"旋风"[①]；时至今日，这部电影的某些镜头还不时出现在中央电视台戏曲频道（CCTV-11）的"片头"中。

予生也晚，未能亲眼目睹京剧《李慧娘》的舞台演出盛况，但幸运的是看到了胡芝风赠予的电影《李慧娘》的光盘。几番咀嚼之后，似乎逐渐明白：京剧电影《李慧娘》的成功，不仅来自于电影镜头语汇对戏曲表演的提升，更来自于胡芝风舞台艺术精妙绝伦的迷人魅力。正是舞

《李慧娘》（1979年），胡芝风饰李慧娘　　1981年，胡芝风与刘琼（戏曲电影《李慧娘》导演）

---

　　① 电影拍摄完后，胡芝风又受邀先后在香港、威尼斯、佛罗伦萨、那不勒斯、罗马等地演出了数十场京剧《李慧娘》，赢得了当地观众的热烈赞扬，并被热情的香港观众誉为"胡旋风"，被意大利报界赞为"震动意大利和欧洲的明星"（钱璎，陈牧. 从理工科大学生到表演艺术家——胡芝风的艺术道路［M］// 胡芝风. 胡芝风谈艺. 北京：文化艺术出版社，1993：12.）

台和荧幕的完美结合，赋予了戏曲电影《李慧娘》穿越时空、绵延不绝的中华传统美学神韵。细细回味，京剧电影《李慧娘》散发的虚实之趣、诗化之魂、传神之韵、中和之美等传统美学气息，至今对京剧的传承和发展而言，仍不无裨益。

先看虚实之趣。

虚实论是中国传统艺术美学的一个重要范畴。其根源来自于老庄哲学的崇无论。老子从最高哲学范畴"道"出发，认为"无"是"有"的根本："天下万物生于有，有生于无。"① 也就是说，万物产生于"无"，世界是"有"和"无"、"虚"和"实"的统一，有了这种统一，万物才得以生生不息。这种"有"与"无"、"虚"与"实"的哲学思想在中国传统艺术中的体现就是"虚实相生"的艺术原则。这条原则认为，艺术形象必须虚实结合，才能灵动地反映有生命的世界。

举凡文学、书法、绘画、音乐、舞蹈、建筑、石刻、园林等中华传统艺术门类，虚实相生都在其中起着重要的作用。戏曲艺术也不例外，"剧戏之道，出之贵实，而用之贵虚"——这是明代著名剧论家王骥德在其理论专著《曲律》中对戏曲三昧的深刻阐释。数百年来，从剧本创作到舞台表演，戏曲艺术形成了其独特的"用虚出实"的艺术个性。在舞台呈现上，虚拟表演成为戏曲的一大特征。如一个圆场、一回趟马，便是"人行千里路，马过万重山"。戏谚"三五步行遍天下，六七人百万雄兵"，正是对这种虚实互衬、妙趣横生的艺术佳境的生动概括。戏曲观众对这种以虚运实的表演也是心领神会、欣然纳之。

而电影这种依靠现代工业技术而形成的娱乐形式，则以逼真性见长，它要求表演、布景、服装、化妆的每一个细节都要与现实生活酷似，属于再现生活的写实艺术。所以，要用电影的方式来拍摄戏曲艺术片，面临的最大难题就是如何处理戏曲虚拟写意与电影逼真写实的关系。电影大师崔嵬曾主张："我认为主要的应该是电影服从戏曲。虽然戏曲片是以电影的形式出现，但它是以戏曲为内容，它必须建立在戏曲传统规律的程式基础上，保持并发扬戏曲的特点。"② 此论堪称的评。

---

① 王弼注.老子［M］.上海：上海古籍出版社，1996：24.
② 崔嵬.拍摄戏曲电影的体会［M］//崔嵬.崔嵬的艺术世界.中国电影出版社，1982：86.

京剧电影《李慧娘》的成功正是导演刘琼在充分尊重了胡芝风的舞台表演基础上，巧妙运用电影镜头技巧和蒙太奇优势进行再创造的结晶。深谙戏曲艺术规律的导演刘琼在拍戏前，曾与胡芝风等演员和蔼地商榷："电影与舞台表演虽艺术相通，但存在着审美差异，各有特点。你们要撇开舞台面向一方观众的习惯，依照剧中人身处的环境、当时的情感，发挥自己的演技，供我们选择全景或特定的镜头，多方位地进行拍摄。我不是京剧演员，不知意见对否？"[1] 正是在充分把握戏曲和电影美学特质的前提下，京剧电影《李慧娘》把戏曲舞台上的贵"虚"与电影艺术的崇"实"完美地结合在一起，奉献给观众一道回味无穷的艺术大餐。

例如，在"见判"这场戏中，李慧娘欲闯出地府去搭救裴生时，戏曲舞台是用三圈"圆场"来表现她急于救裴的迫切心情的。剧场观众在演员"圆场"技艺美的享受中，感受到人物在不顾一切地向前闯行，这是戏曲舞台虚拟表演的美学特征与观众审美联想的契合。但如果从剧场观众席的方位来拍摄这三圈"圆场"，就将使荧幕前的观众感到李慧娘在原地"团团转"，这不符合观众对荧幕的审美需求。可是，如果放弃"圆场"这个优美传神的程式语汇，又将成为戏曲表演艺术的损失。如何既保持这三圈"圆场"的技巧，又造成李慧娘不断向前奔跑的意象？刘琼想方设法寻找着舞台与荧幕的最佳契合点。终于，他想出了一个两全其美的办法——把摄影机放在摄影棚的中央，让李慧娘以摄影机为圆心跑大"圆场"，同时镜头一直跟随着李慧娘的"圆场"转动，并穿插李慧娘脚步的特写，再加上飘渺朦胧的烟雾衬托地府的规定情境，就形成了李慧娘在扑朔迷离的地府勇往直前的意象化效果[2]。这样，既保留了戏曲"圆场"的技艺，又巧妙解决了戏曲虚拟表演与电影追求真实感的矛盾，提升了这段表演的魅力，从而铸造了戏曲电影史上一个"虚实结合"的完美典范。

又如，舞台上"追杀"这场戏中，李慧娘掩护裴生逃避刺客追杀的三人舞蹈，是通过三人在同一韵律节奏中疏密相间、动静有致的画面造

---

① 金扬. 刘琼与《李慧娘》[J]. 大众电影，2002（17）：36.

② 胡芝风. 感念刘琼为我导演戏曲影片《李慧娘》[J]. 中国戏剧，2002（8）：45.

型美，表现李慧娘和裴生面对刺客且驱且逃的紧张情势，从而引起观众的审美想象，推动剧情的发展的。电影中，这场戏是在一堂后花园的实景中发生的。如果从一个角度来拍摄，会让观众感觉这三个人的群舞是在一个地方打转。为解决这个难题，导演和摄影师从不同角度，把这堂景分割为许多不同画面作背景，把三人的优美舞姿分别镶嵌在这些不同的画面背景中进行，让观众从不断变化的背景中，感受到剧中人物在花园中不断地变换位置，左躲右闪地潜逃[①]。这样，人随景动，景随身变，在荧幕时空的流动感中，无形中化解了戏曲虚拟程式与电影实景的矛盾。这是京剧电影《李慧娘》对戏曲虚拟时空与电影真实景物完美结合的又一亮点。

《李慧娘·追杀》（1979 年），胡芝风饰李慧娘、陈少华饰裴舜卿、周国良饰廖寅忠

当然，尊重戏曲的艺术规律，并不是说电影要一味地"迁就"戏曲。在京剧电影《李慧娘》中，为适应荧幕美感和电影观众的需要，有时适当地舍弃了戏曲的虚拟动作，以"实"代"虚"。如红梅阁"访裴"这场戏，有个开门的动作。是保留虚拟的开门程式动作，还是代之以真实的门？周信芳先生主演的戏曲电影《宋士杰》曾有过大胆的改造。

---

① 胡芝风.戏曲影视片的实践与思考［J］.戏剧艺术，1992（1）：78.

"盗书"一场，舞台上原本没有门，经过电影分镜头的排练，发现虚拟动作的一双手在镜头前摸来摸去实在不对劲，于是周信芳提出要用真实的门，这样使演员的动作目的更为明确，也强烈渲染了黑夜盗书的紧张气氛。电影《李慧娘》中红梅阁的门也采用了实景，而且，通过电影特技的处理，使李慧娘隐身进门的动作更富神奇色彩。这样，看似违背了戏曲舞台的美学规律，但在戏曲电影中，却达到了传统戏曲与现代电影蒙太奇手法相结合的两全其美的艺术佳境。

如上所述，京剧电影《李慧娘》因为充分协调了戏曲表演的"虚"和电影艺术的"实"的关系，使两种具有迥然相异的审美倾向的艺术形式水乳交融地结合在一起，以虚代实，以实运虚，虚实相生，散发着既空灵又充实的美学趣味。

再看诗化之魂。

张庚先生早在20世纪40年代就提出过"剧诗"这个概念，20世纪60年代又撰写了《剧诗》和《再论剧诗》两篇论文，对剧诗作了全面精到的阐述，在戏剧界影响甚巨。张庚先生当年所说的"剧诗"包括戏曲、歌剧、话剧。而今，再言及"剧诗"，已约定俗成地专指"戏曲"了。"剧诗"一称，道出了戏曲与诗歌血脉相连的特殊关系。古典诗歌的滋养，使得中国戏曲从剧本文学到舞台艺术，直至观众的审美观照，都带着浓郁的诗意。这使得戏曲艺术成为一种遵循诗化原则侧重表现的艺术。京剧电影《李慧娘》在尊重戏曲艺术诗化节奏的基础上，又融进电影的镜头语汇和特技表现，给全剧笼罩上一层悠远含蓄的意境美。下面试从大段唱腔、情绪表演、镜头处理等方面看看京剧电影《李慧娘》对诗化原则的运用。

首先，在对大段唱腔的处理上，遵循戏曲艺术"有情则长，无情则短"的诗化节奏原则，力求跌宕有致。如"救裴"一场中，裴生不愿连累李慧娘，宁死也不肯随其逃走；李慧娘眼看刺客将至，想告之真相又怕惊吓了他，焦急万分。这里，传统剧本的四句唱词不足以揭示人物此时复杂的内心矛盾，胡芝风便重新写了十二句唱词：

"脱口道出难言隐，他愿将死来换我生。难得他言真切意重情深，倒叫我心如麻有口难云。我若对他吐真情，岂不痛煞我裴郎君；我若不把真情讲，他定然不肯随我行。眼看三更已临近，漏声滴滴逼煞人。罢罢罢，燃眉之急情势紧，裴相公，说出口来你心莫惊。"①

增加的这一大段唱腔，看似与当时千钧一发的紧张情势不太相符，但由于使用快—慢—快的节奏对比，烘托出李慧娘心潮起伏的内心变化，不仅真切反映了她对裴生的真挚情感，还升华了人物的内心世界；所以，电影导演采纳了胡芝风的大胆创新，并适时配以李慧娘面部神情的特写镜头，不仅没让观众感到拖沓呆板、节奏缓慢，反而愈增节奏紧凑之妙，收到了良好的荧幕效果。

为了避免大段唱腔可能引起的荧幕前观众的不耐烦，电影《李慧娘》还做了多种尝试。如在李慧娘自述身世的"避战祸中途丧母异乡卖唱，被掳抢爹惨死。我坠入了阴风飒飒的半闲堂……"唱段中，插入李慧娘和父亲逃难、卖唱以及被抢的镜头；在"贾似道他将我……他将我……百般拷打"的唱段中，插入贾似道残忍杀死李慧娘的镜头；在"惊闻鸡鸣痛断了肝肠，自恨已是黄泉客，难效人间凤求凰"的拖腔中，插入红梅阁夜景的空镜头。这些通过电影蒙太奇的优势穿插在唱段中的镜头，不仅赋予戏曲抽象的唱词以形象化的画面，还使剧情错落有致，引人入胜，别具一番感人心扉、引人入胜的美感。

其次，在情绪表演上，导演不要求演员自然主义的逼真再现，而是要求既要恰到好处地表演感情，还要保持形式美，符合戏曲诗化的审美节奏。在诗化原则的统领下，戏曲舞台上人物内心的喜怒哀乐都要转化为诗韵的节奏；眨眼、抽泣、呼吸、拭泪等外部情状，都要提炼加工为有韵律感的身段和有美感的面部表情，而不能像生活中真正的咧嘴大笑、涕泗滂沱一样。

如"访裴"一场中，裴舜卿有感于李慧娘冒死相救，而表示愿做一个"患难知己"，李慧娘听闻后百感交集，伴随着富有韵律感的"羞答

---

① 本节引用的所有唱词，均根据上海电影制片厂1981年拍摄的戏曲电影《李慧娘》整理。

答情怯怯心意彷徨"的内心体验，她用舞蹈化的身段将手帕先是无意识地缠绕，继而又轻轻地扯开，面部神情也配以相应的节奏感，把初恋少女的羞赧、兴奋、喜悦、激动，含蓄微妙地传达出来。

又如，李慧娘正欲和裴生从红梅阁逃走时，惊闻一声鸡鸣，猛然醒悟自己与裴郎已然分隔阴阳，永无完好之望，悲从中来，怨恨不已。此时，荧幕上交替出现了李慧娘恐慌的面部表情、与裴生短暂对视的忧虑眼神和左手下意识地攥紧手帕的动作特写；紧接着，是在一阵急促的锣鼓伴奏声中，李慧娘转身奔向窗棂，留给观众的，只是一个伴随音乐响起而有节奏地起伏的悲痛背影。这里，没有过多语言的烘托，但人物内心翻江倒海的巨变，却在演员优美的程式动作和电影多变的镜头语汇中跃然而出，使得观众也不由得被这个多情、忘我、勇敢、怨愤的女鬼所深深感染。

再次，是对镜头的诗化处理。它包含单一镜头画面构图的诗化和不同镜头组合剪接的诗化。京剧电影《李慧娘》把镜头语汇也当成一种节奏化、韵律化的手段，与音乐、表演有机地融合在一起。如"见判"中，对李慧娘在地府闯行和参见判官的表演，采用了全景、中景、慢镜头、俯拍、仰拍、移拍等镜头技术，使舞蹈姿态得到多角度的展示。像李慧娘旋下地府时的"快转卧云"和观看阴阳宝扇的"探海"等动作，导演采用"快拍慢放"的办法，使舞蹈身段的美感在"慢镜头"的展示中得到韵律化的显现。又如李慧娘初见小鬼时有一个下腰的动作，同时小鬼有一个从她身上"窜毛"而过的身段，导演让三架摄影机同时从上方、前方、侧面三个方向拍摄，剪接时把三个方向拍摄的镜头连接起来 ①，整个表演身段就以清晰、流畅的画面有节奏地展现在观众面前。

又如对李慧娘夸赞裴生的细节，导演是这样处理的：当裴生唱道"理正辞严将贼骂"时，给了李慧娘一个"回头"的特写；接着是裴生斥责贾似道的镜头和贾似道的一个面部特写；然后才是李慧娘痴痴地凝视裴生，情不自禁地念叨"美哉呀！少年"的特写。对贾似道听闻李慧娘对裴生的赞美后，与李慧娘瞬间的眼神接触，则分为一系列的特写镜

---

① 胡芝风.戏曲美学精神的新载体——探索戏曲与荧屏的契合点［J］.戏曲研究，2008（75）：300.

第一章 梅兰芳的关门女弟子——生平志趣

头：贾似道猛然起身→一步一步缓慢地走下台阶→李慧娘听到脚步声惊恐地回头→贾似道凶恶的眼神→李慧娘惊恐地不敢正视贾似道→贾似道的逼视→李慧娘恐惧地低头并后退。这样通过近景、特写、俯拍等方式层次分明地外化出人物的内心变化，恰到好处地凸显了贾似道的凶残和李慧娘悲剧的社会内涵，产生了强烈的艺术感染力。

此外，电影《李慧娘》在布景、音响、灯光、气氛、特技等方面，都贯穿着对诗意美感的追求。这也是此剧直到今天仍为人称道的原因之一。其实，早在 20 世纪 60 年代，刘琼就导演了以格高趣雅的诗意境界著称，将歌舞、音乐、神话、自然美景融为一炉的电影《阿诗玛》，可以说电影《李慧娘》正延续了他一贯的典雅、含蓄的诗意风格。

次看传神之韵。

传神是我国古典文艺的共同特色，也是戏曲艺术重要的美学特征。

《李慧娘·追杀》（1979 年），胡芝风饰李慧娘、周国良饰廖寅忠

戏曲传神特色之显著，是因为她植根于丰厚的传统文化土壤中。其形成要追溯到贵无轻有的老、庄哲学和形神二元、重神轻形的宗教思想。最早在艺术领域明确提出这一思想的是东晋画家顾恺之，他提出了"以形写神"的说法。顾恺之画人物重在传其神韵，向来被传为美谈。据《世说新语》记载，他画人"或数年不点目睛。人问其故，顾曰：四体妍蚩本无关于妙处，传神写照正在阿堵中"。在戏剧领域，苏轼是较早把传神理论引进来的，他在《传神记》一文中写道："优孟学孙叔

敖抵掌谈笑，至使人谓死者复生，此岂举体皆似，亦得其意思所在而已。"①"得其意思所在"，简明扼要地指出了中国戏剧表演贵在传神这一特征。

除了传神，中国传统艺术亦强调形神兼备，但在形、神二极中，更看重的还是"神"，所谓"遗貌取神""离形得似""得意忘象"是也。以传神为贵，已然成为中华民族的审美崇尚。戏曲表演固然也要求人物形象的形神兼备，但更侧重于揭示人物的精神意绪、性格特征，把握特定情境中人物的神情、意态。戏谚"不像不成戏，真像不算艺，悟得情和理，是戏又是艺"，正准确揭示了这一美学特质。京剧电影《李慧娘》恰是在充分尊重戏曲表演与现实生活"若即若离"的基础上，运用独特的电影化手法，通过美丽多情、傲岸不屈的李慧娘的典型形象塑造传达着芸芸众生对真善美的向往，使观众在一种氤氲迷离的气韵中感受到"境外之境"的审美愉悦。

首先，在舞蹈身段方面，胡芝风做了一些大胆的创新，对传达人物的神韵起到了良好的效果。如在表现鬼魂的行走时，胡芝风借鉴非戏曲舞蹈的姿态，改变了手势过于收缩、内敛的传统程式，把手臂与手膀间的夹角适当放大，膀臂姿态呈长弧形，使李慧娘的鬼魂体态显得舒展、轻盈，有助于抒发她奔放的情感，构成一种坦荡、飘逸的意象，给人清雅高洁的美感。又如"见判"中，李慧娘出场后有段快速圆场的舞蹈，行走时除脚步像白莲一样轻轻浮动外，全身纹丝不动，只见衣袖、裙袂、绸带不断地随风飘扬。这里，胡芝风把一般花旦的脚跟着地改为前脚掌着地，使得鬼魂的形象既柔美又挺拔，构成一种昂扬、轻柔的意象，使李慧娘义无反顾、急于救裴的心情跃然而出。

次如，李慧娘面对判官倾诉自己"怨气冲天，阴魂不散"，一定要去红梅阁搭救裴生时，有个踢腿的动作，传统的程式是勾脚面踢向鼻尖，这样显得比较生硬、滞钝，不足以抒发人物的激愤心情。胡芝风把芭蕾绷脚面，抬向额前方的姿态糅化在戏曲踢腿的节奏和力度中，与李慧娘身穿的长腰包裙、长水袖、白绸带，构成一个激越飞扬的意象，强

---

① 陈多，叶长海选注.中国历代剧论选注［M］.上海：上海古籍出版社，2010：58.

第一章　梅兰芳的关门女弟子——生平志趣

烈地抒发了不惧千难万险，一定要去搭救裴生的决心。在得到判官赐予的宝扇后，李慧娘兴奋地展扇起舞，背身从上场门用直腿横错的蹚步以逐渐扩大的"Z"字形移向下场门台口。这是胡芝风在京剧花旦、武旦的蹚步基础上，吸收芭蕾舞的"脚尖小碎步"加以创造的。这样一来，不仅使得步伐更加轻快、柔美，形成一种神出鬼没的飘渺意象，还凸显了李慧娘在得到宝扇后的喜不自禁和此行必胜的坚定信念。

再如，"追杀"中，李慧娘驱赶刺客时，运用了一个"串跪转"的身段，这是借鉴了苏联红军舞中用机枪向周围扫射的动作。胡芝风把这个动作改进后规范在戏曲锣鼓节奏中，舞姿急遽强烈，强化了李慧娘救裴时心急如焚的心绪，观众看来也是痛快淋漓。①

胡芝风在表演身段上的创新，既符合戏曲的表演规律，又契合人物纯洁高尚的内在情操。透过这些优美的身段，李慧娘的坚强、不屈、柔弱、哀怨、高昂、坦荡……一点点烙印在观众的心田。

其次，在气氛效果上，推崇朦胧美。导演刘琼在拍片前就对各部门明确提出以"朦胧美"作为创作总纲②。现在看来，刘导的愿望的确是实现了。试采撷一二观之：

影片开场：黑片后空无一人，烟云飞动，伴随着阵阵喊冤声，一袭白衣的李慧娘的身影逐渐由小变大，又从大变小，同时画面呈现出云烟汹涌浮动状，烘托出沉郁、阴森、激越、顿挫的地府情境。这既引起观众的好奇心，又让人产生隐隐的担忧和恐惧。为全片奠定了一个悲而不恸的情感基调。紧接着，是李慧娘的长袖翻飞、上下盘旋，众小鬼的飘忽灵动、时隐时现，在灯光和烟雾的衬托下，显得既空灵旷远又诡异莫测，给人一种虚无缥缈的朦胧联想。

影片结尾：伴随着余音绕梁的画外音"一缕青烟恨无限，三杯淡酒意绵绵。半闲堂从此成粪土，美哉慧娘话人间"，在裴舜卿祭奠李慧娘的袅袅青烟中，出现了含笑凝视的慧娘的倩影。这一特技的使用，使得这段阴阳两隔的"人鬼情未了"的诗意爱情，久久萦绕在观众心头，挥

---

① 胡芝风.艺海风范——我的艺术道路［M］.香港：中国国学出版社，2009：89.
② 蒋伯玲.出情入景意求新——《李慧娘》的气氛效果与美学的关系［J］.电影艺术，1985（10）：52.

之不去，意犹未尽。

第三，善于捕捉人物瞬间的情状，通过镜头对其强化，以达到传其神韵的效果。比如"见判"中对明镜判官出场以及听到李慧娘连呼"冤枉"时的两次面部造型和眼冒金光的大特写，即让观众领略到戏曲脸谱的夸张魅力，又让人看到一位面容虽丑，内心却善良耿直、不容私情的地府"清官"形象。

又如在李慧娘出场唱道"仰面我把苍天怨，把苍天怨。天哪……天！因何人间苦断肠"时，有一个泪光闪烁、表情悲怨的面部特写，给李慧娘的复仇铺垫了因冤生怨、因怨生恨的情感力量，为这一形象的塑造奠定了基础。

再如"杀姬"中，当李慧娘回答"启禀相爷，适才在西湖，是我有失检点，还望相爷赎罪"时，贾似道目露凶光，一边发出"哼……哼……"的鼻音，一边步步紧逼，地面上只见他的影子一步步逼近李慧娘，而俯首请罪的李慧娘则是双袖不停地颤抖。通过无声的影子和颤抖的双袖的镜头特写，贾似道的凶狠残暴和李慧娘的恐惧无助展露无余。

第四，在舞台布景方面，追求"境生象外""得意忘象"的美学韵味。如"杀姬"中贾府半闲堂的设计，在舞台演出时，只是在黑底幕前，上悬一块"半闲堂"的横匾；在电影中，重新设计为：一副"半闲堂"横匾，一座青松屏风，一把尚方宝剑，一鼎香炉，再配一桌一椅。此外，并无其他渲染贾府豪华奢靡的陈设。这样，看似"虚"去了贾似道豪奢生活的自然景状，"却在观众心中补充和完成了寓意深邃的"象外之境"：金碧辉煌的"半闲堂"横匾与尚方宝剑上下呼应，蕴藏着贾似道的杀机和李慧娘的悲剧命运。"[①]

为了深化主题，电影《李慧娘》还运用了机关布景。如"闹府"中，贾似道手中的尚方宝剑和头上的盔帽被李慧娘的阴阳宝扇突然扇走，"半闲堂"横匾在烈火中焚裂，李慧娘在四卫士的夹击下突然隐身不见等等，这些借助现代科技的处理，使观众在这场善与恶的交锋中获得了一种精神上的快慰和胜利者的喜悦，也使舞台布景达到了"得意忘

① 胡芝风．艺海风范——我的艺术道路［M］．香港：中国国学出版社，2009：99.

象"的艺术境界。

正因为胡芝风和刘琼都重视对人物内心情感世界的揭示和烘托,所以影片形成了一种情景交融的艺术境界。观众真切感受到的并不仅仅是肉眼直观到的"象",而是"象外之象""境外之境",是剧中人物真挚情感的强烈搏动,因而获得了一种扑朔迷离、朦胧飘渺的的审美愉悦。

最后看中和之美。

中和之美,是指符合无过无不及的适中原则的和谐美。它的哲学基础是"中和"思想。"中和"思想是我国传统美学思想的精髓之一。《礼记·中庸》对"中和"的概念做了以下的解释:"喜怒哀乐之末发,谓之中;发而皆中节,谓之和。中也者,天下之大本也;和也者,天下之达道也。致中和,天地位焉,万物育焉。"① 由于历代哲人、学者、艺术家的提倡,中和精神已根深蒂固地成为中国文化艺术的基本精神,中和境界也成为理想的艺术境界。京剧电影《李慧娘》在情感对比、情节安排、镜头选择、灯光设置等方面,都着意按照适中平和、乐而不淫、哀而不伤的原则来安排,散发着畅快淋漓与温柔敦厚交织的和谐美。下面分论之:

情感对比上,注意刚柔相济、冷热相调。如"见判"中,李慧娘在"怨气冲天三千丈"的唱腔中出场后,有个转身双袖直垂的亮相动作。胡芝风借鉴了非戏曲舞蹈的转身法,后腿并不高抬,而是臂膀上抬带动身体,绷脚面擦地,这样一来,"转身"轻盈柔美,"亮相"干脆爽利,呈现出柔中带刚的精神气韵,既展示了李慧娘的满腔怨气,又表现出她急于救裴的坚毅意愿。又如"访裴"中,裴生和李慧娘互吐衷情后,两人的爱情渐至幸福的巅峰,可突然一声鸡鸣,痴迷的李慧娘顿时跌入冰冷的地窖,甜蜜美好的爱情即将转瞬消失!以鸡鸣为界,一前一后,一热一冷,情感分明,愈让人心生对这段恋情的遗憾和对残暴势力的痛恨。

情节安排上,悲喜苦乐、舒展简洁,错杂交织,构成一种跌宕起伏的和谐美。电影从鬼魂李慧娘在地府闯行开始,依次分为:见判、访裴、救裴、追杀、闹府。"见判"和"访裴"分别以悲愤激越与温情浪漫相映衬,"救裴"和"追杀"逐步由舒缓转入紧张,最后是"闹府"

---

① 陈戍国点校.周礼·仪礼·礼记[M].长沙:岳麓书社,1995:494.

的惩恶扬善、大快人心，这样起承转合，悲喜交织，形成了一种张弛有度的平和美。即使在一场戏中，电影也注意不同情调的搭配。如"见判"虽以阴森恐怖的地府为背景，但由于把"抢女""游湖""杀姬"的情节穿插其中，反使得人间的冷酷无情与地狱的温情友善形成了强烈的对比，李慧娘得到宝扇后的欣喜与之前地狱闯行的怨气冲天也形成鲜明的对照。对于偏重抒情的戏，如"访裴、救裴"，适当放慢节奏，细腻刻画人物的内心情感；对交代性的戏，如"抢女"和裴生的被囚禁，则简单地一带而过，这样既显得主次分明，又缓急有致，避免了"一道汤"的审美疲劳。

镜头选择上，近景和特写镜头适时分给了配角演员，主演胡芝风并非时时刻刻都处在镜头的正中央。如"见判"中，判官在审问李慧娘时，为了突出和强调判官的反应，判官与小鬼的群体造型亮相被安置在舞台中央，并分别给以全景、近景、特写镜头。这样，既使得观众对判官的善良、正直和富于同情心有了更深的认识，又使得李慧娘的复仇具有了更强有力的支撑，同时还把李慧娘在人间与地狱受到的截然不同的境遇也进行了鲜明的对比。又如"杀姬"一场中，贾似道的位置几乎都处于镜头中心，对他的狰狞面容也有多次镜头特写，而李慧娘则处于舞台旁侧。这样的处理不仅无损主人公的形象，反而因为强化了贾似道的强势蛮横，更加激起观众对弱女子的同情，同时还扩大了李慧娘顽强复仇的社会内涵。这样的舞台调度，无关乎艺术家的身份、地位，一切以舞台综合美为宗旨，取得了良好的效果。

灯光设置上，注意明暗对比、色调搭配，构成气氛节奏的互相协调，为剧情营造了谐和的意境。如影片开场，先是黑片，然后是白色冷光下烟云飞动、鬼火点点，衬托愁云密布的情境；李慧娘得扇后，光色由冷转暖，灯光顿时大亮，漆黑的舞台立刻生辉，人物在暖光照射下仿佛披上了彩色的云霞，地面同时掺入淡蓝色的烟雾，与此前鬼魂出场的情境对比鲜明。这样强烈的明暗对比，既淋漓尽致地表现了李慧娘能返回人间救裴的无限喜悦，还营造了一种出神入化的蓬莱般的仙境，把舞台气氛推向高潮。

此外，在布景、伴奏、服饰等方面，京剧电影《李慧娘》也无不遵循着"和顺积中"的美学原则。它"通过使残酷不再显得那么残酷,使人们因命运不公带来的损失得到弥补的戏剧手段"①,使这部以血腥复仇为宗旨的经典剧目,呈现出迥异于西方悲剧的美学风貌;使观众在悲喜交织、善恶相承的和谐美中获得"一定程度上的心理抚慰,而不是因观赏戏剧作品接受强烈的心理刺激"②。

以上,从虚实相生、诗化原则、重在传神、中和之美四方面,我们看到了胡芝风主演的京剧电影《李慧娘》所展示的丰富的美学内蕴。正是由于胡芝风出神入化的精妙表演,和刘琼高超绝伦的导演技法的完美结合,使得京剧电影《李慧娘》不仅没有丧失戏曲艺术的传统神韵,反而让更多的观众领略到了这部经典佳作的不朽魅力。戏曲电影《李慧娘》所取得的骄人成绩,对于我们思考戏曲艺术与中华传统美学精神如何更好地结合,以及如何通过荧屏来扩大戏曲艺术的传播,均有着不容忽视的借鉴意义。

## 六、学海扬帆再迎春——中国艺术研究院的新长征
### (1985年9月至今)

当京剧《李慧娘》引起的轰动和热浪还在人们的眼前、耳际盘旋、缭绕时,命运之神却给了胡芝风重重的一击。

那是1983年的10月13日,这是一个让胡芝风永生难忘的日子。在当天演出《百花公主》的舞台上,胡芝风在身扎大靠做"探海、僵尸"的身段时,因为盔头不当而分神,以致在倒地的一瞬间,不慎摔折了第四腰椎峡骨。在因疗伤而暂离舞台的日子里,胡芝风如饥似渴地吮吸着文学和艺术理论的甘汁。她逐渐意识到,只有舞台实践,却没有理论上的概括和总结,是把握不住戏曲艺术的规律的;没有理论的指导,要想创造新的人物形象,开拓新的艺术境界是很困难的。因此,当1985年初,意外收到中国艺术研究院戏曲研究所寄来的一份戏曲理

---

① 傅谨.中国戏剧艺术论 [M].太原:山西教育出版社,2003:186.
② 傅谨.中国戏剧艺术论 [M].太原:山西教育出版社,2003:186.

论研究班的招生简章后，经过一番认真思考和权衡，为了使戏曲艺术的发展少走弯路，她毅然选择了北上学习戏曲理论知识。从此，她开启了自己由演员到学员，再到学者的转型之旅。

从1985年到1987年，在戏曲理论研究班的两年学习是紧张而充实的。在胡芝风的回忆中，这届为时两年的培训班，堪称"前无古人，后无来者"。稍稍浏览一下这份为此班授过课的专家名单，即知此言不虚：张庚、郭

《百花公主》，胡芝风饰百花公主

汉城、阿甲、丁扬忠、孙家琇、叶朗、苏国荣、沈达人、何为、龚和德、黄克保、章诒和、朱文相、周育德、吴乾浩、谭志湘、孙崇涛、刘荫柏、傅晓航……其中，除了中国艺术研究院戏曲研究所的一流专家外，还有来自中央戏剧学院、北京大学、中国人民大学等院外的知名学者。当时师资力量之强，真令后生晚辈不能不生"生不逢时"之叹！当然，其时来求学的四十多位学员，也都是从全国各地精挑细选的编、导、演等各方面的业务骨干。这届研究班中的很多学员，后来都成了各自领域的"大拿"。一流的导师，加上一流的学生，组成了这个中国艺术研究院历史上独一无二的戏曲理论进修班。在戏曲史论、音乐、表演、导演、美学、舞台设计等方面各擅其长的导师们，纷纷拿出自己的"浑身解数"，倾囊相授；而来自五湖四海的学员们更是争分夺秒、如饥似渴地吸吮着这些戏曲理论的琼浆，有时甚至为了不浪费宝贵的学习时间，而舍弃了研究班教导处特意为大家免费安排的戏曲观摩机会（仅限那些口碑不太好的演出）。

就在这样热火朝天的学习氛围中，胡芝风一边贪婪地聆听着各位专家的授课，分秒必争地阅读着各种规定的参考书籍；一边见缝插针地观摩各类戏曲演出，并写下了不少剧评，刊登在各种期刊上。如看了英语

1992 年，胡芝风在重庆做讲座

京剧《凤还巢》，写了剧评《友谊的结晶》和《美国飞来的金凤凰》，发表在《人民日报》上；看了音乐清唱剧《还魂曲》，写了《意满情溢〈还魂曲〉》，刊登在《北京日报》上，等等。学习之余，胡芝风还积极参加各种相关的艺术实践活动。比如，1985 年秋，她受邀为武汉市戏曲艺术进修班，作了专题讲座《戏曲的表演与体验》；1986 年秋，在中国青年艺术剧院重排话剧《高加索灰阑记》时，担任其戏曲表演指导；1986 年冬，为赣剧新秀涂玲慧加工排练《送饭斩娥》和《夜梦冠带》两出戏，涂玲慧还因此摘取了第四届"梅花奖"的桂冠。这些学习和实践，也预示着胡芝风此后的人生道路：她将在戏曲理论的学术研究和戏曲表导演的艺术实践中再次大显身手。

由于胡芝风在学业上的优秀表现，和她早期卓有成效的舞台实践经验，中国艺术研究院的领导希望这位不可多得的人才毕业后，能留在戏曲研究所表导演研究室，充实戏曲表导演研究力量。对于胡芝风来说，这个消息既振奋人心，又让她惴惴不安。能在中国戏曲的最高理论研究机构工作，是一份难得的殊荣；但同时也意味着——从此将正式放弃舞台，开启一段新的人生征程，这对已年近半百的胡芝风来说，显然并不轻松。

不过，胡芝风再次以坚定的信念，迅速投入到了这一全新的人生征途中。运用自己在学习中吸收的理论知识，并结合当前的戏曲舞台现象，一篇篇冠名"胡芝风"的论文、观感相继见诸各类期刊，如：《戏曲演员如何创造角色》《漫谈当前戏曲程式的出新》《戏曲演员的舞台气度》《戏曲导演与观众的审美》《戏曲导演的修养》《戏曲舞台的基本美学精神》《戏曲现代戏形象创作的美学规律》《戏曲的科学发声与润腔艺术》《戏曲舞台调度的意象世界》《谈戏曲剧本创作技巧要素》《戏曲音乐创作思考》《三看川剧〈金子〉的启示》《从蜉蝣跨越到霸王》等等。此外，《艺海风帆》《胡芝风谈艺》《戏曲演员创造角色论》《戏曲艺术二度创造论》《戏曲舞台艺术创作规律》《戏剧散论》等专著也先后与读者见面。这些理论著述，因为有丰富的舞台实践做基础，所以言之有物，别具一格，操作性极强，受到了戏曲同行和前辈理论家的欢迎与鼓励。

迄今为止，尽管早已退休多年，但胡芝风依然笔耕不辍，在戏曲艺术的百花园里辛勤耕耘、乐此不疲。中国戏曲表演学会每年年会的成功举办和《中国演员》杂志的如期发行，就是一个见证。

中国戏曲表演学会是1993年，在前辈戏剧理论家阿甲先生的倡导下，在张庚、郭汉城、刘厚生、余从、红线女、袁雪芬、张君秋、陈伯华、常香玉、尹羲、梅葆玖、蔡正仁等五十多位戏曲名家的签名发起下，经国家文化部、民政部批准，成立的全国一级学术团体。学会旨在团结戏曲表演、导演、评论、教育、组织、管理等戏曲艺术界人士，举办研讨、讲座、培训、比赛等，为戏曲表演艺术的继承、发展、创新、探索而努力。第一届会长由阿甲先生担任。阿甲先生于1994年仙逝后，胡芝风接任会长，现任会长是黎继德（自2016年起）。副会长先后有孙毓敏、侯少奎、杨春霞、刘玉玲、赵景发、钮骠、黄克保、荆桦、郭宇、郭宁、陈智林、王芳、王锦文、刘子微等著名艺术家和学者。

学会成立以来，每年都要召开年会和研讨会。迄今为止，胡芝风已带领学会在北京、上海、福州、潮州、武

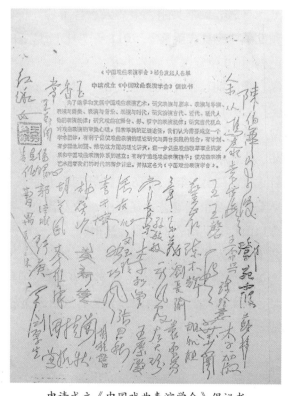

申请成立《中国戏曲表演学会》倡议书

汉、武夷山、太原、安阳、洛阳、武钢、苏州、平顶山、菏泽、长治、宁波、金华、盐城等地成功举办过各种戏曲学术研讨会、表演艺术进修班、国花杯大奖赛等活动。学会还向前辈戏曲表演艺术家颁发"中国戏曲表演终身成就奖",以彰扬他们的艺术造诣、人品艺德。如 2008 年 11 月 17 日,在长安大戏院,为李金声、钱荣顺、张庆良、白元鸣、高长清、赵德勋、李金鸿、李甫春、徐鸣远等 9 位京剧老艺术家、教育家颁发了"终身成就奖";2010 年 2 月 6 日,为香港粤剧林派艺术创始人林家声先生颁发了"终身成就奖";2011 年 1 月 11 日、13 日,分别为赵燕侠、杜近芳、吴素秋、李慧芳、王则昭、王金璐、谭元寿、梅葆玖、李世济、张春华、李金泉、赵慧秋、李元春、李芸秋、李荣威、江新蓉、迟金声、马崇仁等 18 位前辈表演艺术家颁发了"终身成就奖";2011 年 4 月 9 日,在西安易俗大剧院,为 15 位前辈秦腔表演艺术家(卫赞成、马蓝鱼、马桂芬、马友仙、全巧民、贠宗翰、刘茹惠、李爱琴、李瑞芳、李买刚、余巧云、肖玉玲、杨金凤[①]、郝彩凤、雷开元)颁发了"终身成就奖";2011 年 7 月 1 日,在上海兰心大戏院,为上海昆剧团 10 位资深表演艺术家(王芝泉、方洋、计镇华、刘异龙、岳美缇、张静娴、张铭荣、张洵澎、梁谷音、蔡正仁)颁发了"终身成就奖";2011 年 9 月 3 日,在北京中国儿童中心影剧厅,为评剧 18 位前辈耄耋艺术家,如李福安、王景明、新艳琴、李梓森、莲小君、花砚茹、陈桂秋、花月仙、筱俊亭等名家颁发了"终身成就奖";2011 年 12 月 22 日、2012 年 1 月 16 日,分别在北京长安大戏院、上海新锦江饭店菊花厅及个别老艺术家家中,为刘曾复、景荣庆、茹绍泉、汪荣汉、方瑞山、艾世菊、宋宝罗、沈祖安、朱云鹏、李妙春等六十多位京剧老艺术家颁发了"终身成就奖";2013 年 1 月 24 日,在武汉京剧院礼堂,为著名京剧表演艺术家杨菊苹颁发了"终身成就奖";2013 年 6 月 29 日,在上海奉贤区海湾园,为著名京剧表演艺术家包畹蓉颁发了"终身成就奖"。

① 杨金凤于获奖前一天仙逝,由她的女儿代领。

胡芝风在 2016 年中国戏曲表演学会年会（江苏盐城）上发言

中国戏曲表演学会为香港粤剧大师林家声先生做颁发"终身成就奖"（2009 年）

此外，学会还向为弘扬民族戏曲艺术做出特殊贡献的人士颁发奖项，如 2010 年 6 月 5 日，特别授予辽宁省新民市副市长冯永久同志"弘扬民族艺术特殊贡献奖"，以表彰冯永久所创建的一个融传统文化与园林文化为一体的文化绿洲——文化博览园。在博览园里，既有全国第一个集京剧艺术展览、收藏、教育、行当、雕塑、小剧场、露天大戏台于一体的国粹园，也有著名的评剧表演艺术家花淑兰师徒馆等，使参观者可以直观地感受到戏曲艺术的博大精深和美轮美奂。

按照民政部的规定，学会会长是有年龄限制的。胡芝风现在是学会的名誉会长，但由于会长工作繁忙，筹备会议和发行刊物的大事小情就全都落到了名誉会长胡芝风身上。由于学会经费有限，人手不足，胡芝风这个名誉会长实际上承担了包括秘书和会长在内的所有工作，比如联系会议地点、提出会议议题等。七十多岁高龄的她忙起这些事来有条不紊，像确定参会人员的具体名单、到达时间，赞助单位的食宿安排，甚至包括为北京的参会人员预订飞机票、火车票等这些琐事，她都要亲力亲为。她觉得参会人员大多年事已高，不帮他们订好票，自己既不放心也不忍心。比如 2014 年 9 月，在浙江金华召开的"中国戏曲表演学会 2014 金华年会暨婺剧艺术研讨会"。此次去金华的旅途比较麻烦，因为没有直达的火车，所以她还要反复劝说大家最好都买同一个车次，以便对方接车。即便如此，因为有些参会人员无法及早确定是否能够如期参会，临时抱佛脚、为买票颇费周折的事也是在所难免的。就这样忙下来，至少得半个月。其间，电话、微信是不计其数。最终，会议举办得很成功，研讨和演出的质量大大超出了承办方浙江婺剧艺术研究院的预期。在最后的酒宴上，他们连声邀请次年再来金华开会。这声"邀请"，既是对会议成功举办的肯定，又是对胡芝风为学会日夜操劳的最好报答。每谈及此，胡芝风的眉宇之间就总会漾开欣慰的笑意。

在 2014 年的金华年会上，胡芝风还发出了一点不同寻常的声音，她说："我们中国戏曲表演学会虽然是一级学会，但我们是'弱小民族'，全靠东道主的支持。我们是抱着感恩的心态来开展这次会议的，希望能为戏曲做点传递正能量的好事。"①

也有友人好心地提示胡芝风，为什么会议不邀请媒体记者来扩大宣传。胡芝风平静地说："我只是做点小事，何必张扬？"②这正是胡芝风一贯的作风，脚踏实地，尽心做事，从不张扬，更不愿求人。

但如今的社会，要做一点事，又谈何容易？从1999年至今，中国戏曲表演学会基本上每年都举办一到两次全国会议。可以说，每次会议，都是凭着胡芝风独特的人格魅力和艺术魅力而联络到各地的支持者，几经周折，费心操办。所幸，每次会议都是圆满召开，完美闭幕。可又有谁知道，这背后，倾注了胡芝风多少心血？

就比如这次金华年会，会议虽然已经结束，但胡芝风的手机、电话还是响个不停，都是有关会后相关费用的报销问题，相关的报销说明，发票抬头等。相关的资料一个字都不能错，有时发过去又被对方告知，因为少了几个字，单位不予报销。如此往返更正数次，方才了结。幸好，胡芝风在家中添置了一架带有扫描功能的复印机。对于这个高科技产品，胡芝风很是满足："这个扫描仪省了不少事呢，沟通联络起来方便多了。"胡芝风的家，俨然就是一个"设备齐全"的办公室，在这里，电话、手机、网络、微信、短信、QQ等种种现代联络方式一个也不少。这些使得胡芝风的退休生涯呈现出迥异常人的色彩，除了外出讲学和开会，她的大部分时间就在这间客厅和办公两用的房间里度过，就在接连不断的电话、邮件和堆积如山的文稿中度过。老人夜以继日的超常精力和雷厉风行的工作热情，实足让年轻人汗颜。而每次年会闭幕时的阵阵掌声，就是其辛勤汗水结出的最美的花朵。

学会的主要活动，除了每年的年会和研讨会，还有每两月一期的内部发行刊物《中国演员》。为了使戏曲界有一个互相交流和学习的园地，中国戏曲表演学会于1995年创办了《中国演员报》，当时主要是陈牧先生负责，后因经费紧张而于2004年停刊；到了2008年，也就是胡芝风退休那

---

① 根据2014年9月11日下午在北京车公庄大街2号院1号楼1201室胡芝风家中的采访录音整理。

② 根据2014年9月11日下午在北京车公庄大街2号院1号楼1201室胡芝风家中的采访录音整理。

1995年，胡芝风与曹禺先生（为中国戏曲表演学会创办《中国演员报》题词）

年（其时她已70高龄），接替《中国演员报》的《中国演员》杂志正式问世。迄今为止，《中国演员》杂志已经为热心读者奉献了五十多期丰富多彩的艺术内容。

《中国演员》的每一期，从选题、采编、审定，到发稿、排版、付印、发行等流程，各个环节几乎全由耄耋之年的陈牧和胡芝风伉俪合力承担。在常人看来，这几乎是难以理喻的。但胡芝风却把这一切当着"享受"来做。她可以不计报酬、不计时间，但对每一期的每一个字、每一幅图，却斤斤计较，反复斟酌，力求做到更美、更好，所以，经常改着改着稿子，不知不觉地就改到了东方发白。

经常有些文章，已经快出版了，还被改成了"大花脸"。如有篇稿子，都改到最后一稿了，"还得给它修正修正，因为选词用句，过火了、肉麻了，读者看了也不舒服，要给它找个恰当的形容词"①。有的文章就不仅仅是动动笔头修改一下那么简单了，甚至有不少地方要重写。如有篇来稿题目叫《水袖的意象》，标题本身就有问题，因为水袖舞得好，才能起到意象化的作用，而水袖本身是没有意象的。文中的有些例子和要谈的论题也不搭调。对这样的文章，胡芝风说就得把它"整个翻过来重弄，再把合理的观念写上去，给它弄准了"②。

---

① 根据 2012 年 1 月 11 日下午在北京车公庄大街 2 号院 1 号楼 1201 室胡芝风家中的采访录音整理。

② 根据 2012 年 1 月 11 日下午在北京车公庄大街 2 号院 1 号楼 1201 室胡芝风家中的采访录音整理。

有些关于当代剧评的稿件，由于作者对戏曲舞台表演了解不深，所论不当或言之不凿，胡芝风都——耐心纠正，有时甚至还向演出单位索要戏曲光盘来观看，以便把文章修改得更加完美。比如有个香港的学生，写了篇关于在香港演出的祁剧的文章，寄给《中国演员》。收到稿件后，胡芝风立即给湖南省祁剧院打电话，要了两样东西，一是光盘，二是相关照片，对方马上寄了过来。胡芝风说："我至少看了两遍光盘，我不看怎么知道好不好，怎么知道文章写全了没有；再一个，有些东西他没写出来，我得给它丰富，给它加。他说某段戏演得真好，掌声不断。我得看这段演的什么，用了哪些身段，翻身、前桥、劈叉等等，这些我都得给它加上去。"言语之间，对后学鼓励和提携的拳拳之心历历可见。

胡芝风坦言自己对刊物的态度是很严格的，有时为了争论一张照片的位置、字体的大小等，还会和主编陈牧"吵架"。她的认真和执着着实让人肃然起敬，她曾对笔者言道：

> "我们不是做生意的，做生意的话，以假充真，以次充好，蒙过一期算一期；我们是做事业的，而且是艺术事业，你必须得美，每一期都讨论背景是什么颜色。很多很小的事情都要花时间去做，小事情也是学问，也是专业的事情，都要耗时间去学、去做的。"①

就这样，每篇来稿都是先由胡芝风接收，然后打印出来，和主编陈牧一同审阅、挑选、修改，有的文章甚至需要修改四五次。难以想象，在对每篇来稿字斟句酌的审阅和修改中，不知渗透了两位老人多少心血！

为了保证每期都能保质保量地按时出版，工作到深夜是常有的事。虽然工作量很大，但从 2008 年创刊至今，无论多忙，《中国演员》都没有耽误过一期。用胡芝风的话说，她"希望这个刊物是有人阅读的，不是拿来摆样子的"，"既然是把它当一桩事业来做，那就要把它做好，就

---

① 根据 2012 年 1 月 11 日下午在北京车公庄大街 2 号院 1 号楼 1201 室胡芝风家中的采访录音整理。

跟唱戏一样，一手一眼一招一式，就这么认真，就这么改"。

比如有篇关于吹奏笛子的来稿，胡芝风看后觉得应该跟作者要点照片。作者遂寄来了自己和演员的一些演出合影，排版后她觉得还不够完美，有点呆板，就又问作者能不能再找张吹笛子之类的图片。后来作者在网上找到一张国画似的，用线条勾勒出来的吹笛子的人物图像，才使她"善罢甘休"。胡芝风说："像这种东西是可有可无的，但是尽量要给它弄得美一点。"

刊物没有聘请其他人手，收稿、改稿、封面、插图、核对、排版、美编、印刷等大小事务都由胡芝风和陈牧亲力亲为。胡芝风把没法请人的原因概括为三：一是经费不足，难以支付聘任费用；二是技术水准要求高，既要懂舞台又要懂文字，难觅合适人选；三是时间难以保证。即便这样，几年来，《中国演员》每期都是按时出版，并且每期都给海内外免费邮寄三千多册。其周转资金全部来自各个理事单位赞助的一点有限的理事费。每个单位理事费多少不定，一切全凭自愿。不为盈利，更没有炫目的光环，全靠两位老人、两颗真诚的心来维系着学会和刊物的运转。

清晰地记得采访那天，胡芝风的那份坦然和诚恳。当我问及刊物的经费和盈利情况时，她微笑着说："我们学会是没有钱的，没枪没炮没子弹。我们可以打义工的。"[1] 午后的阳光斜照在老人光洁的面容上，熠熠生辉。

但是排版、印刷、信封、邮寄等，哪样又离得了"钱"呢？所以，"我还有一个任务，就是要跟学会的理事们，打电话要点小钱"，"比方说祁剧，我现在给它发文章了。如果对我们学会感兴趣，我就和他商量，能不能成为我们的团体会员，我们的条件是随时发文章，不收钱。然后，如果高兴，你每年可以给我们交一点理事会费、团体会费。多少呢，就随意好了。"

胡芝风总是站在别人的立场想问题，她老说："我们有我们的难处，但剧团也不容易。所以，就是在人家经济不困难的情况下，给学会一个

---

① 根据 2012 年 1 月 11 日下午在北京车公庄大街 2 号院 1 号楼 1201 室胡芝风家中的采访录音整理。

赞助。在经费方面，我的目的就是能生存就好，每一期能出版就好。"
凝视着胡芝风白皙安详的面容，你无法想象这已是一位年逾古稀的老艺术家，而只会感觉到，她把舞台上的不朽的美，已经延伸到了生命的每一个角落。

为了节省费用，二老总是选择一些位置偏远的排版公司。如此一来，往返跑腿的工作，就只有陈牧先生独自担任了。而耄耋高龄的陈老先生竟然还能骑着自行车独自前往，其精力之充沛真是让人惊讶不已。每期刊物正式出版之前的排版是最艰辛的。胡芝风说：

> "那十来天的排版时间很辛苦。都是陈先生带着 U 盘，先骑自行车去汽车站，再坐巴士去排版的小伙子那。中午十二点多出发，下午六点多回来，去了就排几页，排完回来就是我的事了。我就在灯下一页一页地看、逐字逐句地改。像文字太小的，就要放大点；标题的字体如果太呆板，就要弄得活泼点；文章如果较长，就再看看，能不能再浓缩点，让排版更整齐、更好看些。这个工作，老陈白天去，我晚上改。有时反反复复要打印三四遍，每次打印稿拿回来后我都要再仔细地检查、核对。"

胡芝风还总是强调："我一个人，或者他一个人，都出不了，必须我们两个人。"——听得出来，虽然艰辛，但伉俪之间的合作是默契而愉快的。

殊不知，《中国演员》其实是一个尚无公开刊号、发行量也不大的刊物。既没有梅花奖的万众瞩目，也没有文华奖的光彩夺目。但胡芝风却把它做得"煞有其事"。她坦言自己办刊物，一不图名，二不图利，有时老伴偶尔提及有的杂志社一个版面多少多少钱，她还宽慰老伴说，我们的心理要平衡，我们是内部刊物，能生存就好，能"活着"就好。刊物的艺术胸怀也正像胡芝风本人一样宽广，对所有的剧种、所有的艺术种类，不分专业和业余，对编、导、演、音乐、舞美等各个方面的文章，都兼收并蓄，而愿望只有一个，就是为热爱艺术的人们提供一个交流和宣传的平台。

正如采访时胡芝风所说："办这份杂志的初衷就是觉得要有一个园地，大家互相有个交流和联系。""我们就是艺术探讨。来投稿的，真是要为了和大家交流、提高艺术。"在这样一个物欲喧嚣的年代，竟还能坚守着这样的真诚和初衷——这难道不是老一辈艺术家和学者给予世人的最宝贵最独特的财富吗？

做，就要用心去做，就要尽量做好。而"做好当下"又是胡芝风经常挂在口头的一句话。采访中，胡芝风多次笑言自己的"鼠目寸光"：

> "我从来没有下一步，没有多么宏伟的目标。我只知道今天做什么，明天做什么，做好当下就可以了。"

而能把"当下做好"，且是持之以恒地"做好"，又谈何容易？但胡芝风做到了，中国戏曲表演学会和《中国演员》做到了！

当目光再次定格在《中国演员》封面上那一张张或熟悉或陌生的剧照上，似乎感觉他们都幻化成了一个个"李慧娘"的美丽身姿……

除了研究和办刊，胡芝风还有一个坚持不断的活动——教戏和排戏。除了大陆，香港也是她教戏的一个据点。从2000年开始，几乎每年，胡芝风都会受邀，到香港待上几十天乃至几个月的时间，教戏、排戏。

长期以来，她为香港演艺学院的学生和毕业生执导的粤剧不计其数，如《双教子》《灰阑情》《驯悍记》《杜十娘》《赠剑》《断桥》《脱阱》《抢伞》《十绣香囊》《幽媾》《梁祝·游学》《英台抗婚》等。每次公演后，都是好评如潮。在香港演艺学院最长的一次教学，是从2013年9月到2014年6月。这次的主要任务是排练大戏《驯悍记》和折子戏《摩登伽女》《大爱道》。谈及《驯悍记》的改编，胡芝风说到当下有些人诅咒戏曲盲目创新的举动是一种投机心态。她认为这是不遵守戏曲发展规律的表现，导戏、编戏，都应该按照戏曲的规律来办事。她强调自己导戏的前提是要先审阅剧本。强调导演一定要有审美预见性，要先把剧本理顺了，情节要合理，人物性格的发展要符合逻辑，在这样的基

（左图）2000 年—2016 年，胡芝风每年应邀为香港演艺学院教育学院排戏
（右图）胡芝风为香港演艺学院粤剧班上身段课

（左图）2014 年，胡芝风为香港演艺学院青年粤剧团导演《驯悍记》（左起：王志良、院长毛俊辉、胡芝风、林颖施）；（右图）胡芝风为香港演艺学院青年粤剧团导演粤剧《驯悍记》，林颖施饰金娇、王志良饰傅宏滔

础上，加上适宜的身段，才会好看。在香港演艺学院的长期耕耘和不懈努力，使得胡芝风在 2012 年 6 月 28 日获得了该院授予的"荣誉院士"的光荣称号。

除了香港演艺学院，胡芝风还应邀为香港一些或专业或业余的粤剧团排过戏。如先后为香港天马菁莪粤剧团（业余剧团）导演过《梦蝶劈棺》（2002 年）、《柜中缘》（2006 年）、《红鸾喜》（2008 年）、《狮子山下红梅艳》（2011 年）等粤剧，为香港丽晶粤剧团①（专业剧团）排练过《剑胆琴心巾帼情》（2010 年）、《翰墨丹青系赤绳》（2010 年）、《新编倩女幽魂》（2011 年）、《李清照》（2011 年初演，2015 年重演）、《孔子之周游列国》（2012 年）等粤剧。

---

① 香港丽晶粤剧团，又名香港玲珑粤剧团。

第一章　梅兰芳的关门女弟子——生平志趣

061

此外，胡芝风还多次应邀赴新加坡、加拿大排戏，如为新加坡敦煌剧坊导演了粤剧《救裴》《百花赠剑》，加工排练了《痴梦》《苏小妹》（1994年）等；为新加坡冈州会馆的胡慧芳、刘满钻排练了粤剧《斩经堂》；为新加坡平社的黄素华排练了京剧《谢瑶环》；为新加坡天韵京剧社的林美莲、王德民排演了《穆柯寨》；为加拿大多伦多"宝新声戏曲演艺中心"导演过粤剧折子戏《游园》《幽媾》《红鸾喜》《水漫金山》（2012年）等。

一方面，尽力把自己多年的舞台实践经验尽量传递给更多的年轻人；另一方面，胡芝风也在国内外许多知名大学的讲堂上留下了辛勤传播的身影。在清华大学、北京大学、首都师范大学、航空航天大学、河北大学、同济大学、复旦大学、青岛中国海洋大学、香港中文大学、国立台湾戏曲学院、丹麦哥本哈根大学、奥尔胡斯大学、美国明州大学、新加坡国立大学等高等学府，她的演讲由于融入了许多优美的身段示范和唱腔表演，因而备受学生的欢迎。

长期在香港教戏和在外地讲学、参加各种研讨会，胡芝风最放心不下的就是老伴陈牧先生了，已近九十高龄的陈先生身体还算健朗，偶尔还能骑自行车出门办事。但毕竟年事已高，听力也不好，在2015年的夏天，骑自行车外出时，不慎被出租车撞伤了腰椎，为此还做了手术。因此，一想到把老陈独自一人放在家里，胡芝风就很是惴惴不安。采访中，她曾"埋怨"道，老陈总是不听话，这不，前段时间贪凉，趁我不在瞎吹空调，把腿脚都给吹疼了，现在走路还不利索呢。言语之间，比陈先生小十多岁的胡芝风俨然把先生当作了"淘气"的小孩。老夫老妻之间的那份疼爱和怜惜，让人煞为动容。

这就是胡芝风，一个在事业上风风火火、尽心尽力，在生活上不慕浮华、淡然前行，毕生与真诚相伴、与正直为友的"完美主义者"。她的生命还在延续，她的故事还将感动更多为了理想而奋斗的人们……

胡芝风为香港天马粤剧团文华、梁宛华导演粤剧《梦蝶劈棺》

胡芝风为香港天马粤剧团文华、邓美玲导演粤剧《狮子山下红梅开》

胡芝风为香港丽晶粤剧团的邓美玲导演《李清照》

1994年，胡芝风在新加坡为敦煌剧坊排戏（左起：卢媚华、梁雅莲、胡芝风、胡桂馨）

胡芝风为新加坡冈州会馆胡慧芳、刘满钻排粤剧《斩经堂》

胡芝风为新加坡平社黄素华排京剧《谢瑶环》

胡芝风为新加坡天韵京剧社林美莲、王　胡芝风为多伦多宝新声戏剧中心辅导小豆
德民排演《穆柯寨》　　　　　　　　　丁粤剧《金山寺》

胡芝风为多伦多宝新声戏剧中心刘凤玲　胡芝风为加拿大白雪红导演粤剧《西施》
排《红梅记·折梅巧遇》

胡芝风在北京大学做讲座时，与白先勇合影　　胡芝风在北京大学做讲座

2016 年 4 月，在青岛海洋大学做讲座（左起：陈牧、　2015 年 11 月，在国立台湾
胡芝风、王蒙、单三娅）　　　　　　　　　　　　　　戏曲学院传统教学研讨会上

胡芝风与哥本哈根大学戏剧系师生

# 第二章　戏曲剧本改编

戏曲剧本的创作方法多种多样，概而言之，不外如下两种：一可称为"原创"，即对生活素材进行提炼加工，按作者意图直接创作而成；二可称为"改编"，即根据某种观念对已有作品加以改造，在原作基础上再度创作。纵览古今中外戏剧史，因改编而再创辉煌的佳作不绝如缕。不同时代、不同地域的创作者，对同一作品不厌其烦地反复改编，很大程度上是为了使剧本更适应舞台的演出，进而促进戏剧的广泛传播。

胡芝风导戏时就非常注意对剧本的整理改编。在《戏曲艺术二度创作论》中她曾经强调："对剧本作一定的调整，是排好戏的第一道关口，是二度创作的基础工程。"①在二三十年的编导生涯中，她执导的大型戏和折子戏共有三十多种。对其中的大多数剧本，她都做过或大或小的改动，目的只有一个，就是把"案头之作"改编成更适合舞台搬演的"场上之作"。不过，胡芝风改编的心血更多地直接倾洒在了戏曲舞台上，由她改编并公开发表的戏曲剧本，经笔者核实，有如下五种：

一、京剧《李慧娘》九场（《江苏戏剧》1981 年第 4 期）

二、京剧《百花公主》八场（《剧影月报》1989 年第 10 期）

三、京剧《灰阑记》八场（《戏文》1992 年第 5 期）

四、甬剧《双玉蝉》八场（《戏文》2001 年第 6 期）

五、越剧《杜十娘》一折（《戏文》2003 年第 5 期）

其中，《李慧娘》《百花公主》《灰阑记》，是胡芝风曾经亲自导演并主演过的；《双玉蝉》是根据王行改编的同名甬剧整理的，国家一级演

---

① 胡芝风．戏曲艺术二度创作论［M］．北京：中国戏剧出版社，2000：40.

员、梅花奖得主王锦文曾担任主演;越剧《杜十娘》是根据传统梆子戏改编的,梅花奖得主刘莉莎、王杭娟等均曾担任过主演。这些剧本在发表之前,都经受过舞台的反复洗礼,可以说,它们无不是胡芝风辛勤指导和反复修改的汗水结晶。因此,它们表现出一些共同的特征:情节首尾完整、主题倾向鲜明、人物形象突出、节奏精练流畅等。这一切使得剧本不仅耐看,而且便于搬演。


## 一、京剧《李慧娘》:博采众长、锐意创新

20世纪70年代末至80年代初,胡芝风主演的京剧《李慧娘》红遍了大江南北。舞台演出的成功离不了对剧本的重新改编。在《艺海风帆——我的艺术道路》中,胡芝风这样回忆道:"1979年剧坛重新排演《李慧娘》,我便首先从剧本的改编工作着手。"[①] 后来发表在《江苏戏剧》1981年第4期上的京剧《李慧娘》,就是胡芝风在综合各种戏曲版本并博采众长的基础上,反复琢磨和修改的结晶。此剧在发表

1985年,胡芝风与叶浅予先生(后为叶浅予先生为胡芝风主演《李慧娘》作的漫画)

---

① 胡芝风.艺海风帆——我的艺术道路 [M].香港:中国国学出版社,2009:81.

时，虽署名"苏州市京剧团整理"，但实则剧本对主题的重新提炼和人物形象的重塑等工作，都是由胡芝风主持的。在另一篇署名为"苏州市京剧团"的文章《立志改革　大胆创新——编演〈李慧娘〉的几点体会》中曾言之凿凿："我们明确指定以胡芝风为首的几位艺术骨干组织了一个排练组（即导演班子），帮助全体演员分析剧本，体验角色。"①实际上，在京剧《李慧娘》的编演过程中，胡芝风同时担任了编剧、导演和主演三重角色。说她为京剧《李慧娘》的成功立下了汗马功劳，是毫不为过的。下面分别从主题、人物、结构三方面，看看京剧《李慧娘》的剧本是如何创新的。

首先是对主题的改编。

京剧《李慧娘》改编自明代周朝俊的传奇《红梅记》。《红梅记》是周朝俊在明人瞿佑《剪灯新话》中的小说《绿衣人传》基础上，敷演而成。它是我国戏曲舞台上流传广泛并很受欢迎的一个传统剧目，许多剧种移植过这个故事，只是剧名不一，有《红梅记》《红梅阁》《游西湖》《阴阳扇》《杀裴生》《放裴生》《救裴生》《游湖阴配》《李慧娘》等，但讲述的都是同一题材。传奇《红梅记》主要是敷演裴舜卿和卢昭容悲欢离合的才子佳人故事，李慧娘与裴舜卿的情事只是其中的一条副线。但由于见惯了才子佳人式的俗套，在传奇作家笔下微不足道的侍妾李慧娘的故事竟越来越受到观众的追捧，以至于卢氏逐渐淡出了人们的视野。20世纪60年代初，孟超还把它改编为昆曲《李慧娘》，剧本突出描写裴禹对南宋腐败朝政的抨击和李慧娘反抗奸贼贾似道的斗争，突出了李慧娘的正义感，提高了全剧的思想性。在把《李慧娘》重新搬上京剧舞台前，胡芝风首先考虑的就是如何把《李慧娘》的主题和时代结合起来。

"文革"后的几年，人们的思想还是比较活跃的，久被压抑和束缚的心灵在清新宜人的空气中尽情舒展和绽放着。李慧娘对强暴奸佞的反抗和斗争，自然更加契合"四人帮"刚被粉碎时，人们精神的释放和心情的舒畅。于是，京剧《李慧娘》的主题就定格在了良家弱女对残暴权

---

①　苏州市京剧团.立志改革 大胆创新——编演《李慧娘》的几点体会 [J].人民戏剧，1980（12）：39.

奸的无比痛恨和坚决反抗上。为了使剧本反抗的主题更具有真实性和感染力，胡芝风格外注意不去拔高人物的政治觉悟，尽量减少作品的政治色彩，如删去了李慧娘被杀前对贾似道的斥骂："不似你心田腥臊，多奸诈""你怕的是元兵，称儿称臣……"等，这些语言看似强硬，实则苍白，有悖李慧娘的身份和气质。反之，剧本层层铺垫、如实刻画了一个手无缚鸡之力的弱女子，如何一步步被逼上了反抗之路，并至死不悔，终于手刃奸邪而大快人心的。同样，为了使剧本的反抗主题更加纯粹和凸显，改编者不仅删去了裴舜卿和卢昭容的风月爱情故事，而且把以往剧本中李慧娘与裴舜卿的一见钟情，改为在深入了解对方，在共同反对权奸的"肝胆相照"中，逐步建立了超越生死的爱情。这样一来，不仅让人物变得更美，而且更显反抗之激烈，复仇之决绝。总之，为了集中表达这一反抗主题，剧本对人物和情节都做了大幅度的调整和加工，不仅扫去了"鬼戏"阴森恐怖的迷信色彩，而且在人性的舒展上更加契合当代的美学精神，提升了主题的积极意义。

《李慧娘》(2007 年美国明州)，胡芝风饰李慧娘

其次是对李慧娘形象的重塑。由于剧本的主题做了调整，不再单纯以爱情或政治为主，而是侧重表现善良无辜的人们对无道权奸的反抗。所以，如何来表现这个反抗的特殊载体——一个被迫害致死，死后仍然

坚持反抗到底的古代妇女形象呢？胡芝风先是对以往的演出本做了批判地分析，认为存在三个问题：一是欠美，落于俗套，如一些露骨地表达男女相思的唱词，有损李慧娘的美；二是欠真，人为拔高了李慧娘的思想，不符合良家弱女的身份；三是欠情，形象的情感力度不够深沉，李慧娘内心对裴舜卿的爱和对贾似道的恨，没有得到深入的开掘①。这些都是有损人物形象和主题表达的。经过反复思考，胡芝风认为，李慧娘的形象应该"是一种美的化身，是力量的象征，是封建顽石压迫下冲出来的一枝红梅花"②。在这种思想指导下，剧本对李慧娘的形象进一步提纯，对她的反抗之路逐层铺垫，对人物的心理做了更为细腻的挖掘，塑造了一个朴实善良、温柔敦厚、勇斗邪恶的美的精灵。

如李慧娘被抢入贾府后的凄苦岁月，虽不是剧本描写的重点，却是使人物性情发生转折的重要酝酿期，所以在游湖的喧闹环境中，剧本见缝插针地为她安排了一句唱词："人前强咽伤心泪，忍气吞声度年华。"③这14个字，不仅把这个父亲被逼死，自己遭凌辱的弱女子的满腹辛酸的形象，扼要地勾勒了出来，也为后文的反抗复仇埋下了伏笔。尽管这时的李慧娘还是一个忍辱负重的受气包形象，但"强咽"和"忍""吞"这几个动词已暗示了她内心隐存的耿耿不平之气。

然而，在那样一个强梁横行、乌云密布的时代，一个手无寸铁、无亲无故的弱女子，又怎能一吐为快，更遑论揭竿而起？所以，直至贾似道用无情的宝剑，直刺李慧娘的咽喉时，她发出的还是"相爷你……你就饶恕了我这一回吧"的哀求。这句话是胡芝风特意改动的，这样一来，人物看似因为委屈求全而显得懦弱无能，实则却更符合李慧娘这样一个孤苦伶仃、备受摧残的良家女孩的性格特征。如此的委屈求饶，还不能换得贾似道的一丁点怜悯之意，就更凸显了奸臣的残暴凶狠。而人物精神上的这种极度压抑，一旦找到合适的突破口，就必将像决堤的洪水，滔滔汩汩，不可遏抑，所以，一旦得到耿直的地府判官的支持和鼓励，屈死的冤魂就义无反顾地回转人间，救裴除奸。一路闯来，真是让

① 胡芝风.艺海风帆——我的艺术道路［M］.香港：中国国学出版社，2009：81.
② 胡芝风.艺海风帆——我的艺术道路［M］.香港：中国国学出版社，2009：82.
③ 苏州市京剧团.李慧娘［J］.江苏戏剧，1981（4）.

人痛快淋漓、阴霾顿散！这种先抑后扬的写法不仅使得剧本波澜有致，也使得人物的情感变化更为真实、合理，更能博得观众的同情和共鸣。

又如对李慧娘和裴舜卿之间的感情发展，写得极有层次感。一开始，李慧娘决定搭救裴生，并不是出于所谓的爱情，而是正义感使然。剧本是这样描写李慧娘当时的救裴心理的：

> 依然还我生前样，清风相送救裴郎。轻轻钗环惊宿鸟，重重心事步匆忙。贾似道，任你权倾朝野炎炎势，难阻我，屈死的冤魂儿，闯囚室，救裴生，把正义伸张。来至在红梅阁近前观望，只见他挥笔疾书斥奸相。你为我受连累陷罗网，我为你赞一语剑下亡。慧娘啊！把这半世心酸、一腔悲愤、满腹冤屈、万滴清泪心底藏，火速救他出书房。①

因钦佩裴生的凛然正气而口出赞语，又为了伸张正义而毅然救裴，这一切，在善良的慧娘看来，只是因为他们有一个共同的权势熏天的仇敌。贾似道的凶残暴虐，同时激起了她内心的同情和反抗两种情感，而且，这两种情感是成反比的，同情越深，反抗愈烈，所以，这时的慧娘主要是一个正义的使者。

两人之间的感情发生微妙变化，是在裴舜卿听闻李慧娘的救人原委后，不忍连累他人而谢绝相救，慧娘只好坦白，自己冒险相救是为了锄奸贼救黎民；裴生听了感动不已，于是劝慧娘一同逃走，并声称"做一个患难知己有何妨"。听到裴生的真诚表白，慧娘的内心波澜起伏、感慨万千。爱情的突然降临让她真的有点忘乎所以了，一时间甚至有了"愿效犬马"的冲动：

---

① 此段话在刘琼导演的京剧电影《李慧娘》中简化为："（唱）你为我受连累陷罗网，我为你赞一语剑下亡。（白）天色不早，待我快快救他出去。不可，突然相见岂不惊吓了他。有了，（接唱）依然还我生前样，且把金钗扣棂窗。"

> 身似浮萍任漂荡，枯木衰草逢春光。羞答答，情切切，心意彷徨，百感交集叙衷肠，慧娘我，不敢存奢望，得遇知己喜若狂，感君情真意深长，愿效犬马伴君旁，你我即刻出罗网。①

可一声鸡啼，却如晴天霹雳，惊醒了梦中人，"自恨已是黄泉客，难效人间凤求凰"，幸福就像天边的流星，一闪而过。而这种痛，却不能与对方分担。这种悲戚无望的伤感，既折磨着慧娘的心，也搅动着观者的情。

如果对爱情心理的刻画仅止于此，这也不过是又一个浪漫的传奇而已。剧本的可贵之处在于，把裴李的爱情推向了一个更高的境界。这就是当李慧娘不得已以实情相告后，裴舜卿竟要以死明志，并向慧娘告白"死到阴曹，也要与你结为夫妻"时，慧娘的一番劝慰，有理有节，一片冰心，尽数托出：

> 劝裴郎，切莫要为我轻生，我怎不愿，阴曹地府结同心，好男儿，当以天下为己任，裴郎你，十年寒窗苦读勤，你有志报国除奸佞，我怎忍心断送你锦绣前程。你若是，为徇私情而捐生，岂不是辜负了好男儿，美哉少年这一声。裴郎啊！你若爱我是真心，就应当，以国为重除奸贼，拯救黎民。有朝一日得偿凤愿，一炷清香三杯酒，红梅阁旁听一听，当闻我九泉下含泪笑声。②

这番情真意切的话，虽出自芊芊弱质，却无愧鬼雄，不仅打消了少年郎觅死的念头，而且再度激起了好男儿立志锄奸的雄心。此时的李慧

---

① 此段话在刘琼导演的京剧电影《李慧娘》中改为："羞答答，情切切，心意彷徨，百感交集叙衷肠，慧娘我，得遇知己喜若狂，愿效犬马伴君旁，裴郎啊，你我即刻出罗网。"

② 此段话在刘琼导演的京剧电影《李慧娘》中改为："劝裴郎，切莫要为我轻生，我怎不愿，阴曹地府结同心？你若是为徇私情舍了命，岂不是辜负了你美哉少年这一生。裴郎啊！你应当以国为重除奸贼，救黎民。到来日，一炷清香三杯酒，红梅阁旁听一听，当闻我九泉下含泪的笑声。"

娘像极了一个高明的心理大师，几句恳切的话语疏导，是那么自然贴切、沁人心脾。但一切又是那么自然而然，这就是裴李二人的复杂情感产生的独特效应，心心相印的爱与同样刻骨铭心的恨相生相伴，融汇发酵，产生了激荡心魂的魔力。这种超然的情感又怎能不让人肃然起敬、回味无穷？

以上扼要分析了剧本对李慧娘的反抗之路和爱情心理的逐层推进，尤其是通过对人物心理抽丝剥茧似的细腻铺排，剧本终于塑造了一个全新的纯洁善良、多情多义、爱憎分明、勇于抗争的复仇女神的形象。

再次是情节结构的安排。剧本紧紧围绕"一人一事"，对原来的场次进行了一些调整和加工，对某些情节进行适当的增删，以更好地突出主题思想和主要人物。"一人"是李慧娘，"一事"指复仇锄奸。京剧《李慧娘》的剧本由九场戏构成："抢女""游湖""杀姬""见判""夜访""遣刺""救裴""追杀""闹府"。这九场戏，紧紧围绕李慧娘的命运来结构，匠心独具，层次井然。

先看第一场"抢女"。这主要是考虑到观众爱看有头有尾的完整故事，而特意增加的。这场戏既对李慧娘母亲早亡、父女异乡漂泊的身世作了简要的交代，也对贾似道的蛮横跋扈、欺压良善加以点染，使得观众在善恶对比中，密切关注着下一步的情节走向。这场戏还和最后一场戏"闹府"遥相呼应，构成了情节的完整性。

再看第四场"见判"，这场戏也是新增的。写李慧娘在地府遇到貌丑心善的明镜判官，并得其所赐阴阳宝扇，返回人间搭救裴生。这场戏中判官和众小鬼的一段舞蹈妙趣横生，引人入胜，颇能调节剧场气氛。但剧本增加这场戏绝非只为一个"闹判"的噱头，而是旨在通过人间混沌不清，与地狱正邪分明的鲜明对照，通过判官的严明公正、温情良善，与贾似道的飞扬跋扈、凶恶残暴的对比，凸显正义的可贵和追求正义的艰难，暗示当时的封建世道才是真正的人间地狱。此外，由于明镜判官的鼎力支持，李慧娘的反抗意志得以张扬，她的复仇救裴也有了强有力的保障，她从弱女到厉鬼的转变也更为合情合理。

接着看第五、六、七场："夜访""遣刺""救裴"。这三场戏是在传奇《红梅阁》中"幽会"一场的基础上改编的。剧本摈弃了传统的一见钟情式的套路，突出了李慧娘和裴舜卿在共同反对权奸基础上的心心相印和二人为天下锄奸的无私胸怀，对李慧娘从感佩裴生，到萌生爱意，再到爱而不能、拯人为怀的心理变化作了细致入微的描摹，把两人患难与共的真情与锄奸复仇的意志水乳交融地编织在一起，升华了其爱情的内涵，拓宽了主题的社会意蕴。

值得一提的还有第八场"追杀"，这场戏唱词很少，但为表演留下了很大的发挥空间。舞台实践已然证明，在这场戏中，胡芝风充分发挥自己的表演特长，汲取了芭蕾舞、苏联红军舞、变衣、变扇色等技艺，和京剧艺术巧妙地融合在一起，设计了很多高难而优美的舞蹈和造型画面，使李慧娘疾恶如仇的心绪得以鲜明地展现，在情感和表演上给予观众莫大的刺激和享受。

总之，这九场戏的设置，首尾呼应，结构严谨，重点场次突出，并且为舞台表演预留了充分的空间，夯实了"一剧之本"的坚实基础。

通过上文从主题、人物、结构三方面，对京剧《李慧娘》在剧本创作上的大胆创新所作的简要分析，可以看出，改编者对传统戏与时代精神的融汇是非常重视的，同时还兼顾到表演与观众的需求，这些合力是促使该剧成功的重要因素。此外，剧本在气氛、节奏、语言等方面的精心设置也是值得称道的。总之，是编创者的齐心协力和在方方面面的精益求精，使得京剧《李慧娘》在京剧文学史上占有了一席之地。


## 二、京剧《百花公主》：家国义与儿女情的纠缠

《百花公主》的剧本发表于1989年10月，但早在20世纪80年代初，胡芝风就在舞台上演过这个剧目。1989年9月，胡芝风还为大连京剧团的优秀青年演员李萍，执导排演了这个拿手戏，使李萍获得了1989年大连艺术节的一等奖，而胡芝风本人也获得了艺术节颁发的特别奖。

《百花公主》，胡芝风饰百花公主

　　该剧原本取材于明末无名氏传奇《百花记》。传奇全本已佚，有散折流传至今。剧写元朝时，安西王谋反，浙江秀才江六云，化名海俊，潜作内应，被赐参军一职。王府总管叭喇嫉妒江六云，将他灌醉后放在百花公主习武休息的百花亭内的床上，以便借刀杀人。不料，反而促成二人的爱情。最后叭喇被斩，公主带兵出征。20 世纪 50 年代，戏曲舞台上尚能演出《请宴》《赠剑》《点将》等折。

　　最初，景孤血据之改编创作了《百花公主》；后来翁偶虹又曾改编，并易名《女儿心》，程砚秋曾演出过。20 世纪 60 年代，又曾流行由苏雪安、张丙昆等在京剧《百花赠剑》基础上改编，由李玉茹主演的《百花公主》。李玉茹的演法一直持续到 20 世纪 80 年代，胡芝风的演出和改编就既受到了她的影响，又形成了自己鲜明的特色。

　　1982 年 4 月 15 日，戏剧家金山在苏州看了胡芝风演出的《百花公主》后，曾在座谈会上谈道："我觉得我们话剧学戏曲，主要是学京戏，要学三样东西，第一是学提炼，学京剧的高度的提炼；第二是学夸张，强烈的夸张；最后一个是节奏，鲜明的节奏。"[1] 从改编后的剧本《百花

　　① 苏州市文化局剧目工作室．曹禺、赵寻、金山谈胡芝风主演的《百花公主》[J]．上海戏剧，1982（3）：3.

公主》可以看出，胡芝风是认真吸收了前辈艺术家的建议，对剧本作了进一步的提炼加工的。

改编后的《百花公主》共分八场："会盟""进宫""赠剑""入侵""点将""偷袭""惊报""自刎"[1]，其中第四场"入侵"和第六场"偷袭"是过场戏，第三场"赠剑"和第五场"点将"是两场重头戏，第八场是高潮也是结局。整体看来，全剧节奏紧凑、浓淡相宜，情感跌宕有致、扣人心弦。

《百花公主·会盟》(1982年)，胡芝风饰百花公主

第一场"会盟"，借刘炎和单露云的对话简洁地交代了故事背景后，英气勃勃、豪情满腹的百花公主就扬鞭出场了。在单祁国言而无信、安西军队陷入重重包围的危急时刻，化名海俊的单露云"从天而降"，不惧生死带领大家杀出重围，赢得了百花公主的倾心。三代老臣巴兰却暗暗起疑。海俊、百花、巴兰三人的关系初显眉目。第二场"进宫"，写安西王为嘉奖海俊救女脱险，特赐宴庆贺。宴席上，巴兰再三盘问，海俊巧妙应答；最后海俊装醉假寐，被搀扶回府，途经军机要地百花厅。这一场实为下一场"赠剑"的铺垫。"赠剑"写海俊潜入百花厅，偷阅机密，并认出义妹——公主侍女江花佑；又以花言巧语打动公主，并与公主定情。这一场是本剧的一个小高潮，百花公主和海俊的感情逐渐明朗并达到炽热状态。第四场开始，情势急转直下，因为军机泄露，单祁国步步紧逼。为集中笔墨刻画百花公

---

① 最后一场"自刎"，在舞台演出中被改为"哭灵"。

主，作者把单祁国的"入侵"（第四场）和"偷袭"（第六场）用极为简约的笔墨在过场戏中略作交代，而对于第五场"点将"中百花公主对海俊的偏袒、对巴兰公的贬职边关，第七场"惊报"中百花公主听闻城池失守、父王被害噩耗后的悔恨交织，第八场"自刎"中百花公主面对皇陵肝肠寸断的哭诉和手刃奸细的决绝果断等，则进行了细腻的铺排。如此，从第四场百花公主和海俊的对月盟誓，到第八场两人的反目成仇，就水到渠成了。这样的情节设置，既便于观众了解故事的来龙去脉，又使得观众在大起大落、跌宕起伏的情感漩涡中获得了浓烈恣肆的审美享受。

虽然，胡芝风延续了20世纪60年代上海京剧院版的悲剧结局，但却塑造了一个"有独特北国情调的百花公主形象"[1]。这是一个骁勇善战、美丽多情、善良果敢、爱憎分明的女子。刚出场的百花公主是一路扬鞭、勇往直前："恨单祁妄自尊大屡次挑衅，被本帅杀得他人仰马翻屈膝求和分水岭下来结盟，百花我向父王金殿请令，凭双剑会一会手下败将我的对头

《百花公主·点将》（1982年），胡芝风饰百花公主

① 伊平.胡芝风和她的《百花公主》[J].中国戏剧，1990（2）：36.

人。分水岭山势莫测阴森险峻，还需防狼披羊皮包藏祸心。扬鞭策马往前进，我一路征程一片豪情。"一个英姿飒爽、豪气逼人的巾帼英雄顿时扑面而来。

接下来她与海俊的爱情，在海俊一方是刻意谋划，在百花却是情之所至，油然而生。且看：

重重包围中被海俊所救，她情窦初开："听他言不由我暗自赞叹，打猎人原是个侠孝儿男，为救我他中了贼的暗箭，谈吐间似鸿儒气度不凡，似这等贤良才实是少见"。海俊醉闯百花厅，按律本应治罪，"第一印象"的美好却让她心潮起伏、方寸大乱："他虽是不知情却把罪应，倒叫我举剑难下乱了芳心，我念他舍身救我分水岭，我念他满腹经略有才能，我念他不惧生死风骨凛，我念他酒醉误入百花厅"。海俊走后，她又情思翻滚、暗暗称赞："为什么这颗心似小鹿儿蹦蹦跳"，"好个海俊！好个海俊！"直到海俊拿出罗巾有意试探，百花才终于对海俊敞开了心扉："天为媒来地作证，皓月当空把誓盟"。这一切看似有些轻率，却是少女从情窦初开到坠入爱河最自然不过的表现。

百花虽单纯轻信却并不轻浮随意。当两人对月盟誓后，海俊欲拥百花进房，却被她拔剑吓退，并警告海俊："自尊自爱当谨慎，非礼之举被人轻。"并以宝剑相赠，再表心意。

《百花公主·哭灵》（1982年），胡芝风饰百花公主

对海俊，百花爱得热烈，却也恨得切齿。当乍闻海俊竟是杀父凶手，她悲痛欲绝、悔恨不已："我有泪哭忠魂，无颜见先灵，百花呀，你是个千古罪人！悔不该认敌为亲把情允，悔不该不辨忠奸贬老臣，红罗巾裹的是奸细的手，定情剑注定了亡国祸根，怎忍见国土被贼占领，不敢听战场处处

鬼哭声，到如今血泪拭眼梦已醒，可教我哪里去寻找巴兰公这忠心耿耿的白发老臣"；再次面对海俊，她先是毫不犹豫地抓沙撒迷昔日的情人，接着举剑便刺；自己则在跪拜亡灵后，欲拔剑自刎。这一系列举动，是那样果决、凄怆、爽利！美好的生命虽然戛然而止，却留给后人绵绵无尽的思索。这就是胡芝风在剧本中重塑的百花公主形象：爱之深、恨之切。在家国大义和儿女深情的纠缠中，她毅然选择了以飞蛾扑火般的惨烈之举，来告慰屈死亡灵和天下苍生。这种由爱而恨的剧烈突转，产生了隽永深沉、震撼人心的艺术美感。

较之百花公主，海俊的形象略显薄弱。剧本为他预设的驸马兼奸细的身份，使得他对百花的示爱和许诺，总透着些许虚伪与轻浮。由于对海俊的心理活动缺乏细腻的描摹，"赠剑"一场中他借口还罗巾以亲近百花，并进一步与公主对月盟誓、同拜天地的举止，就总显得有些虚情假意；而且，他在临死前对百花的劝降之语也多少有点底气不足："公主，你已国破家亡，若能归顺于我，海俊不负你赠剑之情。"纵观剧本中海俊从伪装出场到最后身亡的结局，作者赋予这个人物的感情是复杂的：从理性的角度看，一个为盗取机密而狡诈行事的奸细总不会有什么好下场；从感性的角度看，他对深情款款的百花公主似乎也未尝没动过真心。只是，由于把笔力过于集中在刻画百花公主的形象上，对海俊的内心世界挖掘不够深入。不过，这些白璧微瑕并没有掩盖整个故事的发人深省和感人力度，也无损于百花公主的至情形象。

除了男女主人公，该剧还成功塑造了忠心耿耿的三代老臣巴兰的形象。如果说，百花公主和海俊都有某种遗憾和缺陷的话，巴兰则是一位近乎完美的忠臣良将形象。他的忠心赤胆和深谋远虑是剧作者极力褒扬的。初见两军阵前突然现身的猎户海俊，经验丰富的他就不由得陷入了"沉思"。这是第一场埋下的伏笔。为解除疑虑，宴席上，他对海俊旁敲侧击、百般试探，机敏善辩的海俊纵然巧舌如簧，也还是露出了狐狸尾巴，甚至最后不得不以酒醉来搪塞。看到国王和公主对海俊深信不疑，他迅即决定"明察暗访探真情"。这是第二场巴兰与海俊的正面交锋。强敌压境、公主点将之时，他竭尽全力、再三阻拦年轻气盛的公主，不让海俊把守栈道和留守百花城，并把对海俊来历的调查结果全盘托出，甚至不惜当面指责公主"执法不严、罪加一等"。可情迷心窍的公主不仅不听，还把慷慨直言、以死相谏的耿直老臣贬为西关都尉。这是第五场发生在巴兰和公主之间激烈的口水战。虽遭贬谪，巴兰临走还不忘嘱咐众将："众位将军，此番出战非比寻常，征战之事，倍加留心，扶保公主，老夫这厢拜……拜托了！"其无私无欲、为国为民之一片苦心，跃然纸面。海俊杀害老王、百花战败后，时刻关注前方战事的巴兰率领将士及时赶来，打败敌军，挽狂澜于既倒。最后，虽未能及时挽救公主的性命，但他在剧终"扶托百花，持百花之剑凝视亮相"的举动却给了观众隐隐的安慰：老王和公主虽已不在，但国家尚有这样可以托付的忠臣，实乃民之大幸！安西不幸，因为有了轻信偏执的百花公主；安西又有幸，因为还有巴兰这样忠心耿耿、以大局为重的老臣。透过巴兰这一形象，我们看到了改编者在儿女情长之外，对社稷苍生和家国安定的更多思考，这也使得剧本的主题不再局限于一己之私情小利，而是升华到捍卫家国大义的庄严境界。

总体上看，胡芝风改编的《百花公主》剧本，不仅成功塑造了一个有着独特北国范儿的英烈女子形象，而且成功塑造了一位忠心报国、发人深省的老臣形象。此外剧本节奏的紧凑流畅、情节的跌宕起伏，都使得它不失为一个宜于搬演的好本子。

### 三、京剧《灰阑记》：人心若无真情意，母子血缘也枉然

京剧《灰阑记》最初由胡芝风、陈牧策划，原编剧组成员除了胡芝风和陈牧外，还有熊崇实与张臬；创作过程中曾得到张实、李连璧、杜勉等人的帮助；最后由胡芝风参照原来初排的定稿，作了较大修改，重新改编而成。

这个剧本是在元人李行道的杂剧《包待制智勘灰阑记》（简称《灰阑记》）和布莱希特的话剧《高加索灰阑记》的基础上改编的。胡芝风最初萌发要改编这个"灰阑救子"故事的念头，是有感于 1986 年受陈颙邀请，担任话剧《高加索灰阑记》的表演艺术指导这段经历。那次实

践让胡芝风认识到："布氏的剧本内容很具有现实意义；表演形式上的叙述体结构，以及与之相适应的'间离效果'，与我国戏曲传统的分场结构和不受'第四堵墙'的限制，当众承认自己是在演戏的非幻觉演剧观，有着惊人的相似之处。"① 因此，"为探索东西方文化双向交流，发展我国的戏曲"，胡芝风遂产生了"要把这出脱胎我国元杂剧的戏，再搬演回来"② 的构想。于是，就诞生了这部与浙江省京剧团合作编、导、演的新编古代京剧《灰阑记》（1991 年）。考虑到当代中国观众的欣赏习惯和戏曲舞台的独特规律，京剧《灰阑记》在主题、情节、人物、节奏等方面都作了相应的改动，使得该剧跌宕起伏、引人入胜。

首先，在主题上，歌颂真情与正义；在情节安排上，酌情增删，突出主旨。

元杂剧《灰阑记》中，铁面无私的包公最终把孩子断给了生母张海棠，是以血亲关系为断案依据，以此表现惩恶扬善的主题。布莱希特的话剧《高加索灰阑记》，旨在阐释"一切归善于对待的，比如说孩子归慈爱的母亲，为了成材成器；车辆归好车夫，开起来顺利；山谷归灌溉的人，好让它开花结果"③ 胡芝风则从时代需要和观众心理出发，将这个流传广泛的"灰阑断子"的故事主题定位为：鞭笞铜臭，歌颂真爱；揭露虚伪，伸张正义。

为此，编者删去了布莱希特《高加索灰阑记》前半场中与剧情无关和不合乎中国国情的情节和人物，紧紧围绕烧火丫头雪娘④ 和龙儿的感情线索安排情节，通过救子、喂子、历险、逼嫁、还子、夺子等，细腻展现了雪娘和龙儿在患难中结下的母子情缘，突出了雪娘对孩子的真情实爱和她不是亲娘胜似亲娘的博大胸怀。

同时，考虑到中国观众对血缘关系的偏重，以及最终包公把孩子判给养母雪娘显得合情合理，改编者增加了三夫人的戏份。比如第一场"救子"中，三夫人在仓皇逃命时，发现婴儿被遗忘在府内时的一

① 胡芝风.京剧《灰阑记》编导演思考［J］.戏文，1992（5）：31.
② 同上.
③ 布莱希特.布莱希特戏剧选［M］.人民文学出版社，1980：359.
④ "雪娘"，在后来的舞台演出中，改名为"雪妹"。

幕，找还是不找，在短暂的犹豫之后，三夫人选择了惜财弃子的决断；又如第六场"还子"中，5年后正要改嫁的三夫人遇到了亲生儿子，认还是不认，利欲熏心的她略加思索，又狠心把这个"拖油瓶"推了出去。这些情节的增加，使得剧情更为合理，也更能赢得观众的情感共鸣，同时，也更加突出了主题："人心若无真情意，母子血缘也枉然"①。

其次，人物形象鲜明突出，人物关系合情合理。

主人公雪娘是剧本集中刻画的典型。她是善与美的化身。改编者通过几次关键时刻的犹疑和选择，把雪娘的形象一步步推到顶峰。本来，雪娘只是一个地位卑贱、饱受歧视的烧火丫头，但正是她，在众人只顾仓皇逃命的危急关头，毅然救下了与自己毫无关系、被亲母抛弃的龙儿。在官府即将围府搜人的紧急时刻，救不救龙儿，雪娘是有顾虑的，她抱起又放下，放下又不忍："实可怜这无娘的婴儿临险境，株连之罪要祸临身。嘤嘤声牵住我举步难定，似见他举双手向我求生。怎忍心不救这无辜小性命，带龙儿离虎口一同逃生。"②这段揪心不已的唱词把雪娘此刻内心的矛盾和挣扎表露无遗。选择救下龙儿，就意味着这位尚未出嫁的黄花丫头将走进一条非同寻常的人生轨迹：怀疑、指责、艰险、不幸……种种难以忍受的痛苦都将不期而至！但不谙世事的雪娘略加思索，还是果断做出了这个改变了她一生的抉择。

救下龙儿以后首先面临的就是喂食的难题，在无奶无粥、一筹莫展的困顿时刻，遇到好心的农家大婶，雪娘一度萌生了抛弃龙儿的念头，但放在农舍旁边的孩子被农妇抱走后，她却又若有所失："心中空荡荡，龙儿牵我肠。难把归途上，去留意彷徨。"③于是叫出大婶反复叮咛。不料随后赶来的官兵还是搜出了龙儿，一直躲藏在旁边暗中窥视的雪娘，遂冒死击昏副将，救走龙儿。经过这次弃还是不弃的挣扎，雪娘再没有犹豫过，她的生活从此和小小的龙儿紧紧地捆在了一起。

但一位未出嫁的小姑娘要抚养一个婴儿谈何容易，更何况是在家境

---

① 胡芝风. 灰阑记 [J]. 戏文，1992（5）：28.
② 胡芝风. 灰阑记 [J]. 戏文，1992（5）：20.
③ 胡芝风. 灰阑记 [J]. 戏文，1992（5）：21.

不宽裕、家人不理解的情况下。很快，在家中吃闲饭的雪娘就遭遇了嫂子的逼嫁。面对嫂子的强横、兄长的无奈、媒婆的逼诱，心如刀绞的雪娘几乎柔肠寸断："唤声龙儿泪如雨，雪娘的难处你可知？若出嫁辜负了田勇情义，若拒嫁兄嫂吵闹难平息。若出嫁雪娘从此终身毁，若拒嫁龙儿生计无所依。龙儿啊！风霜雨雪苦相逼，我与你走投无路何处把身栖。我怨天，我怨地，怨天怨地又怨你，怨你却又难离你……"[①]这段唱词细腻地展现了此时此刻的雪娘孤苦无依、进退不能的两难心境。但为了龙儿，雪娘最后还是做出了嫁人的决断。用一生的幸福去换取一个与自己毫无血缘关系的无辜小生命的未来，雪娘在人生的十字路口又画下了光彩夺目的一笔。

自己含辛茹苦、好不容易拉扯大的龙儿，却意外地遇见了生母。要不要把孩子还给三夫人，雪娘再次迎来了情感上的煎熬："看他们母子相见我心乱意慌，怕的是龙儿要离雪娘。""儿认亲娘理应当，欲还子难舍子心疼忧伤。"几年来的同甘共苦，雪娘与龙儿之间已建立起了不是亲娘胜似亲娘的亲子关系。突然之间，要割舍掉这段感情，怎不让雪娘"心乱意慌""心疼忧伤"？但面对着龙儿的亲生母亲，善良的雪娘还是把龙儿推向了三夫人。所幸，只图一己荣华富贵的三夫人又无情地把龙儿这个"拖油瓶"甩给了雪娘，这倒无意中成全了这对苦命母子。在这里，还不还子的矛盾挣扎，又一次展现了雪娘的无私和善良。

但好景不长，为图谋家产而来抢夺龙儿的三夫人又把雪娘告上了法庭。在老包拯"灰阑拉子"的奇思妙想下，雪娘再次陷入了新的纠葛："这灰阑好似那刑棍夹板，娇儿他……怎经得如此摧残。""娇儿一声喊，撕裂娘心肝。我若疼儿把手松，母子分离一瞬间，我若拉紧儿的手，娇儿疼痛实可怜。心中只把大人怨，如此断案太凶残。强咽悲泪离灰阑……"经过一番激烈的内心翻滚，在三夫人的欢呼雀跃声中，在龙儿对雪娘"你怎么不拉我""你怎么不拉我"的阵阵哀告声中，黯然神伤的雪娘，还是万分凄苦地松开了双手。在这里，拉还是不拉，雪娘用自己看似软弱退缩的举动撑起了一个大写的"人"字。

---

① 胡芝风.灰阑记［J］.戏文，1992（5）：23-24.

就这样，剧本通过救不救、弃不弃、嫁不嫁、还不还、拉不拉等一系列矛盾漩涡中的激烈挣扎，把雪娘无私、真诚、善良、勇敢、坚毅的美德一步步放大，塑造出了一个感人心魄的美和善的化身。

为了突出主人公的典型形象，改编者还对人物关系进行了精心的设计。如为了使雪娘最后赢得孩子，能让重视血缘关系的中国观众更好接受，改编者对夫人的戏做了以下改编：首先将夫人改为三夫人，为以后争遗产而夺子进行铺垫；其次增加了三夫人两次抛弃孩子的情节，凸显其为了一己之荣华富贵而不顾亲情的自私自利的本性。这样一来，在虚伪与真诚、小我与大我、自私与无私的对比中，雪娘的形象愈加高大，三夫人的形象更加渺小。

第三，剧本节奏跌宕起伏、冷热交织。

胡芝风改编的剧本正如她导演的戏一样，既注意简洁明快，有情则长、无情则短；又强调戏剧矛盾大起大落、对比强烈，为的是能让观众始终保持浓烈的欣赏兴味。《灰阑记》的情节设置就具有这样的特点，不仅场与场之间冷热交替，即使在一场之中也是张弛有致。

比如第一场"救子"，一开始是全府上下喜气洋洋庆贺小少爷百日的祥和气氛，但突然之间，就传来了都督大人被诬陷并处死的噩耗，以及官兵带领人马要来斩草除根的凶信，剧情急转直下，大家仓皇逃窜，龙儿命悬一线；慌乱之中，雪娘挺身而出，抱走了龙儿。进入第二场"喂子"，先是好心农妇的慷慨赠粥，节奏逐渐舒缓；后是官兵的接踵而至，气氛

胡芝风（右）为香港演艺学院青年粤剧团导演《灰阑情》（2013年），林颖施（左）饰雪妹

顿又紧张。这样，不仅场与场之间节奏疏密有致，气氛冷热相间；而且一折之中，也是起伏跌宕，曲折有变。

又如第四场"逼嫁"，是一场雪娘违心应允嫁人，兄妹抱头痛哭的苦情戏。第五场"过门"①，一开始是布置喜堂的欢庆唢呐声，剧情由悲转喜；可尚未拜堂，马上又传来了新郎的死讯，气氛转入一片木然死寂之中。第六场"还子"，又把观众带进了吵吵嚷嚷的管家老宅，上演了一场还子与拒子的激烈拉锯战。紧接着的第七场，一开始是在平静的张婆家院落，雪娘婉言宽慰龙儿的一段亲情戏，充满平和与温情，与上一场的热闹喧腾对比鲜明；但随着田勇和三夫人、管家的相继出现，剧情突转，波澜迭起，先是田勇误会，后是三夫人抢不着龙儿愤愤而去。一个个新的矛盾接踵而至，场场之间、一场之中，均是冷热交替，悲喜交织。

这样，整个剧情节奏起伏跌宕，热中有冷、冷中有热，舞台气氛丰富多样，不仅不会使观众觉得冗长乏味，相反却获得了一种扣人心弦的艺术魅力。总之，经过胡芝风的精心改编，京剧《灰阑记》以其"人心若无真情意，母子血缘也枉然"的新颖主题，成功征服了中国观众的心灵，使这个古老的故事重又焕发了青春，为今天的社会注入了一股正能量。当时，这个剧本在和胡芝风根据此次实践总结的一篇论文《京剧〈灰阑记〉

胡芝风为刘志欣导演河北梆子《灰阑情》

① 第五场戏"过门"，在后来的舞台演出中被删去。

编、导、演思考》，一起发表在《戏文》杂志上后，还引起了丹麦奥尔胡斯大学研究比较戏剧的都文伟教授和东亚系主任魏安娜教授的注意，并于1994 年 10 月，特意邀请胡芝风去丹麦作关于中国戏曲表演的讲座。由于讲述和示范的有机结合，胡芝风在丹麦多所高校的讲座都获得了超乎寻常的成功。后来，胡芝风还为石家庄市河北梆子剧团的刘莉莎排演过《灰阑情·判子》(2001 年)，为天津市河北梆子剧团的刘志欣排演过《灰阑情》。不仅如此，经过胡芝风的导演，《灰阑记》还走上了香港粤剧的舞台，这就是 2013 年 5 月由香港演艺青年粤剧团演出的新编粤剧《灰阑情》，该剧演出后受到了观众的一致好评 ①。

## 四、甬剧《双玉蝉》：寻寻觅觅玉蝉梦，针针线线嫁衣冢

2001 年 8 月，胡芝风应宁波甬剧团之邀改编和导演《双玉蝉》。同年底，经她整理改编后的剧本《双玉蝉》发表在《戏文》杂志上。

《双玉蝉》与《天要落雨娘要嫁》《半把剪刀》一起并称为甬剧的三大悲剧，在江浙一带广为流传，深受群众喜爱。甬剧《双玉蝉》原是根据闽剧同名剧目改编②，最早有 1962 年上海堇风甬剧团王行的改编本（发表于《剧本》1962 年第 7 期）。

胡芝风在王行改编本的基础上，根据当代观众的审美需求，对剧本又进行了一番整理加工，使得剧情更加凝练紧凑，人物形象更为突出，更加适合当代观众的欣赏趣味。剧写曹观澜酒醉之后为 18 岁的女儿曹芳儿误定了一个不满半岁的小女婿沈梦霞。由于族规森严，退婚不成，曹父抱愧而亡。芳儿被迫独自抚养梦霞。18 年后，一直以姐弟相称、相依为命的曹芳儿和沈梦霞，因为家乡洪灾逃难，巧遇沈梦霞亡父的故交吕翰林及其女儿吕碧芸，被吕氏父女收留。沈梦霞和吕碧芸日久生情。后梦霞喜中状元，芳儿意外得知梦霞与碧芸早已暗自定情，又感慨自己青

---

① 黄秀英.观新编粤剧《灰阑情》[J].中国演员，2013（3）：32.
② 《双玉蝉》最早见于闽剧，20 世纪 60 年代由闽剧作家邓超尘整理改编（参见《福建戏曲传统剧目选集》）。

春已逝，与梦霞难结连理，遂祝福二人恩爱甜蜜，自己却抑郁而亡。

较之邓超尘的闽剧改编本和王行的甬剧改编本，胡芝风的改编在情节结构、人物形象、写作手法等方面都有值得借鉴的地方，正如她所说"赋予这个老故事以新的生命"①。由于胡芝风在改编剧本的过程中，总是考虑到将来舞台的需要，所以，甬剧《双玉蝉》的文学性和舞台性得到了水乳交融的完美结合。下面从结构详略、形象定位、心理描写三方面试看之：

首先，在结构上，紧紧围绕主人公曹芳儿的命运发展，精简过场戏，突出重点场次，使情节既合情合理、动人心魂，又疏密有致、变化多端，能让观众保持持续的欣赏兴味。

比如第一场开场就是一个满心欢愉、穿针引线的妙龄少女正在赶制嫁衣，紧接着上场的是刚从娘家探亲归来的三婶，通过两人的亲密交谈，观众得知曹父刚被族长叫去商量迎亲之事。接着是怀抱婴儿的曹观澜上场。通过父女间的对话，我们知道了这个未满半岁的婴儿竟然就是芳儿的夫婿。这对充满青春幻想的曹芳儿来说不啻祸从天降。面对女儿的责问，曹父万分自责，可对森严的族规也是奈何不得，竟气绝而亡。短短一折之间，芳儿的人生从巅峰跌入低谷，小女婿的乍现、生父的暴亡，一连串的打击接踵而至，这骤然的剧变让一个小女子如何去承受？观众的心潮也随之跌宕起伏，芳儿的人生命运一下子被推到最让人关注和揪心的地位。

而在王行的甬剧改编本中，曹观澜在携婴儿登场前，还有一大段与沈族长、曹族长之间送交与推让婴儿的戏，胡芝风在改编本中直接删去了这段分散"精力"的枝蔓，简洁明快地直奔主题，腾出篇幅集中刻画主人公曹芳儿的形象。

又如第五场写18年后，曹芳儿姐弟因洪灾而背井离乡，巧遇古道热肠的吕家父女，并被其收留。这场是合并了王行本的第四、五两场而改编的。为使剧情更加紧凑凝练，胡芝风删去了王行本中吕碧芸的母亲金氏和丫鬟惜玉这两个人物，如此一来，就省略了沈梦霞与吕碧芸主仆

---

① 胡芝风.《双玉蝉》编、导思考［J］.戏文，2001（6）：32.

二人、吕翰林与金氏之间的两段冗长对话，直接写曹芳儿、沈梦霞偶遇吕翰林父女，并得其仗义相助。正如李渔《闲情偶寄》所言："与其忽张忽李，令人莫识从来，何如只扮数人，使之频上频下，易其事不易其人，使观者各畅怀来，如逢故物之为愈乎？"①这样，对次要人物和无关情节的大胆芟夷，使得剧本结构安排更加合理，舞台节奏更为流畅。如此看来，胡芝风是深谙戏曲剧本要"减头绪"的真谛的。

对过场戏惜墨如金，对重点场次则不吝笔墨。如第七场对曹芳儿听闻沈梦霞高中状元后的喜忧参半的复杂心理，第八场对吕碧芸、沈梦霞乍见曹、沈婚书后的震惊、痛惜，曹芳儿强自镇定、被迫牺牲、玉成二人的酸楚心理，都有细腻的展现。在日常的生活节奏中，这些场景都是极其短暂的几分钟甚至几秒钟，但剧本却抓住这些最能揭示人物性格特征的肯綮之处，千回百折，左盘右旋，极尽纵横排宕之能事，力显幽微荡漾之心曲。改编者惨淡经营之苦心可窥一斑。

甬剧《双玉蝉》在剧本结构上的这种详略处理，均是根据"有情则长，无情则短"的原则编排的，既赢得了观众的同情和怜悯，具有强烈的感染力，又能尽情展现演员的表演技能，诚有"一石二鸟"之功效。

其次，是对主人公形象的重塑。《双玉蝉》中的曹芳儿是一个早有定评的悲情形象。学术界在 20 世纪 60 年代曾对甬剧和淮剧中的曹芳儿形象有过激烈的论争。在 1962 年《上海戏剧》的第 8、9、10 期上，先后发表了顾仲彝的《〈双玉蝉〉中芳儿的形象问题》、袁斯洪的《也谈〈双玉蝉〉中芳儿的形象问题——与顾仲彝同志商榷》、沈鸿鑫的《谈芳儿形象的真实性和典型性——与袁斯洪同志商榷》等三篇文章，分别探讨了甬剧和淮剧对芳儿形象的不同处理。争论的焦点是芳儿是应该被塑造成一个善良、软弱，专心追求个人幸福，令人同情、怜悯的对象，还是被塑造成一个坚毅、沉着、反抗、舍己为人的令人崇敬的形象。双方各执一词，莫衷一是。

如何让这个被一纸婚约葬送了青春和生命的古代女性，打动当代观众的心灵，也是胡芝风在改编时首先考虑的问题，她的出发点是用"现

① 李渔.闲情偶寄［M］.浙江古籍出版社，1985：12.

代审美精神来观照曹芳儿的悲剧命运，塑造她的人格形象"，把曹芳儿定位为"一个善良而勇于牺牲自己的人"①。为此，她用曹芳儿对婚姻的向往，来贯穿整个情节结构，把人物放在一个又一个矛盾漩涡中，碰撞出性格的火花。

比如开场是一派喜气洋洋的欢欣景象：18岁的少女掩饰不住内心的欢愉，在鸣叫不已的夏蝉声中飞针走线，赶做嫁衣；一会儿，父亲却抱着一个婴儿心烦意乱地登场了。沉浸在对婚姻的幸福憧憬中的少女，还天真地询问父亲婴儿的来历。在得知真相后，芳儿立即陷入了巨大的矛盾之中：一面是对未来夫君的美好期盼，一面却是即将背上老妻少夫的婚姻枷锁。面对现实，她也曾抗争："十八岁姑娘配襁褓郎，我情愿削发做尼姑。"②但无奈父亲的苦口相劝和气急而亡，使得芳儿不得不接过了抚养婴儿的重担。

虽然如此，芳儿对理想婚姻的期盼并未泯灭。第二、三、四场，写含辛茹苦整8载、既做姐姐又当娘亲的芳儿，经历了8岁的小梦霞风闻真相后，无理哭闹的刺激，尤其是亲眼目睹三婶和三叔老妻少夫的婚姻悲剧，更让她坚定了要退婚的信心。然而，"条条族规似毒蛇，玉蝉似网来捆束"，以一柔弱女子之力，来对抗强横残忍之族权，谈何容易！走投无路之际，只有自尽以明心迹，却又被8岁幼弟的声声哭诉扰得肝肠寸断，终于，抚养无辜弱子的善念压倒了对黄泉路的向往。这里，剧本再次把人物放在依循与叛逆、生与死的十字路口，一次次鞭打着这个痛不欲生、苦苦挣扎的灵魂。

一晃又是10年。当初无理取闹的稚子已变成了知书达理的翩翩少年，18载相依为命的清贫生活，逃难路上的相扶相携，使得沈梦霞情不由衷地感叹："你养育小弟守独身，为我劳苦十八春。你我虽然非同胞，却比骨肉还要亲。姐姐恩情大如天，人非草木孰无情。但愿此番灾难度，生生死死不离分。"一番话再次燃起了芳儿早已磨灭的婚姻梦想："曾记得退婚不得欲自尽，今日里为何心热乱了神；莫非十八年委屈有指望，玉蝉叫响我后半身。"18年来，姐弟情早已淹没了夫妻情，但此

① 胡芝风.《双玉蝉》编、导思考 [J].戏文, 2001（6）: 32.
② 胡芝风.双玉蝉 [J].戏文, 2001（6）.

第二章 戏曲剧本改编

刻，芳儿对婚姻又有了新的盼头，本想把真相告诉梦霞，却又碍于面子，并虑及梦霞尚在苦读，遂打消了这一念头："女儿家心事怎出唇？梦霞他专心读书最要紧，我不能道出实情搅他心。"这里，芳儿的善良再次占了上风。

但善良的人，在一个到处弥漫着王权、族权、神权、夫权幽灵的时代，却未必会有好报。梦霞高中状元，芳儿却喜忧参半：喜的是18年辛勤付出终于有了回报，忧的是容颜已逝、青春不再的中年妇人，如何匹配风华正茂、才情横溢的少年儿郎？剧本对这个秉性温良敦厚的女子波澜起伏的内心作了细致入微的描绘。不料，忧思未尽，又惊闻梦霞和碧芸早已私自定情，随即又看到皇帝御赐的金匾。在这样的紧要关口，芳儿又该作何选择？故事的结局该如何处理？编者没有让主人公悬梁自尽或撞死在金匾上，因为这样势必给梦霞和碧芸留下噩梦般的阴影，而是循着人物善良的本性，让她做出了一个勇敢的决定：牺牲自己，成全他人。而这种对别人的"成全"，实际上最终"成全"的是一个胸怀大爱的自我。芳儿的形象也由此得到了升华：她的生命虽然过早地被摧残殆尽，但在对蛮横的封建宗法制、对不合理的婚姻制度，切齿痛恨的同时，我们更会被人物散发出的善良、无私、勇敢的气息而深深感动。

总之，胡芝风对芳儿形象的改编，不是像传统剧本那样，要么过多强调芳儿的善良、软弱和对个人婚姻理想的追求，要么偏于刻画芳儿的刚强、沉毅、舍己为人，而是从人物的性格逻辑出发，用当代美学精神，通过拒婚、抗婚、退婚等一系列与命运抗争的关键情节，把一个善良而勇于牺牲自我的胸怀大爱的女性形象立在了舞台中央。

再次，是对人物心理的细腻描摹。在剧本中，胡芝风力求用各种心理描写方法极力烘托人物的内心世界，使得人物形象更为立体、饱满。不管是主要人物，还是次要人物，改编者都竭力把人物在特定情境中的微妙心理娓娓道出。

如第七场"照镜子"这段戏，是集中表现芳儿对婚姻的期待和疑虑的重要场次，也是揭示人物性格特征的重头戏。在这场戏中，芳儿心情复杂多变，先是对梦霞回归的期盼，接着是听闻喜讯的惊喜，继之是照镜子后的惊诧、疑惧和对梦霞的揣测，以及碧云父亲的提亲，最后是看到金匾的绝望。如何让芳儿的内心波澜栩栩如生地展现在观众面前，胡芝风创造性地运用了旁衬法来烘托人物的心理。

听到春兰禀报梦霞中状元的消息后，芳儿情不自禁地取出18年前的嫁衣，喜滋滋地披在身上，正欲对镜梳妆，却看到镜中"两颊见骨两目凹，又见两鬓白发生"的自己，不禁欲哭无泪，欲叹无声："我哭声上苍叫声天，如此对我太无情；昨日黄花蝶无缘，你叫我如何开口说实情。"接着，在如梦似醒的幻觉中，出现了曹观澜、沈梦霞和三婶的幻影。这时，胡芝风的舞台设计是让三个人物分别登场，通过他们与芳儿的对话，来外化人物心理。

面对父亲的自责和逐渐隐去的身影，芳儿不由得感叹："你这一纸婚书双玉蝉，可知儿苦守活寡到如今；青春逝去不复回，心中苦涩向谁论。"这一层是对父母之命和强横族权的悠悠反抗。接着是梦霞的一番生死表白，芳儿仿佛又捡回了些许自信，她相信"心地善良性温顺"的梦霞是不会嫌弃她的："我抚养梦霞非容易，这白发是为梦霞生；何况他是天子门生折桂客，岂能身穿红袍忘恩情；我这里重拿木梳重整衣，整妆理容做夫人。"这一层人物的心情变得昂扬、兴奋。但旋即是三婶的醍醐灌顶："无情夫妻情似水，终身之恨恨终身。"这让芳儿再次陷入迷茫："前车之鉴心胆惊，似真似幻分不清。"人物的心理从苦闷，到希望，又到失望，一波三折，反反复复，通过幻想中的对话，鲜活地呈现在观众面前。这就是旁衬法收到的奇效。

除了这样侧面烘托、委曲传情外，剧本更多地用了白描的手法，直接摹写人物的内心世界。

如第四场芳儿正欲自尽时，被梦霞撞破，在小梦霞的苦苦哀求下，芳儿忆往昔，思来日，虑现在，进退维谷，彷徨无措，凄然无比，剧本层层写来，把观众悄然带回她辛勤育子的坎坷历程：

> 声声姐姐叫得惨，倒叫芳儿心头颤。襁褓里爹爹抱他家门转，爹爹去世我照顾他冷与暖。一岁里米浆当奶把他喂，二岁里，会叫阿姐我心欢；三岁里，教弟洗面把衣穿，四岁里，我做绣工他把凳子搬；五岁里，他会帮我来洗碗，六岁里，供他

上学进书馆。八年来相依相傍度贫寒，八年来结下了姐弟情缘。我若撒手黄泉走，他孤苦伶仃无人管；小弟年幼无知又无辜。我进退两难好心酸，相对无言泪凄然。

这段话如泣如诉，观众仿佛看到：8 年的漫漫岁月中，一个孤苦无依的年轻女子，如何含辛茹苦地抚育着这个误其终身的无辜幼子！这份在苦难中结下的姐弟情缘早已超越了她对理想伴侣的希冀，甚至阻碍了她向死神跨进的脚步。虽然深知生之不易，可对年幼小弟未来的担忧，还是让她再次挑起了生活的重担。这样一来，人物的思想境界豁然开朗：从一己之欲渐至忘我之境，作品的主题也由此得以提升。

又如最后一场芳儿面对梦霞双手捧上的凤冠，心潮起伏，五味杂陈，剧本为人物写了一大段唱词：

见凤冠，千斤重，心如五味瓶打破，这玉蝉害我一生受折磨；喜的是小弟终于成材告祖先，慰的是梦霞懂我苦痛路，恨的是千年族规把女子来捆束，怨的是这凤冠是迟到十八年的梦一个。感小弟仁义重，可强订的婚姻本是错；弟弟呀，我若真与你把夫妻做，公卿碎语多，毁了你前途；虽说是玉蝉成双有婚约，我怎能把你美好姻缘来拆破；感谢世伯世妹体谅我，到如今苦我一人强似三人都吃苦；世妹啊！今将凤冠交于你，从今后梦霞托付你照顾。

这段话有欢喜，有怨恨，有感恩，有体谅，由自己到他人，如层层剥笋，直指人心，既把芳儿此刻的复杂心绪娓娓唱出，也把一个饱尝人生苦痛、勇于自我牺牲的深明大义的无畏女性推到了观众面前。

不仅对主要人物的心理描写不遗余力，对次要人物的内心世界，胡芝风也从不草草放过。这使得剧本的每个人物，都以其自身独特的命运轨迹触动着观众的心弦，并且逐渐汇聚在一起，激起了人们对压迫人性的封建族权的无边痛恨和对善良无私的美好人性的崇敬向往。如作为芳儿形象陪衬的三婶，她既是芳儿最亲近的女性长辈，又是一个典型的老妻少夫婚姻制下的牺牲品。对于芳儿，她是关怀备至的。当看到芳儿退婚不成，她竟敢冒着生命危险斥责威严的族长，剧本对此着墨甚细：

> 这真是毛竹扁担节连节，薄命人怜同命人；回想我当年十九岁，家贫嫁到曹氏门；十九岁配三岁郎，像一根牛绳穿我心；当天逃回娘家去，是你派人将我抢回门；丈夫无知公婆凶，我是眼泪当做枕头眠；好不容易将他抚养大，谁知当我是眼中钉；东边日出西边雨，又是冷眼又是恨；一年三百六十日，能有几天在家中；日里当我一把锁，夜里当我柴油灯；我好比八幅罗裙四幅折，一床被褥半床阴。他叫我妻子难开口，我叫他丈夫也难出唇。夫妻情份如霜冰，相见犹如陌路人；人家讲黄连苦口不苦心，我是莲花结子苦到根；你也讲竹竿挑水后稍长，享福定在后半身；十八年折磨受得深，都是你族长来造成；今日你又要逼芳儿，我岂能袖手不过问；总不能眼看她，重走我老路苦一生。

这一大段让族长气得暴跳如雷的血泪般的辛酸控诉，把一个被封建族权压迫了几十年、被不合理婚姻奴役了一辈子的悲惨女性的命运，形象地展示在观众面前。这里貌似"抢"了主人公的戏份，但殊不知今日的三婶就是明日的芳儿，所以，这段话既是唱给族长听，也是告诫芳儿不要再重蹈覆辙。三婶也好，芳儿也罢，不知有多少个鲜活女性的青春和生命就这样被宗法制的铁轮碾得粉碎。所以，三婶的形象，极大地拓展了芳儿悲剧的社会意义，这也是作者在此浓墨抒写的匠心之所在。

对于沈梦霞，这个同样受着王权族权摆弄的芳儿的陪衬形象，作者对他的心理也有细致的摹写。比如最后一场，高中状元、兴高采烈的梦霞正欲向姐姐禀报自己与吕碧芸的婚事，却意外地看到了自己与芳儿的婚书，刹那间，人物的内心掀起了狂风巨浪，剧本为人物增加了这样一段唱词：

> 见婚书好似坍了青天沉了地，原来玉蝉定亲是姐姐；心沉沉、意惶惶，辛酸苦辣味难辨；猛想起十年前三叔酒后语，果

然是真非戏言；曾记得族长在祠堂把我唤，姐要以死抗争在祠堂里；是我苦求姐姐莫把我舍弃，她欲死不得黄连肚内咽；日里绣作读书把我伴，总盼我出人头地在人前；桩桩件件都为我，葬送青春十八年。细思量，我若认下玉蝉亲，我难以把姐当成妻；我若与世妹结姻缘，怎对姐姐恩情大如天。罢，世妹呀，玉蝉捆束姐姐也捆束了我，恕梦霞失信有口难言。

这段唱词回忆往事，姐姐恩情大如天，自己岂能负义毁婚约；遥想日后，姐弟亲情岂能代替夫妻情义。一边是恩重如山的义姐，一边是心心相印的情妹，何去何从，这个意气峥嵘的天子门生陷入了痛苦的抉择之中。虽然他最后做出了不负芳儿的决定，但这一决定又是多么的痛彻心扉，那是以他的青春和对另一个青春女性的辜负为代价的啊！这段心理描写，把一个同样饱受封建族权折磨、秉性良善的青年男子的两难心理传神地表达了出来。这让观众在感同身受的同时，不仅激起对梦霞、碧芸和芳儿的同情，也更加憎恨那摧残生命、禁锢人性的封建宗法制。

胡芝风为王锦文导演甬剧《双玉蝉》

可以说，甬剧《双玉蝉》的感人魅力，很大程度上来源于它对人物心理的细致揣摩。无论是主要人物，还是次要人物，胡芝风都不放过任何可能演绎人物细微情感波澜的空间，尽可能通过或正面直抒或侧面烘托的不同手法，把每个人物的特殊境遇、别样心态都曲曲如绘地表达出来。

总而言之，从上述故事情节的详略处理、人物形象的重新定位、人物心理的多维描写，可以看出，甬剧《双玉蝉》的成功，与它确定了符合当代审美精神的主题、设置了与主题相应的疏密有致的情节、塑造了内心活动丰富多变的人物形象等，是密不可分的。当然，甬剧《双玉蝉》对唱词可舞性的重视、对规定情境的形象表现、对戏剧意境的意象化处理等，也都赋予了这个"老故事"别具一格的独特魅力。这些都是值得借鉴的创作经验。


## 五、越剧《杜十娘》：可叹烟花多薄命，堂堂正正做人难

发表于 2003 年的越剧《杜十娘》，是胡芝风根据传统梆子戏改编的一个折子戏。这折戏虽然短小，却首尾完整、跌宕起伏、情趣盎然，使一个痛斥负心、刚强自尊的女性形象跃然纸上，具有强烈的感染力。下面从情节安排、节奏变化、语言特点等方面简析之。

首先，在情节安排上，注意故事来龙去脉的完整性。胡芝风在《戏曲艺术二度创作论》中曾写道："无论长剧或短剧，或整出戏中的某一折折子戏，内容都要求相对完整，由于折子戏常常没有'头'，使观众打着问号看戏，影响审美。所以，要想办法通过剧中人的念或唱把故事的'前因'对观众介绍清楚，有利于观众集中思想投入审美。"[①]折子戏由于篇幅有限，重视对高潮场面的营构，对故事的起因、发展等详细过程则不容面面俱到，但观众又偏爱有头有尾的完整故事，所以，深谙戏曲观众欣赏心理的改编者，在这折戏的开头，不忘对故事的"前因"简单回溯：

---

① 胡芝风.戏曲艺术二度创作论［M］.北京：中国戏剧出版社，2000：57.

　　　　自从跳出烟花院，犹如地狱回人间；不堪回首青楼泪，幸
　　遇李郎情缠绵；多年凤愿未空想，天从人愿结良缘；春风拂船
　　回家转，堂堂正正安度年。①

　　这几句唱词，通过对往事的回忆，三言两语就把杜十娘多年忍辱偷
生的卖笑生涯，和幸与李郎定情从良的前情交代得清清楚楚。这样一
来，既使得不太熟悉杜十娘以往历史的观众对刚出场的人物有了一个大
致的了解，容易拉近观众与人物的心理距离；同时也为后面即将到来的
高潮做了铺垫。

　　折子戏不仅要"有头"，还要"有尾"。收尾要有余韵，恰如李渔
所言："收场一出，即勾魂摄魄之具，使人看过数日，而犹觉声音在耳，
情形在目者，全亏此出撒娇，作'临去秋波那一转'也。"②李渔此话主
要是针对长篇传奇的结尾"大收煞"而言，对于单独演出的折子戏亦
然。胡芝风是极为重视每场戏的结尾的，即便是折子戏，也要尽量做到
余音袅袅。比如《杜十娘》的结尾，在杜十娘抱箱投江后，胡芝风增加
了伴唱"远望故乡地，魂归离恨天"，和一段舞台提示："伴唱声中出现
水绸，与杜十娘共舞，杜十娘淹入水中"。这里，上下翻飞的水绸，与
杜十娘随波漂荡的身姿融为一体，令人感叹，让人扼腕！给观众留下了
绵绵不绝的不尽思绪。

　　这样，有头有尾，使得情节既精炼，又相对完整，这是折子戏《杜
十娘》引人入胜的法宝之一。

　　其次，是剧本节奏起伏跌宕，变化有致。戏要扣人心弦，就不能从
头到尾一道汤，呆板乏味的情感节奏只能惹人生厌、令人唾弃。只有喜
怒哀乐，浓淡相宜，才可能耐人寻味、引人深思。恰如李渔的经验之
谈："务使一折之中，七情俱备，始为到底不懈之笔，愈远愈大之才。"③
越剧《杜十娘》深谙此理，把杜十娘从欢快到忧虑、从猜疑到震惊、从
希望到失望、从悲愤到绝望的心理，如层层剥笋般，娓娓道来。

---

① 胡芝风.杜十娘［J］.戏文,2003(5).以下所引剧本《杜十娘》中的引文，全出自此。
② 李渔.闲情偶寄［M］.杭州：浙江古籍出版社，1985：58.
③ 同上。

剧本开场时，杜十娘在一个风平浪静、月明星稀的傍晚，翩然现身于船舱之上。此时，她的心情是平和欢愉的，辛酸往事已成追忆，对来日殷勤侍奉公婆，姑嫂妯娌一派和睦、其乐融融的幸福憧憬，让她"想到此喜不尽"。只是"天色已暗，李郎为何不回转"，隐隐的担忧给薄暮中的杜十娘增添了一份怅惘和迷离。观众的心情也随之收紧。

终于，李甲的回归让牵挂不已的杜十娘稍稍释怀；但李甲的闷闷不乐，又让她心生疑虑。紧接着，是杜十娘一连串的追问：

> 莫非身体不爽？
>
> 莫非他提起家中有事？
>
> 莫非二老爹娘身体欠安吗？
>
> 莫非你是为了为妻我吗？
>
> 莫非你担心为妻不懂家中礼仪？
>
> 莫非你是担心家道一旦有变，为妻难忍清贫之苦？
>
> 莫非你是担心二老爹娘嫌我出身低微，不肯收留于我？

透过这声声追问，我们看到的是杜十娘的温存、体贴、孝顺和大度。李甲却一直闪烁其词、欲言又止。这样一来，杜十娘的疑虑就被逐渐放大到最大化的地步，观众的胃口也被吊到极致，面对这样通情达理、深明大义的贤妻，李甲还有什么难言之隐呢？

所以，当李甲吞吞吐吐地说出已将十娘卖给孙富时，对于杜十娘来说，不啻晴天霹雳："听他言只觉得天旋地倾，好一似冷水浇头怀抱冰；实指望觅知音相依为命，却不料美好梦想化烟尘。"此时，杜十娘内心的震惊是难以言表的，以至于她起初怀疑李甲所说只是酒后戏言，只是当李甲说出正是因为她，自己才落得个不忠不孝的罪名这番话后，她才真正寒心。剧本把杜十娘这一刻内心从猜疑到震惊，从一线希望到彻底失望的心理波澜，起伏有致地呈现在读者面前。

从一开始的满腔热忱，到此时的寒心无言，剧本的情感节奏来了个180度的大转弯。接下来的杜十娘又会如何表现呢？——出奇的冷静，让我们看到了一片在风尘岁月中历练多年的无比强大的内心。试看，杜十娘甚至在静思细想之后还心存幻想：

> 想李郎功名未遂，银两花尽，难对堂上二老爹娘，故而中了孙富奸计。想我在院中之时，瞒着鸨儿，细心积攒，存下金银珠宝，我何不对李郎言明，免得他为了钱财担忧，但愿他能回心转意。

但这点肥皂泡似的幻想，马上就被李甲一句"想我乃布政世家，岂能容得你这个烟花女子"的呓语给打破了。这句梦呓让杜十娘彻底看清了残酷的现实：她的命运不是金钱问题可以改变的，而是森严的封建等级制度早就决定的。杜十娘的内心再次掀起了狂风巨浪，面对苍茫大地，自己却无处容身的悲凉和愤怒，终于让杜十娘选择了以怀抱百宝箱自投长江的烈举，来表达她对负心儿郎和无义小人的强烈谴责：

> 恨李甲负心汉，枉读诗书将我叛；天良丧尽将我卖，言而无信无义男；骂孙富厚颜又无耻，枉披人皮兽心肝；任凭你甜言蜜语来哄骗，纵然一死不上你贼船！

这种决绝，这种怒斥，绝不同于霍小玉"我为女子，薄命如斯！君是丈夫，负心若此"式的幽怨，而是以古代女子所能有的最强烈的反抗形式，给了我们一种壮美的感受。

至此，人物的感情几经跌宕，几番起伏，最终在杜十娘的纵身一跃中，达到了最高潮。从欢快平和，到震惊失望，再到悲愤激越，正是这样一波三折的节奏变化，赋予了剧本一种扣人心弦的魅力，增强了故事的感染力。

第三，语言凝练传情，着力营造意境。戏曲是一门侧重抒情的艺术，它虽然也要讲故事，但中华民族强大的抒情文学传统，却使它天然地带上了一层浓郁的情感色彩，这具体体现在曲词的抒情性上。胡芝风一向快人快语、雷厉风行，她的剧作也如其本人一样，简洁明快、通俗易懂；但简洁不是肤浅，通俗不是媚俗，《杜十娘》就让我们领略到了一种精心萃取后的凝练传情之美和隽永传神的意境之美，颇得明末王骥德所提倡的"浅深、浓淡、雅俗"之间的当行之道。

比如杜十娘初登场时所念：

> 月影水悬，天已黄昏；船泊瓜洲，巧遇乡里；李郎赴约，整日未归；好让我惦念啊！

寥寥数语，就营造了一派月悬高空、水天一色、薄暮逼近的静谧气氛。在这貌似宁静平和的氛围中，暗涌的却是杜十娘焦灼、忧虑的心怀，这里的"惦念"一词既传达了人物此时的内心情绪，也是一个小小的悬念，把人逐渐引入预设的戏剧情境中。

又如对于杜十娘在无意中听到李甲梦呓后的震惊和悲愤，剧本是这样描写的：

> 李甲他梦中呓令我猛省，犹如钢刀刺我心胸；曾奢望做夫妻堂堂正正，到头来镜花水月竟是空；纵倾滔天长江水，难将烟花名声来洗冲；苍茫大地无穷尽，无处立锥身难容。

一直盼着从良向善、重新做人，对正常人的夫妻生活充满无限向往的杜十娘，在听到曾对她海誓山盟、甜言蜜语的李甲亲口说出如此鄙视其人格的鄙薄之语的时候，内心该是怎样的剧痛！心性高傲如她，自尊自强如她，如何承受得起这座刹那间轰然倒塌的信念之塔？这里，用"犹如钢刀刺我心胸"和"纵倾滔天长江水"两个形象的比喻，把十娘此时此刻的心痛和激愤，入木三分地传达了出来。

当然，仅如此，似乎还不足以让人物畅舒情怀。剧本又宕开一笔，借写遗书，让人物转入舒缓、忧伤的回忆之中：

> 月黑风高波涛响，字未成行泪成行；家住在绍兴府杜家庄上，二高堂早亡故我卖身葬爹娘；学会了琴棋书画弹与唱，将杜薇改名杜十娘；忍辱吞声在院中；一心从良怀希望；只怨我

有眼无珠择夫不当，将终身托李甲负心儿郎；来至在瓜洲地他
把良心丧，那孙富设计霸占我十娘；可怜我孤苦伶仃生无望，
怀抱着百宝箱投长江；倘有人将我打捞上，箱内宝当谢礼权作
报偿。

对苦难身世的追忆是简洁的，但在月黑风高、波涛怒响的环境衬托
下，命运的多舛、弱女的无助、对择夫不当的自责、对负心小人的痛
斥，却在字里行间弥漫开来，最终汇聚成一道无形的力量，把杜十娘一
步步推向深渊，而读者也在无形中，为杜十娘不惜用生命祭奠的人性尊
严，深深地感动着。

胡芝风不仅善于用文字传达人物内心情感的细微变化，还善于借
文字营造适宜的氛围，烘托人物的感情。如杜十娘在投江之前的绝唱：
"杜十娘我好恨哪！心在滴血把苍天怨，霎时间狂风起，满江怒涛浪翻
旋。"这里，借乍起的狂风和怒吼的波涛，把人物的冲天怨气，抒发到
极致。杜十娘的冤屈在人间难以洗雪，却被大自然以突变的天象警示着
人们：这个高贵的灵魂受到的待遇是不公正的，人们终将为此付出代
价！果然，李甲、孙富的船只在狂风巨浪中摇摇欲坠……而"远望故乡
地，魂归离恨天"的伴唱，更是让这种无边的遗恨，如滚滚长江东逝
水，不绝如缕，意蕴绵绵。

总之，简洁精练、重在传情和营造意境的语言，使得《杜十娘》这
出折子戏能使观众保持长久的兴味。

除了上述情节、节奏、语言等方面的成功经验外，越剧《杜十娘》
的成功和它对传统主题的重新演绎、人物形象的重新定位等（后文另有
论述），也是密不可分的。它不愧是胡芝风改编折子戏的一次成功尝试。

以上，本章选取了或以胡芝风为主导，或由其直接改编创作的京
剧《李慧娘》、京剧《百花公主》、京剧《灰阑记》、甬剧《双玉蝉》、越
剧《杜十娘》等五个剧本，对胡芝风的戏曲剧本改编生涯，做了一些简
单的梳理。由此可以看出：一、在整理我们的民族遗产时，胡芝风的思
想是活跃而大胆的，对于剧本主题与时代趣味的勾连，人物形象与当代

审美的对接，情节结构与观众欣赏的呼应等，都尽可能按照时代情境的需要去作当下化的处理；二、由于对剧本的重新构思符合戏曲舞台艺术的创作规律，使得这些剧本都堪称适宜舞台演出的"场上之作"，而非纯为"炫奇""夺目"之作。戏曲剧本的创作，不同于其他单纯的文学创作，要求创作者具备一种超前的预见意识，即自己的文学语言将来便于转化为行动性的舞台语言。当然，这个转化工作还需要戏曲导演的再创造，由于胡芝风有着丰富的表导演创作经验，使得她在改编剧本的同时，能够时刻考虑到舞台演出的需要，对剧本的主题、人物、情节、细节、场面、心理、氛围等，作出恰如其分的设计，为戏曲剧本的写作提供了一个模仿的范本。通观以上五个剧本的改编，可以说，它们基本上达到了胡芝风对戏曲剧本创作提出的要求："剧本节奏流畅，人物性格鲜明，结构严谨，情节动人，思想内容有意趣，既能给人以思想启迪，又能给人以美的感受。"① 这些是值得戏曲编剧们认真学习和借鉴的。

---

① 胡芝风. 戏曲舞台艺术创作规律［M］. 北京：文化艺术出版社，2005：4.

# 第三章  艺术的享受——导演生涯

如果说在 20 世纪的 70 年代末、80 年代初，胡芝风以锐意革新、誉满寰宇的京剧《李慧娘》创造了梨园界的"传奇"的话；那么，在因为不慎腰伤而息影舞台，进而于 1985 年进入中国艺术研究院戏曲理论研究班深造以后，在十几年的时间里，胡芝风陆续指导、培养了十多位获得"梅花奖"的戏曲演员，则堪称当代戏曲界的"神话"。

"宝剑锋从磨砺出，梅花香自苦寒来"——作为对戏剧演员为艺术而不懈奋斗、不断进取的褒扬的梅花奖，既被誉为中国戏剧演员的最高奖，又是当代中国戏剧事业得以繁荣发展的重要鞭策和鼓励。其评奖覆盖地域遍及大陆、香港、台湾，剧种范围涉及戏曲、话剧、歌剧、音乐剧等，评奖标准不仅要看艺术成就，还要看艺人品德，因此，一个戏曲演员，尤其是青年戏曲演员，欲要夺得"梅花奖"，实属不易。

那么，胡芝风辅导过的演员，何以能够一而再、再而三地"夺梅摘冠"？其"法宝"何在？

时下爱言"现象"，我们也不妨将此情况称为"胡芝风现象"。"胡芝风现象"不仅是导演才能、艺术修养、综合水平的象征，而且在更深层次上，还代表了一种坚定的意志力，一种坚定不移地维护民族优秀传统，矢志不渝地传承民族优秀戏曲文化的鞠躬尽瘁、无私奉献的精神。

要解析这一"现象"，还是先从胡芝风的"导戏三目标"说起吧。

胡芝风在不同的场合，曾多次坦言，自己导戏有三大追求："一是提高演员和剧团的表演艺术水平，二是能得到广大观众的欢迎，三是希望剧目能留下来，成为传承表演的教材。"[①] 她把导戏看做自己舞台生命

---

① 胡芝风.艺海风帆——我的艺术道路［M］.香港：中国国学出版社，2009：173.类似的观点也出现在胡芝风的专著《戏曲舞台艺术创作规律》（北京：文化艺术出版社，2005：277）和作者对胡芝风的多次采访中。

的延续。对于导演费，从来都不在乎，她说："钱不重要。只要戏导好了，我就比什么都高兴。"①尤其是对于那些小剧团，她更是表现出难得的体谅："小剧团往往是为基层老百姓演出最多、最艰苦的。""如果剧本使我有所感触，以及预感可以发挥舞台表演，即使再小的剧团，我也会很高兴去排。"②也许，其中流露的不仅是她的淡泊名利，更是她在苏州京剧团二十多年的风霜雨雪、筚路蓝缕中积淀的对民族戏曲最深沉的感情。

秉承着这样的理念，从京剧、豫剧、粤剧、评剧、晋剧、河北梆子、越剧，到甬剧、雁剧、花鼓戏等，胡芝风为大大小小十多个剧种导演了几十出戏。其中有 12 位主演（分别是王艺华、袁淑梅、卓佩丽、许荷英、李萍、曾昭娟、苗文华、刘莉莎、艾金梅、王洪玲、王杭娟、李玉梅），经由胡芝风的指导，获得了中国戏剧"梅花奖"的殊荣。此外，胡芝风在 1986 年为时在江西省赣剧团的涂玲慧加工排了《送饭斩娥》《夜梦冠带》，1991 年为江苏省江苏梆子剧团的张虹加工了《打神告庙》等剧目，她们分别荣获了第四届和第九届梅花奖，这和胡芝风的指导也是密不可分的。如今，胡芝风的足迹依然遍布世界各地，为传承中华民族的优秀文化而奔走呼号。下面择其要者，来看看这位被誉为"为民族戏曲而生"的"传奇"艺术家的导戏生涯吧！


## 一、话剧《高加索灰阑记》：戏曲化与现代化的交汇

1986 年——胡芝风正以她全部的生命热情投入到中国艺术研究院"戏曲理论研究班"学习的第二年，在炎炎夏日一个"偶然"的场合，她"邂逅"了中国青年艺术剧院的著名女导演——陈颙。快人快语的陈颙对胡芝风发出了诚挚的邀请："去年我排演的《高加索灰阑记》，今年冬天要到香港参加国际布莱希特学术讨论会，9 月份开始重新排练，我

---

① 引自 2012 年 1 月 11 日作者对胡芝风的采访。
② 胡芝风. 艺海风帆——我的艺术道路［M］. 香港：中国国学出版社，2009：173-174.

想请你来做我的戏曲表演指导。"①

尽管当时课业繁重，但胡芝风还是慨然应允。那段日子，她常常是上午在学校认真听课，专心做笔记；下午则顶着炎炎烈日，骑着自行车，到位于东单的青艺剧场排戏。由此，胡芝风叩响了她"弃艺从学"后的另一方人生舞台——导演世界的大门。

虽然，胡芝风此次参加排练话剧《高加索灰阑记》的活动，曾被当年《北京晚报》的记者称为"客串"，但通过这次"客串"，却给了胡芝风传承和发扬中华民族戏曲艺术莫大的信心和鼓舞。这一切皆源于一接到"任务"，胡芝风就开始认真准备了。

首先，在理论上澄清认识。布莱希特的演剧体系虽深受中国戏曲美学的影响，但西方话剧与我国戏曲的美学原则却判然有别。布莱希特堪称是"当年在莫斯科观看梅兰芳演出的西方戏剧家中，对梅兰芳所代表的中国戏曲艺术的审美特征论述得最为独特和全面的"②，他在 1936 年曾发表了著名的戏剧论文《中国戏剧表演艺术中的陌生化效果》。他认为："中国戏曲演员的表演，除了围绕他的三堵墙外，并不存在第四堵墙。"③这种"背离了欧洲舞台上的一种特定的幻觉"④，并且迥异于欧洲舞台上戏剧演员"当众孤独"的陌生化的效果，正是布莱希特所心仪并付之于他的戏剧实践中的。但认为中国戏曲演员"登上舞台出现在我们面前的时候，他创造的形象已经完成"⑤，即戏曲表演不是体验式的表现，而仅仅是"展示式的呈现"⑥，则不尽合理。戏曲艺术虽重在表演，但绝不是一种纯粹的形式美的"展览"，它同样需要演员在体验中表现角色。只是这种"表现"，几百年来已经逐渐形成了自己一套特殊的表演语汇。戏曲演员正是借此与观众大胆地交流，并使人物的内心活动在观众视觉中得到强调。

所以，如何把戏曲的"表演语汇"，恰到好处地融入布莱希特从我

---

① 胡芝风.艺海风帆——我的艺术道路［M］.香港：中国国学出版社，2009：159.
② 邹元江.中西戏剧审美陌生化思维研究［M］.北京：人民出版社，2009：15.
③ 布莱希特著，丁扬忠等译.布莱希特论戏剧［M］.北京：中国戏剧出版社，1990：192.
④ 同上.
⑤ 布莱希特著，丁扬忠等译.布莱希特论戏剧［M］.北京：中国戏剧出版社，1990：197.
⑥ 邹元江.中西戏剧审美陌生化思维研究［M］.北京：人民出版社，2009：20.

国元杂剧改编而来的话剧《高加索灰阑记》中，而不是生硬的叠加，就是摆在胡芝风面前的首要难题。为此，她不仅仔细聆听并反复揣摩了中央戏剧学院丁扬忠教授关于布莱希特戏剧理论的讲座，还认真翻阅了元人李行道的杂剧《包待制智勘灰阑记》和布莱希特据此改编的话剧《高加索灰阑记》，仔细对比了二者在创作主旨、叙事结构、场次安排、时空处理等方面的异同。

其次，在排练实践中，加强话剧演员的剧场意识和表演技巧的训练。胡芝风曾经全面地总结了她在话剧《高加索灰阑记》中，借鉴的四种戏曲艺术的表现方法：

一是充分考虑舞台艺术的剧场性和观众的审美期待，用戏曲表演的"拎神""夸张""停顿""由此及彼"等方法与观众交流，给观众留出适当的联想、想象空间，尽量使创作主体与欣赏主体的审美理解和审美判断趋于一致。在这方面，与广大民众有着与生俱来的亲密关系的戏曲艺术，几百年来，积累了大量争取观众、适应观众的表演方法。话剧《高加索灰阑记》很好地借鉴了这些方法，进一步打破了"第四堵墙"，避免了演员"当众孤独"的处境，以一种崭新的手段实现了布莱希特"陌生化"的创作初衷。

譬如主人公格鲁雪冒充贵妇人搭乘两个真正的贵妇人的马车时，言语间不小心露出了脚上穿的破鞋子，为了表现人物的尴尬处境，胡芝风要求演员在缩回脚的同时，面部转向观众，嘟嘴、直视、愣神，并浅吸一口气，伴随着内心独白"哟，糟了"，再偷瞟一眼身旁的贵妇人，向她们装出一副笑容。通过这一"拎神"的表演，观众清楚直观地看到了格鲁雪一瞬间的细微情感变化。

又如，为了表现格鲁雪追赶被铁甲兵抢走的婴儿时的焦急万分，胡芝风为人物设计了这样的动作：一边抓住挡着去路的枪杆，一边踮起脚，探身、抬头，向孩子被抢走的方向眺望，同时，头部带动身体作较大幅度地左右摇摆。通过这种形体动作的适当夸张，人物内心的急切和焦灼立刻栩栩如生地展现在了观众面前。

再如，格鲁雪起初误以为法官受贿，遂愤怒地斥责法官，法官便故意气她道："难道说我接受过你什么东西吗？"为表现人物此时的愤慨，胡芝风要求演员不要马上冲着法官发火叫嚷，而是猛回头两眼怒视法官，同时吸气"停顿"，再冲法官大声驳斥："那是我什么也没有！"通过这一"停顿"节奏的运用，既形象地再现了格鲁雪一时气极语塞的特定情境，又给了观众一定的心理准备，使其能集中精力观看格鲁雪如何回击法官。

由于上述戏曲表演方法的合理运用，话剧《高加索灰阑记》在把握和适应观众的审美心理方面获得了极佳的表演效果。

二是根据戏曲创造身段的艺术规律，用富有表现力的形体动作艺术地反映生活。胡芝风在话剧《高加索灰阑记》中采用了"虚拟""状情""取象""状形"等戏曲创造动作的艺术方法来能动地反映人物特定的生活面貌。

布莱希特与斯坦尼斯拉夫斯基虽然在戏剧观上分道扬镳，如斯坦尼斯拉夫斯基强调戏剧的创作者必须忠实于生活本来的面貌，要求演员彻底认同角色，并毕其一生与所谓剧场性的做戏手法进行了顽强的斗争；而布莱希特则积极倡导要打破传统戏剧带给人们的生活幻觉，认为戏剧不再是对现实的简单摹仿，不再是制造生活幻觉，演员与角色之间是"间离"的，并毕其一生从事着所谓打破舞台上的"第四堵墙"的事业。但由于二者都是在西方文化的摇篮中孕育的，所以在艺术方法上，都遵循着摹仿生活的再现原则，演员在舞台上的一举一动、一颦一叹都以酷似生活为最高宗旨。

戏曲艺术则不同，由于受到我国古代"观物取象"和"立象尽意"的美学传统的影响，它善于从广阔的社会生活中提炼丰富生动的形象，以拓宽表现现实生活的广度和深度；它既"以再现性的舞台行动为基础，又用表现性的舞台动作体现自己的舞台行动"[①]，创造了一种"再现基础上的表现"的特殊方法。

在《高加索灰阑记》中，胡芝风就根据剧情发展和人物性格的需要，借鉴了戏曲的一些富于诗韵化、舞蹈化的表演动作。如为了增强格鲁雪抱着婴儿跋山涉水、穿越冰川、走独木桥等虚拟动作的表现力，胡

---

① 沈达人.戏曲意象论［M］.北京：文化艺术出版社，1995：90.

芝风化用了戏曲的碎步、搓步、滑步、鹞子翻身等步法身段，既表现了人物逃避追兵的紧张情势，还赋予外部动作以动态的舞蹈美。

又如格鲁雪的情人问她"姑娘是否健康，像水里的鱼"时，让演员边说边用右手比画游鱼摆尾的动作；格鲁雪的哥哥问她屋里是否有老鼠的同时，把双手提到胸前，五指撮起，比画老鼠的形状，以示他想用幽默的动作来宽解格鲁雪和他自己的困境。这些借鉴了戏曲"取象""状形"的创造动作的方法，既外化了台词的内容，又使人物的形体动作富于装饰美，也间接地表现了人物的精神气质和思想感情。

即使是一些直接表现生活情状的"实拟"动作，如整冠、提衣、喝酒、购物等，胡芝风也尽量化用戏曲手眼身步法的表演方法，尽量把美化后的动作融入到角色的体验之中。如总督被叛军押下时的横搓步、建筑师溜走时的撩袍动作、强盗用披风遮脸喝酒的动作、格鲁雪买牛奶时讨价还价的姿态等，因为带有一定的夸张性、装饰性、节奏性，使动作富有很强的表现力，艺术地再现了生活。

三是用戏曲的发声方法和念词技巧，帮助演员提高台词的清晰度，增加音韵的旋律美。戏曲舞台上的唱念都要与表演动作紧密配合，协同塑造出有血有肉的艺术形象。它是不同于生活语言的富于节奏性、韵律性的艺术语言。戏曲有着自己独特的发声方法和念词程式。如吐字必须清晰，字的头、腹、尾的发音都要到位，字头讲究"喷口"，收音讲究"归韵"，声音讲究高低抑扬、缓急顿挫；字要有乐、有韵，声要有字有情，达到"字正腔圆"等。

我国三百多个剧种在用嗓、发声、音域上都各有自己的特色。像京剧的念白就"必须充分运用、发挥和强调表现汉字字音结构中各种因素的特点：声（五音：喉、牙、舌、齿、唇，五个口腔发音部位所发出的不同声音）、调（五声：阴平、阳平、上声、去声、入声）、韵（四呼：开、齐、合、撮，四种控制收韵部位的不同口型），还有反切法的运用（汉字的组成因素分为字头、字腹、字尾，读时先将字头、字腹、字尾剖念清晰，然后将头、腹、尾有机地拼念成为一个完整的字音），才能使每个字音在发（音）、放（调）、收（韵）的过程中，以及在字与字、词与词、句与句的连接配置的过程中，组构成谐和的韵律和节奏。"①

胡芝风在为《高加索灰阑记》排练时，充分借鉴了戏曲的发声原理。对一些以唇音、齿音、舌音为字头的字，如"要不要迂回这里"中的"不"字、"再不曾有过什么"的"曾"字、"姑娘没去做礼拜"的"礼"字的字头"B、C、L"等，用戏曲的吐字方法，使字音清晰、字义鲜明。

还运用对比的方法，把字意的轻重、缓急、连断等有节奏地念出来，如"我那当兵的快回来了"中的"当兵"二字，扬"兵"而抑"当"；"我们还没到这一步呢"中的"没到"二字，扬"没"而抑"到"，使语词错落有致、抑扬顿挫。又如"要说宰鹅么，我倒还在行"的后半句台词，如连成一口气念，便难以听清，所以，胡芝风要求演员把它念成"我倒（稍断）还（稍延长）在行"，这样一来强调了"在行"二字，便能字真义切，便于观众听清。再如格鲁雪对法官说"我已经结婚了"（这是一句对格鲁雪来说非常心痛的话）这句话，胡芝风要求演员在念完"我已经"三字后，似断非断地放慢速度，用低调门接着念出"结婚了"三字，这样就准确地传达了人物的复杂心绪，这也正暗合了场上案头兼擅的戏曲理论家李渔在《闲情偶寄》中的经验之谈：场上说白，忌"当断处不断，反至不当断处而忽断。当联处不联，忽至不当联处而反联者"②。通过上述对戏曲发声技巧的借鉴，不仅使《高加索灰阑记》的舞台语汇更加优美传神，而且还提高了演员的表演水平。

四是用"剖象化"的艺术手段揭示人物的内心世界，把它变成可视的直观形象，传递给观众。所谓"剖象"，就是"在表演上，调动泛美（唱、念、做、打、扮）的艺术语汇，把人物的内心世界'解剖'开来，通过诗美、吟诵美、舞蹈美、雕塑美、绘画美和器乐美，把他的性格特征、内心隐秘，有声有色、绘形绘声地唱出来、说出来、写出来、画出来和通过器乐参与形象塑造把它打出来，实现舞台形象内心世界的视象化、叙述化和外部特征的特写化，对人物的灵魂进行主观剖析式的

---

① 吴同宾，蔡莉.京剧念白艺术阐微［C］//蒋锡武.艺坛（第二卷）.武汉：武汉出版社，2002：99.

② 李渔.闲情偶寄［M］.西安：陕西人民出版社，1998：74.

艺术描写和内心世界的直观表现。"① 剖象是戏曲表演的重要的美学特征之一。较之话剧艺术的"内心独白"，戏曲艺术"剖象化"的艺术方法能更深入地直达人物的内心。《高加索灰阑记》就借鉴了戏曲"剖象化"的种种手段来揭示人物独特的精神风貌、心态情致。

　　如格鲁雪在逃离总督府的紧急时刻，突然发现被总督夫人遗弃的婴儿，内心极其矛盾，胡芝风为演员设计了快步、轻步、慢步先后三种不同节奏的步伐走近婴儿，从而放大了人物一瞬间是否要捡起孩子的斗争激烈的思想活动。又如格鲁雪发现放在门口的孩子被老夫妇抱进屋去时，自然而然地跳起舞来，这段舞蹈把格鲁雪因为婴儿有了安置，而由衷地感到高兴的精神状态，淋漓尽致地展现了出来。再如格鲁雪在冒充贵妇人时，却不善说谎，胡芝风就充分借鉴了戏曲的眼神表演，让演员一会儿凝神编造谎言，一会儿又转动眼珠偷偷瞟视两个贵妇人，把人物内心的尴尬、慌乱，绘形绘色地传达了出来。再如为表现法官在断案前的苦思冥想，胡芝风为演员增加了一个小道具的动作，用一根小木棍在指缝间下意识地来回转动，来表现人物此刻苦苦寻找良策却不得的焦急万分。

　　通过上述对人物心理时空的放大处理，以及舞蹈、眼神、道具等的合理"引进"，人物的精神风貌、心态情致得到了神妙的展示，艺术地再现了生活的真实。

　　这次参加布莱希特名著《高加索灰阑记》的加工排练，不仅加深了胡芝风对布莱希特演剧体系的深入认识，更加深了她"对中国戏曲美学思想的强大生命力的认识"②。

　　由于在剧中，胡芝风合理地运用戏曲化的艺术手段，成功地诠释了主人公勇于牺牲、无私奉献的现代精神。因此，又促使其产生了要把此剧改编、搬演到戏曲舞台上的强烈愿望。终于，在1991年瑞雪纷飞的时候，浙江省京剧团给胡芝风提供了一个能够充分发挥其艺术见解的机会——请她导演新编古装京剧《灰阑记》。冬去春来，经过精心设计、反复编排，这出戏很快在1992年春暖花开的西子湖畔，以崭新的姿态出现在热心观众的面前。是戏一出，便被杭州艺术节选为参演节目，作

① 陈幼韩. 戏曲表演艺术的心灵外化——"剖象"（上）[J]. 戏曲艺术，1993（1）：21.
② 胡芝风. 艺海风帆——我的艺术道路 [M]. 香港：中国国学出版社，2009：163.

为导演的胡芝风，也被邀请扮演主角雪娘而再现她的艺术风采，而杭州的京剧戏迷亦为技艺不减当年的胡芝风再次折腰。

之后，胡芝风还在1992年第5期的《戏文》杂志上公开发表了她改编的《灰阑记》剧本和对实践的反思——长达万言的《京剧〈灰阑记〉编导演思考》一文，文中仔细梳理了京剧《灰阑记》从剧本到导、表演的系列创作过程和宝贵经验。以理论指导实践，又以实践验证理论，可以说，只有像胡芝风这样的拥有表导演经验和理论功底的"双栖型"的艺术家，才可能实现的良性循环。

其实，从早年到苏州京剧团担任主演开始，胡芝风的导戏生涯就揭开了序幕。

当时的剧团并没有专职的导演，"每当排练新剧时，只是委派几位演员分别安排文戏的调度和武戏的开打，响排时一凑就算戏排成了"①。这种情况，在我国戏曲发展史上，并不罕见。不仅导演制度，没有得到足够的重视；就是对导演的职能，也没有清醒的认识。"中国戏曲文籍中，向来有一种缺点，只注意写文学家的活动，至于对其余的如作曲家、导演、演员，都不很注重，偶然地记一些，那真是'凤毛麟角'了。"②但无论哪一出戏的排演，总是需要有人来解释剧本内容，组织演员排练，协调各部门的分工合作等，诚如明末著名的曲论家潘之恒在其《鸾啸小品》中所言："先以名士训其义，继以词士合其调，复以通士标其式。"③这样的"人"，实际上就已经在履行导演的职能了。

在苏州京剧团，身为主演的胡芝风，就常常扮演着这种集改编、导、演于一身的角色。"为了创造完整的舞台艺术，我不能不从导演的角度，对全剧作出整体的艺术构思。"④——这种从恩师梅兰芳先生那里秉承的对舞台艺术美的执着追求，也始终浸润在胡芝风或职业或业余的导演生涯中。

回忆起那段同甘共苦的患难岁月，胡芝风总是很激动：

---

① 胡芝风.艺海风帆——我的艺术道路［M］.香港：中国国学出版社，2009：93.
② 张庚.戏曲艺术论［M］.北京：中国戏剧出版社，1980：158.
③ 潘之恒.鸾啸小品［M］//陈多，叶长海.中国历代剧论选注.上海：上海古籍出版社，2010：195.
④ 胡芝风.艺海风帆——我的艺术道路［M］.香港：中国国学出版社，2009：93.

我们团里的同志更是齐心合力，经常在一起凑戏。不管是演员，还是舞美、服装、音乐设计人员，都一起动脑子、出主意，谁的意见能得到好的效果就听谁的，并在实践中去再检验意见的正确与否。比如我们在山东演出时，一个二十多岁的年轻演员对我说："你唱完'高拨子'后的这三句散板'奸臣做事豺狼样……'还没有把李慧娘要救裴生的目的唱出来。"于是我们就一起诌了三句："定要回转人间去，搭救裴生除奸相，幽冥茫茫往前闯！"虽说不上很完美，但李慧娘行动的目的性唱出来了，符合人物、剧情的需要。①

正是这种从不居高临下、颐指气使，而是与所有的演职员一起齐心协力，并能容纳百川、虚怀若谷的精神，才铸就了京剧《李慧娘》的彪炳史册，和一个个"梅花奖"得主的辉煌业绩。

总之，从对话剧《高加索灰阑记》的出色指导，到后来自编自导自演的京剧《灰阑记》的成功，对胡芝风来说，都不是偶然的，这些既是她二十多年的舞台经验孕育的果实，更是她攀登戏曲理论研究高峰的结晶。她以自己的实际行动为戏曲艺术提供了一个"从实践到理论再到实践"的良性循环的榜样。


## 二、赣剧《送饭斩娥》：技与情的交融

1986 年 11 月 20 日至 25 日，为了纪念我国明代伟大的戏剧家汤显祖逝世 370 周年，中华人民共和国文化部、中国戏剧家协会、中国艺术研究院、江西省文化厅在北京联合举办了隆重的纪念、演出活动。仅20 日上午，于全国政协礼堂三楼大厅举行的开幕式上，首都文化艺术界的人士及专程前来参加这次活动的各地代表就有五百余人。江西赣剧

---

① 胡芝风.要适应今天观众的"心气"[J].中国戏剧，1981（2）：18.

团也参加了此次纪念汤显祖的演出活动。

开幕式后，江西赣剧团的团长石慰慈、编剧黄文锡和赣剧新秀涂玲慧一道特意拜访了胡芝风，想请其帮忙加工排练涂玲慧主演的《送饭斩娥》。但当时胡芝风正在中国艺术研究院深造，功课异常繁忙，课余还要观摩汤显祖的纪念演出，所以一开始颇有些为难。后来经不住涂玲慧的再三请求，又被她的诚心求学所感动，便应承了下来。

接下来就是紧锣密鼓地排练了。开始几天，是在晚上看完戏后，从九点半一直排到将近十二点；后来由于时间紧张，胡芝风干脆放弃了宝贵的观摩机会，除了听课，就是排戏。逢到星期天，就整天排，从早上八点一直排到晚上九点多，甚至午饭和晚饭都是简单的快餐面，即便这样，胡芝风却依然"感到乐在其中"①。

《送饭斩娥》是赣剧青阳腔的一个传统折子戏，系黄文锡根据元杂剧《窦娥冤》和明传奇《金锁记》改编而来，表现蔡婆探监送饭、窦娥法场被斩的一段故事。作为传统的折子戏，《送饭斩娥》积累了丰富的程式语汇；在这场戏中，也确有不少可以出情的地方，如何避免单纯地卖弄技巧和情感的过度释放，使得程式的间离性和传神的幻觉感完美融合，就成为摆在导演胡芝风和主演涂玲慧面前的一大难题。

于是，为适应角色的个性，胡芝风对剧中一些表演程式作了相应的调整。如把窦娥被押赴刑场过程中的"顿步"，加工为上身略向前倾，前脚重后脚轻，以表现人物因双脚戴镣而移动艰难。又如在表演"肘丝僵尸"的技巧前，脚步和身体要求左右摇晃，以表现人物因极度的悲愤而头晕目眩，以致体力不支而颓然倒地。这样，让演员的"绝技"与角色的情感水乳交融，给人更加强烈的艺术震撼力。涂玲慧在后来所写的一篇关于演出《送饭斩娥》的体会的文章中，也深刻认识到了这一点：

> "'情'是'真情'，'技'也就成了'活技'；反之，离'情'之'技'，不是'火花'，只是无生命的'纸花'；不是'戏技'，只是'杂耍'，不能真正体现戏曲的魅力。"②

---

① 胡芝风.艺海风帆——我的艺术道路[M].香港：中国国学出版社，2009：166.
② 涂玲慧.以情带技 以技传情——我演《送饭斩娥》[J].上海戏剧，1993（2）：31.

但是，对"情"的渲染，又不能过度。例如窦娥在刑场上置疑天地不公的一大段唱腔、面对昏官梼杌的冷笑、悲痛欲绝的哭泣等，涂玲慧原来的表演虽有激情，但由于把生活真实直接搬上舞台，艺术效果适得其反，显得不够真实。如何把生活中的真情实感传神地转化为艺术的真情实感，这就需要深刻体验人物的内心世界，把人物的情感变成一种技术性的情感。就像阿甲先生所说：

　　"传神的幻觉感，就是把深入微妙的心理体验和具有高度技术的形体表演熔铸一体，通过歌舞程式的间离获得创作的自由，这种强烈的感染力使观众既欣赏而又激动人心。"①

胡芝风结合自己多年的实践，向涂玲慧讲述了戏曲演员创造角色的特殊方法，使她意识到"戏曲舞台上的激情表演，必须是美与真的统一"②。对于这些不足之处，勤奋的涂玲慧都一一虚心接受，并及时改动。

经过大家的齐心努力，赣剧《送饭斩娥》终于迎来了她在人民剧场的首场成功演出。而主演涂玲慧也因此引起了首都戏曲界的注意，随后又接到通知参加 1986 年梅花奖的推荐演出。于是，胡芝风又抓紧时间夜以继日地为她排练另一个折子戏《夜梦冠带》……

最终，作为梅花奖的推荐演出，《送饭斩娥》和《夜梦冠带》都获得了令人欣慰的艺术效果。而辛勤的汗水也终于换来了沉甸甸的果实——在 1987 年 4 月，涂玲慧捧回了第四届"梅花奖"的奖杯。

虽然，台前光芒四射的是戏曲新秀的笑脸，但幕后甘为人梯的胡芝风同样感到由衷地喜悦。在中国艺术研究院学习期间的这段艺术经历，不仅成为胡芝风人生的一段美好回忆，也预示了她导戏生涯的灿烂前景。

---

① 阿甲. 戏曲表演规律再探 [M]. 北京：中国戏剧出版社，1990：172.
② 胡芝风. 艺海风帆——我的艺术道路 [M]. 香港：中国国学出版社，2009：167.

## 三、蒲剧《黄鹤楼》《周仁哭坟》《寇老西升堂》：
## 精妙传神、别具一格

1993 年 11 月下旬，山西省运城地区蒲剧团演员王艺华在北京举办了个人折子戏专场演出。他分别扮演了《黄鹤楼》中的周瑜、《周仁哭坟》中的周仁、《寇老西升堂》中的寇准，成功地塑造了三个性格各异的人物，博得了首都广大观众和戏剧研究者的一致好评，并由此摘取了第十一届中国戏剧"梅花奖"的桂冠。

这项殊荣的获得与胡芝风的精心指导是密不可分的。在排练中，两人密切配合，力求在继承传统的基础上演出新意，对这台剧目的情节、表演、调度等都做了较大幅度的调整和加工，终于使这几个传统老戏在京城的舞台上大放异彩。

首先，是情节上力求有"头"有"尾"，紧凑自然。胡芝风有着多年的演出经验，深知我国的戏曲观众喜欢欣赏首尾俱全的故事。即使是折子戏，也要照顾到观众的这一欣赏习惯，尽量让观众了解故事的来龙去脉。如《周仁哭坟》，周仁初次登场，观众不知情由，胡芝风便为周仁增加了几句唱词，既对前边嫂嫂临难，妻子慷慨替死的故事略作交代，又为下面的演出做了情感的铺垫，做到了情节内容的相对完整。

除了追求情节的完整性，胡芝风排戏还追求有"戏"则长，无"戏"则短。如蒲剧《黄鹤楼》原来分两场演出，第一场是铺垫，主要写鲁肃向周瑜报告刘备、赵云已过江；第二场是周瑜在黄鹤楼宴请刘备、赵云。胡芝风把这两场压缩成了一场，让周瑜一个圆场当场就来到江边接刘备，然后再一个圆场两人就登上了黄鹤楼，把戏剧冲突集中在宴席中双方的斗智斗勇上，为揭示人物的情感世界和发挥演员的特殊技艺，留下充足的空间。

其次，是表演上对特技的运用。蒲剧表演有一些宝贵的传统，尤其是善于运用特技来刻画不同人物的性格特征。蒲剧的翎子功、髯口功、帽翅功、扇子功、椅子功、担子功、摆耳坠、血彩、喷火、甩发、踢鞋等，既为戏曲界所传颂、效法，更为广大观众喜闻乐见。这些特技的运用是美化演员形体动作、展现人物内心细微变化的重要工具。特技的运用，最忌脱离剧情的纯粹展示，胡芝风在排戏时强调演员一定要设法向观众交代清楚"为什么要这样做"。

《黄鹤楼》中王艺华的翎子功可谓用得出神入化，与人物的内心世界非常贴切。如周瑜和赵云争执不下，周瑜最后气极翻脸："这退约文书要你写，若不写咱两家断交情。本都督我不念太后的面"。赵云上前一步，毫不示弱："不念你便怎样？你便怎样？"周瑜看着他面前巍然屹立的赵子龙，先是后退一步，继而快速抖动双翎，然后接唱："十个刘备难逃生。"这时的抖翎极为传神地展示了周瑜此时又气又急的激愤心情。又如周瑜讨还荆州不成，欲下楼调兵遣将却被赵云堵在楼门口，王艺华用了掏翎、挽翎、绕翎、摆翎、"二龙绞柱"、"朝天一炷香"等优美技艺，把少年都督怒不可遏、急不可耐的焦躁情绪表现得淋漓尽致。由于与剧情的紧密结合，《黄鹤楼》中的翎子功，不仅使观众获得了赏心悦目的审美享受，更把一个恃才傲物、心胸狭窄的"大都督小周郎"的艺术形象，描摹得惟妙惟肖。

又如《寇老西升堂》中，当潘娘娘派王公公送来礼单时，寇准既收不成又退不得，陷入了进退两难之中。在一大段倾诉这种"两难心理"的唱腔后，随着后台"难难难……""苦苦苦……""气气气……"的伴唱，演员用单翅交替摆动、双翅翻搅、上下齐动等技巧，将刚刚升任三品御史的寇准左右为难、气愤交加、心潮起伏的内心活动传达得秋毫毕现。再如《周仁上坟》中的甩发，动作干净利落、疾徐有致，与周仁痛苦、委屈的内心非常吻合，恰到好处地渲染了人物的情绪，极大地丰富了人物形象，增强了艺术感染力。

此外，在舞台调度和舞美方面，导演也做了适当的调整。如《周仁上坟》中，嫂子赶来说明真相，和哥哥紧追至坟前，两人一左一右扶起晕厥的周仁。此时周仁跪在舞台中央，兄嫂分跪两边，周仁内心无限凄凉悲怨，他先是一手拉着嫂嫂，一手拉着哥哥，继而松手分别轻拍两人的胸口，又用两个食指并拢表示一双，再捶胸并伸出一个食指慢慢高举，表示"你们两个一对，我一个"。此时无声胜有声，这样的手势把痛失爱妻的悲凉和兄嫂团圆的喜悦做了鲜明的对比，更加凸显人物内心的凄凉和伤痛。该剧的结尾还做了一个机关，墓碑上原来刻着"杜文学妻胡氏之墓"，真相大白之后，墓碑当场变成了周妻李兰英的名字。这样，既渲染了戏剧气氛，又加深了观众的视觉印象。

总之，由于导演对戏眼、戏核深挖细抠、孜孜开掘的不懈努力，和演员对人物心理丝丝入扣、鞭辟入里的精彩演绎，使得这场由《黄鹤楼》《周仁哭坟》和《寇老西升堂》组成的传统折子戏满台生辉、别具一格，取得了骄人的成绩；也使得主演王艺华，成为胡芝风正式就职于中国艺术研究院戏曲研究所后，指导的第一位荣获中国戏剧"梅花奖"的优秀演员。

## 四、评剧《闯法场》：舍命闯行、新人耳目

1996年8月，胡芝风受邀为石家庄市评剧院一团重排《闯法场》。这台剧目是作为争取梅花奖的重要剧目推出的，虽然主演袁淑梅的条件很好，戏也颇为精彩，但尚需进一步精心雕琢和完善。由于31号就要演出，而13号才开始排戏，所以，时间紧，任务重！胡芝风此举可谓"受命于危难之际"。

当她带着先生陈牧用两个通宵"赶着"改编出来的剧本《闯法场》，风风火火来到石家庄时，曾戏称自己就是来"闯法场"的。的确，《闯法场》能否成功演出，不仅事关演员个人的前途，对其所在剧团乃至河北省的戏剧事业，均事关重大。"没有'闯法场'的气魄和胆识，谁又肯冒此风险，担此重任？"[1]

胡芝风一下火车，就开始紧锣密鼓地安置排戏的工作。她排戏习惯"连续作战"日夜三班，这次只花17天时间就排完了《闯法场》。[2] 演出实践业已证明，这又是一次高效率高质量的艺术指导。

《闯法场》是评剧《半把剪刀》中的一折。《半把剪刀》是戏曲舞台上一个优秀的传统剧目，最早出自甬剧，曾先后为评剧、黄梅戏、淮

---

① 刘仲武，石萍."法场"原本就该"闯"——袁淑梅和《闯法场》[J].大舞台，1997（3）：41.

② 胡芝风.我所认识的袁淑梅[J].中国戏剧，2000（9）：48.

剧、越剧等地方戏所移植。剧演纨绔子弟曹锦棠诱奸侍女陈金娥，为防丑事败露，又设计赶走已有身孕的陈金娥。金娥产后儿子失踪，又阴差阳错地成为徐家少爷徐天赐的乳娘。18年后，曹锦棠女儿在与徐天赐成婚的洞房之夜突然身亡。已为四品知府的曹锦棠，依仗权势认定徐天赐为凶手，将其绑缚法场。陈金娥从意外重逢的兄弟口中得知徐天赐即为其亲生子，遂急忙奔赴法场拼死救子。

评剧《闯法场》即演陈金娥不顾衙役阻拦舍命闯法场，当面斥责曹锦棠，以铁证半把剪刀为徐天赐辨明冤情。知县周鸣鹤秉公断案，判徐天赐无罪释放。陈金娥与徐天赐母子团圆，曹锦棠瘫倒在地。

导演胡芝风根据剧情，紧扣一个"闯"字，从舞台调度、行当设置、唱念节奏等方面对《闯法场》做了较大幅度的改动，使得这一传统戏码呈现出声情并茂、耳目一新的璀璨光芒。

首先是舞台调度方面，变化有序，错落有致。比如开场，在隆隆的号声中大幕徐徐拉开，呈现在观众面前的是一个刀枪林立、戒备森严的杀人法场，幕后传来阵阵"冤枉啊""冤枉啊"的凄厉喊叫，紧接着是陈金娥不顾生死奋力闯进法场，四卫士持枪阻拦。这里导演根据人物所处的规定情境，为陈金娥和四个士兵设计了一组五人舞蹈身段：陈金娥往前勇闯，四兵士坚决抵挡；陈金娥抓抢、跪求，四兵士团团围转，通过变化有序的调度，一个含冤受苦、满腔悲愤、拼死救子的母亲形象立刻屹立在观众面前。

又如当陈金娥说出"我就是十八年前被你所欺、遭你所害、死不了的陈金娥"后，舞台上有一段曹锦棠、陈金娥、周鸣鹤三人的背唱。胡芝风借鉴了《沙家浜·智斗》中阿庆嫂、刁德一、胡传魁三人背唱的形式，让曹锦棠、陈金娥、周鸣鹤分别道出内心的想法：

> 曹锦棠是心乱如麻："十八年陈金娥突又出现，不由得曹锦棠忐忑不安。"
>
> 陈金娥是百感交集："为救儿与仇人法场相见，千般愁万般恨涌我胸间。"
>
> 周鸣鹤是满腹狐疑："这民妇道姓名知府脸色变，我判断

他二人定有牵连。"

通过这样错落有致的调度，既构成了新的舞台呈现，也使人物形象更加鲜明立体，同时还使戏剧情境渐趋紧张。

其次，是对行当的重新设置。戏曲表演的不同行当之间的形象、声腔和表演艺术区别很大，所以对于导演来说，根据人物性格为角色选择合适的行当非常重要。《闯法场》中的知府和县官，原先都由老生行当扮演，声腔和舞台表演显得"一道汤"，两人的性格对比不鲜明。改编时，作者陈牧与导演商定，将县官的行当由老生改为老丑，这样，知府与县官的唱腔和表演在舞台上就有了鲜明的反差，人物性格也在比照中凸显出来。如由丑行扮演的知县周鸣鹤一上场，就以诙谐自嘲的语气介绍自己的为难处境："只因我居官清正不善拍马，才落得十年苦守穷县衙、穷县衙、穷县衙。一桩奇案由我抓，谁杀人来人谁杀，凶器不全半把剪刀无处查、无处查、无处查。知府官大把我压，糊里糊涂了此案。怕的是一生清白叫他给我抹了一个满脸花。"边唱边配以夸张风趣的手势、眼神和步伐。于是，一个清廉正直却又屈居人下、万般无奈的芝麻官的形象顿时被推到观众眼前。这样的表演不仅妙趣横生，还使得前面陈金娥不顾一切拼死闯法场的紧张情势无形中得以缓解。

又如当曹锦棠傲慢地责问周鸣鹤"午时三刻已到，为什么还不行刑"时，周鸣鹤解释说是一则刑部批文未到，二则有民妇喊冤。曹锦棠一听有人喊冤就蛮横地一挥手："哇！大胆刁妇，竟敢擅闯法场，将她轰了出去！"周鸣鹤见状赶忙制止：

"慢！大人，这一民妇敢于擅闯法场，口喊冤枉，其中定有缘故，想你我做父母官的总得给百姓留个说话的机会，您说是不是呀？哎！我说民妇，你还不快把冤情给府台大人讲吗？"

在这段念白中当曹锦棠听到"你我做父母官的总得给百姓留个说话的机会，你说是不是呀"的时候，正要大发脾气，这时周鸣鹤适时地把话锋转向陈金娥，他一边假意用指责的语气责怪陈还不快讲，一边暗示她有话尽管大胆说。同时，右手拿扇子指着陈金娥，左手来回悄悄摆动指向曹锦棠，暗示陈金娥趁机快向曹锦棠告状。这里老生曹锦棠的道貌岸然与丑角周鸣鹤的机智幽默形成了鲜明对照，既使得整个舞台表演多姿多彩，又为这出戏增添了引人入胜的喜剧情趣。

再次，是对唱念节奏的准确把握。唱腔是戏曲欣赏的重中之重，演员袁淑梅又素以嗓音宽亮、音色甜美著称。胡芝风据此对人物的唱念做了快慢有致、高低缓急的处理，充分展示了演员的唱念才华。

尤其是对大段唱腔和念白的处理，胡芝风更是根据剧情，赋予其抑扬顿挫的细腻变化。如陈金娥向曹锦棠和周鸣鹤陈诉冤情时的大段唱腔。这段唱长达40句：第一句"他就是我陈金娥的——亲生骨肉啊"由念转唱，并在"啊"字上给一个长拖腔，表现对真相大白却又即将失去爱子的千般伤痛万般惋惜。接下来是对往事的追忆："他就是有娘无父的小可怜；天赐十七岁中举把才华展，小小年纪聪明不凡；曹锦棠有女难嫁正把愁犯，来徐家花言巧语把婚结；曹家女生来无教养，品性不端性刁蛮。她依仗曹家的钱和势，花烛洞房横生事端，说什么她是凤凰落枯树，说什么天赐是乌鸦却把高枝攀……"节奏缓慢，娓娓道来，其中"小可怜"的"小"、"教养"、"性刁蛮"的"性"、第一个"说什么"均用了小拖腔，使得这几句唱慢中有变，摇曳多姿，人物的情感也越来越激昂。接下来当唱到"她抓起剪刀把我刺，我夺下半把剪刀，我夺下半把剪刀难躲闪；不小心一跤跌在地"时，用了慢—快—慢的节奏，是对惨案即将发生的艰难回忆；唱到"我一场惊吓昏迷在床把病染"时，在"染"字上有一个低音拖腔，表达了因自己误伤人命却让天赐背黑锅的无限懊悔之情；唱到"徐天赐原来是我的亲生儿"时，在"儿"字上有一个长拖腔，表达了对阴差阳错、造化弄人的既怨又喜的复杂感情；接下来"我顾不得，我顾不得病来顾不得痛，顾不得前途凶险法场森严；金娥我拼死闯法场为儿伸冤"，由缓慢渐渐转入快速，并在"冤"字上用了一个大甩腔，表现了金娥拼死救子的急切心情。最后对曹锦棠的控诉："曹锦棠黑心肝，衣冠禽兽枉为官；你害得我强活人间苦磨难，害得我含冤受苦难伸冤，害得我苦海茫茫难登岸，害得我母子相依如隔山。如今你倚杖权势枉杀无辜欺良善，你就是真正的凶手怙恶不悛"，板式快慢相间，最后一句的"悛"字上还用了一个高音拖腔，表现了人物情感高潮的到来。通过这样时紧时松、时快时慢、高低错落的节奏变化，使得这一大段唱腔长而不腻，观众听来亦是如痴如醉。

在这段唱腔前有段三十多句的念白："民妇陈金娥，只因我卖身葬母，沦落曹府为奴。就是这位堂堂的知府曹锦堂，十八年前，他花银子捐官回来，是他新婚三日趁新娘回门之际，将我这清白之身强行奸污！……他害得我白天不敢出门，夜晚出门我不敢见人。待到分娩那天，是我兄弟怕我抚养不起反受其累，他就偷偷将我才出生的娇儿送于了他人。待我昏睡醒来，不见娇儿，我的希望一线皆无，只有投河一死……"也堪称经典。这段念白轻重急徐、变化有致，字字含情、声声含泪，在"堂堂、娇儿、投河"等字上，加重语气，拖长音调，有力地宣泄了人物愤懑、冤屈的悲壮感情，鲜明地表达了规定情境下人物的心理节奏。

《闯法场》本是一个传统老戏，但胡芝风慧眼独具地抓住一个"闯"字，大做文章，做足文章，从舞台调度、行当设置、唱念节奏等方面大胆革新，终于使它以崭新的面貌征服了无数观众和评委的心，并使主演袁淑梅当之无愧地荣获了第十四届"梅花奖"的殊荣。深长思之，胡芝风人生的每一次成功似乎都和这样的"闯"劲密不可分。

## 五、评剧《窦娥冤》：刚柔相济、撼人心魄

关汉卿的元杂剧《窦娥冤》是中国戏曲史上著名的经典之作。尤其是新中国成立以来，随着元杂剧《窦娥冤》被收入人教版高中语文教材，《窦娥冤》的"知名度"更远非其他古典名剧可比。《窦娥冤》在当代的这种"殊荣"，固然不乏意识形态的因素，但其本身蕴含的艺术价值，应是铸就其经典地位的主要因素。如何既不违背关汉卿原著的精神内蕴，又能融入新的时代精神，就成为当代戏曲编导在对这部经典之作"动刀"之前必须考虑的问题。

由陈牧改编、胡芝风导演、袁淑梅主演的评剧《窦娥冤》，即是改

革开放以来较有代表性的一部改编之作。改编本基本保留了关汉卿原著的情节和人物，也汲取了传奇《金锁记》和京剧《六月雪》的某些长处，并遵循"有戏则长，无戏则短"的原则适当增删，使人物形象更为丰满，情感传达更为有力。

众所周知，元杂剧《窦娥冤》是以"激愤"和"反抗"著称的，这样的主题，在民族矛盾和阶级矛盾异常激烈的元代历史场域中，可以成为引领时代的号角；在新的时期，却未必会得到广泛的理解和赞赏。所以，胡芝风在导演评剧

胡芝风为袁淑梅导演评剧《六月雪》

《窦娥冤》时，没有一味地宣扬"反抗"的论调，而是充分调动各种艺术手段，着重刻画了人性的善恶与人情的冷暖，并"体现出一定的平等意识和民主精神"[①]，从而使《窦娥冤》在当代舞台上散发出刚柔相济、撼人心魄的艺术魅力。下面分别从营造重点场次、突出观赏效果、追求舞美意象化、合理增设人物等四方面简析之：

第一，营造重点场次。

胡芝风在《〈双玉蝉〉的编、导思考》一文中曾写道："我很希望一出戏排成后，至少要有一两场戏以后能作为折子戏保留，并且能传授给下一代。因此，从剧本到舞台处理都格外下力气选择和营造重点场子。"[②]可见，营造重点场子并且能传承下去，是胡芝风导戏的一个理想。可以说，这个理想在《窦娥冤·法场》一场戏中也得到了一定程度的实现。

---

① 李晓彬.《窦娥冤》：文学经典与舞台经典的遇合［J］.长江学术，2012（1）：50.
② 胡芝风.《双玉蝉》的编、导思考［J］.戏文，2001（6）：33.

《法场》是窦娥悲剧命运和全剧矛盾最集中、最激烈的表现，也是胡芝风着力营造的一场戏。这场戏实际包括押赴刑场和法场誓愿两段情节，一般演法是分两场来演，胡芝风通过巧妙的舞台调度，把它们合并成了一场戏。具体做法是：窦娥与婆婆诀别后晕倒在台侧，此时，县令桃杌从侧幕上场，中间的黑幕被抽去，露出事先放在里幕后的椅子和黄罗伞。这样，转瞬之际，舞台空间就完成了从押赴刑场途中到法场的自由变换，衔接自然，紧凑流畅。

这场戏有两大感人的看点：一是对婆媳情的渲染，二是对三桩誓愿的铺排。

先看对婆媳情的渲染。一出戏要想感人，是离不了动人的情感

胡芝风为徐杉杉导演越剧《六月雪·法场》

的。胡芝风抓住了这个肯綮，在剧中一直在努力挖掘窦娥和蔡婆两人之间的"戏"。在前面的"逼供"和"探监"中，对蔡婆和窦娥不是母女却甚似亲生的婆媳深情已经有了铺垫。到了《法场》中，这份相依为命的婆媳情更是被推向了巅峰。先是在窦娥被押赴刑场的路上，快到前街关帝庙时，只因"婆婆就借住在前街关帝庙内"，"走前街怕的是婆婆看见，吓煞了年迈人我心怎安"[1]，所以，窦娥一再恳求刽子手绕道后街而行，被拒后又央求里正代

① 陈牧改编，胡芝风导演，石家庄市评剧院一团演出：评剧《窦娥冤》（VCD），河北省百灵音像出版社1999年版。下文所引《窦娥冤》唱词均出于此。

为讲情。接下来，通过几个细节，层层渲染蔡婆的慈爱和窦娥的善良孝顺：蔡婆为窦娥端来茶饭，并为其梳理头发；窦娥说想为婆婆做双新鞋，嘱咐婆婆清明时节点炷清香，让她冥冥之中得知婆婆平安，自己也就心安了。其间，加上演员的蹦跪、跪步等舞蹈动作和抑扬顿挫的念白、如泣如诉的唱腔，这对婆媳临刑前的生离死别被表现得低回哀婉、痛入骨髓，深深地触动着观众的心扉。

再看对三桩誓愿的铺排。"三桩誓愿"是表现窦娥刚强不屈的性格的重要关目，编剧陈牧对此有具体细腻的描摹。胡芝风在导演时，根据人物性格和唱词内容，把三桩誓愿安排得波澜起伏、各有千秋。

第一桩誓愿"血溅白练"，是通过窦娥的四句唱词来表现："三尺白练高杆悬，一腔鲜血红天帘；不为尘世添污染，一身清白在人间。"演员演唱时，昂首直面高高端坐的县令桃杌，唱得铿锵有力、掷地有声。

第二桩誓愿"大旱三年"，是先念"窦娥含冤而死，山阳大旱三年"，后唱："天公怜我泪哭干，山阳无雨旱三年！自古冤案生异灾，罪孽是你山阳县官！"因为大旱三年，百姓必然遭殃，而"自古冤案生异灾"，清楚地说明罪责在"冤案"，这里字字如刀，直刺贪官。表演时，窦娥一念到"山阳大旱三年"，居高临下的桃杌就如坐针毡，惊惧而立，后随着窦娥的演唱慢慢走下高台；虽与窦娥相对而平视，却早已是外强中干，与窦娥的满腔正气形成鲜明对照。

第三桩誓愿"六月飞雪"，铺排得最为委曲尽情。首先是窦娥直视桃杌，朗声大念："你且听了！上天念我窦娥有冤，天降三尺大雪，掩埋我窦娥的尸体！"接着用一大段唱词，让窦娥跪对苍穹，把自己的身世和羊肚汤案的根源始末，一一道来。演员在演唱时结合人物内心的情感波澜，充分发挥了声情的感染力。比如前两句唱："休道是一介草民命就贱，草民的生死也关天"，高亢有力，句末用长长的高音拖腔来表达人物内心的无比悲愤。当回忆往事，唱到"小女子三岁丧母与爹相依伴，父求功名七岁将我许配蔡家小儿男，从此一去十三载，杳无音信双眼望穿"时，又转入哀婉低沉的旋律，让观众的思绪随之飘飘渺渺，时光仿佛倒流到了十几年前。至此，中间插入风声和众衙役与县令随风摇摆的身段，以及里正向桃杌报告起风的念白。接着，窦娥的思绪一点点往回拉：从 3 年前的丧夫，到不久前的祸从天降。伴随着演员一声高似一声的唱腔，南风也转为北风，且越刮越大。看到老天似乎也在为自己鸣冤，窦娥的精神也为之一振，接下来对赛卢医和张驴儿父子罪行的控诉，语气愈来愈急，节奏越来越快，唱到"山阳县严刑拷打来审判"时，情不自禁地愤然起立。此时，虽然桃杌不住地叫嚷着"住口"，众衙役也举棍威吓，但窦娥的控诉并未停止："一杖下，一道血，一层皮，我宁死不招他把婆婆来摧残。为救婆婆我屈招被判死囚犯，这就是一碗羊肚汤，羊肚汤一碗，命案一桩根和源。"在最后一个"源"字的高音拖腔唱完时，窦娥虽被众衙役强行按下了头颅，但她的怨气却直冲九天。面对湛湛青天，她喊出了一介草民最响亮的心声："天地啊！非是我窦娥发下这三愿，委实我冤深似海，一腔怨气冲九天！愿感得六月冰花滚似棉，把我的尸骸掩。"至此，漫天大雪从天而降！大雪虽然未能挽回窦娥的生命，却把冰清玉洁和善良美好永远地留在了人间。

"三桩誓愿"虽是以窦娥的演唱为主，但县令、里正和衙役、刽子手的配合无间，让这一大段唱并不沉闷，而是跌宕有致、缓急相间，收到了很好的视听效果。

总之，《法场》这折戏，以其酣畅淋漓的情感宣泄和紧凑流畅的戏剧节奏，让人物的内心情绪和性格特征都得以凸显，堪称一出精心打造的好戏。

第二，突出观赏效果。戏曲的观赏性集中体现在演员的歌和舞上。胡芝风在导演《窦娥冤》时，就非常注意演员歌舞的优美性。但排此戏时，有一个难点：就是在重头戏《法场》中，传统演法是用绸条将演员双手捆绑于后，背插死刑犯标牌。这很不利于表演时舞蹈身段的发挥，而且，整场戏都绑着手，既呆板又不好看。那么，怎么处理窦娥在《法场》一折中的舞台形象呢？

胡芝风在为不同剧团导演此戏时，先后有过不同的尝试。在评剧《窦娥冤》中，窦娥的双手不再用绸条捆缚，而是反剪做被缚状。这样虚拟地反绑双手，不仅赋予身段一种象征性，而且让演员的表演更加自如、流畅。到了为洪湖市荆州实验花鼓剧院排的《六月雪》中，胡芝风的想法更为大胆，她让演员双手在前做捆缚状，由一个衙役用一根长长

胡芝风为赵海英导演越剧《六月雪·法场》

的铁链在前面牵着，后面紧跟两个刀斧手，通过舞台调度，让四人之间的舞姿交错配合，画面更加丰富多彩。胡芝风还给演员设计了甩发、拖步、云步、蹉步、跪步、趋步、雀步、搓步、小碎步、单腿跷步、蹦步、蹦跪、飞跪、僵尸、大下腰等身段动作，追求点线搭配、动静相宜的视觉效果，再配以声情并茂的唱词，和刀斧手押解窦娥的斜线、横线、直场、圆场等舞台调度，组成各种艺术造型，构成了一幅幅赏心悦目的优美画面。

第三，追求舞美意象化。胡芝风一向追求戏曲舞美的写意和精炼，对当下过于写实的布景颇有微词，认为"片面追求大场面、大实景、高台阶等'大制作'，这样的景物造型往往缩小了演员的表演区，妨碍表演技艺的发挥"，主张"立足于'虚实相生'，用景简约，要最大限度地给表演空间自由"①。这一主张在《窦娥冤》中得到了体现。

① 胡芝风．戏曲舞台艺术创作规律［M］．北京：文化艺术出版社，2005：262．

胡芝风为丁洁导演花鼓戏《六月雪·法场》

　　比如血溅白练的舞台呈现，在评剧《窦娥冤》中，是在舞台后中央上方悬挂一块白布，当窦娥被斩首时，同时降下一匹同样大小的红布，将原来的白布遮住，然后一身素衣的窦娥"冉冉升起"至红布下方，定格不动。血淋淋的屠杀场景，就这样被简约的布景呈现在观众面前。然而对此，胡芝风似乎还不满足，总觉得这样的表现还不够优美。于是，在洪湖市荆州实验花鼓剧院排的《六月雪》中，我们看到了一副意蕴更加隽永的画面：当窦娥被斩首后，随着一束红光，舞台前方突然降下一大片红纱，仿佛窦娥那比海还深的冤情，刹那间弥漫于宇宙的每个角落，这是对"血溅白练"的意象化处理；紧接着，在"感天动地六月雪，日月同悲窦娥冤"的伴唱声中，大幕缓缓合上，但震撼人心的旋律却余音绕梁，久久不绝。

　　又如最后一场"昭雪申冤"，一身银装的鬼魂窦娥在一片轻薄的白雾中翩然出场，舞台另一侧摆放一桌二椅。两把椅子精心而放：一把在桌后，一把在桌侧。这样，就把舞台空间自然地隔成两个区域，桌前是为父女相见预留的大片空地，椅后是父亲入梦时，未敢贸然现身的窦娥灵魂活动之处。看似一椅之隔，咫尺之间，却是阴阳殊途，永难相见。简洁的桌椅设置，既写意化地传达出亲身父女天各一方的特殊情境，又为人物的表演预留了足够的空间。

胡芝风为丁洁导演花鼓戏《六月雪·法场》

通观《窦娥冤》的舞美设计，简约而不失情趣，通过有限的"象"，传达出悠远深邃的意境，有力地烘托了人物形象的塑造和主题意蕴的传达。

第四，合理增设人物。

评剧《窦娥冤》中的里正是原著所没有的人物，这个人物增设得恰到好处。里正既是窦娥冤案的见证者，也是为窦娥申冤的一个关键人物，更是社会良心、草民心愿的代表。

平日里，里正对没有男性当家的蔡家婆媳就格外关照，试看其刚出场的念白：

> 里正官不大，只管几十家；上有楚州府，下有山阳县衙；没事我串串门，有事就敲它；不管吉和凶，上传我下达。哎，这不是蔡婆婆家吗，这门怎么开着呢？屋里头有人吗？

寥寥数语就让我们看到了一个极富责任心和同情心的公仆形象，与其说这是一位基层小"官"，不如说他更像蔡婆的街坊邻居。接下来他对张驴儿"看不顺眼"的态度，除了其高度的职业敏感外，更有对蔡氏婆媳的关心。当窦娥含冤入狱后，他还亲自陪着蔡婆去探监。这位亲民、爱民的小"官"，无形中也成了贪官桃杌的鲜明对照。

里正的善良和正义感，在"法场"一折表现得最为突出。这场戏一开始就是里正的几句念白："窦娥押法场，大伙听端详：要问什么罪，唉！一碗羊肚汤。汤内有毒药，你别管是谁放。冤？有理不许讲，你白白地喊冤枉。闲人快闪开，众人你莫嚷嚷……"言语之间，对窦娥冤情的愤愤不平跃然而出。紧接着，两次代窦娥向刽子手讲情，一是请求绕道而行，二是请求允许婆媳一见，充分体现了里正的善良和同情心。当窦娥发第三桩誓愿时，看到南风转为北风，又转为大雪纷飞，正应了窦娥以"六月飞雪"印证自己的冤屈，里正兴奋得手舞足蹈，并急忙向桃杌报告；虽然昏聩的贪官一意孤行，里正不得不挥泪下场，但里正看似"可笑"的执着，却正代表了民心所向，民众所望。在里正身上，寄托了普通民众顽强的生存观：休道草民命就贱，草民生死亦关天。另外，这个角色由丑行扮演，也起到了调剂气氛的作用。

总之，里正这个形象的增设，既活跃了气氛，也扩大了主题的社会内涵，是古典名著与时代精神融合的一个产物。

以上从营造重点场次、突出观赏效果、追求舞美意象化、合理增设人物四方面，对胡芝风导演的《窦娥冤》做了一个简单的梳理。当然，这一切，都是为主题和主要人物服务的，它们或从正面，或从侧面，把窦娥的刚烈与柔情、孝顺与不屈细细演绎，共同营造出刚柔相济、撼人心魄的艺术魅力。

这部戏，胡芝风除了给石家庄市评剧院排过，还给广西桂剧团、张家口市晋剧团、河南省豫剧团、浙江省宁波市小百花越剧团和湖北省洪湖市荆州实验花鼓剧院排过，曾被誉为"一出丰富了越剧艺术宝库的好戏"[1]，并使张家口市晋剧团的李萍斩获第十六届中国戏剧"梅花奖"，还使洪湖市荆州实验花鼓剧院在2008年"首届湖北地方戏曲艺术节"中，捧回了两项大奖："优秀院团奖"和"表演一等奖"[2]。

---

① 向端.一出丰富了越剧艺术宝库的好戏——评胡芝风导演的越剧《窦娥冤·法场》[J].戏文，2000（2）：15.

② 罗德军.洪湖花鼓戏《六月雪》荣获首届湖北地方戏曲艺术节奖[J].中国演员，2008（6）：33.

## 六、河北梆子《杜十娘》：推陈出新、美听美视

《杜十娘》取材于明代冯梦龙的白话小说《警世通言》中的《杜十娘怒沉百宝箱》，讲述的是才貌双全的青楼女子杜十娘一心想从良，却遇上了薄情寡义的书生李甲；在随李甲还乡的途中，偶遇腰缠万贯的好色富商孙富，被孙富以一千两银子从李甲手中买走；杜十娘誓死不从，怀抱百宝箱，投入滚滚长江水。

很多地方戏搬演过这个古老的悲情故事。2001 年，胡芝风为石家庄市河北梆子剧团的青年演员刘莉莎排的河北梆子《杜十娘》，就是在传统梆子戏的基础上改编的。面对传统老戏，胡芝风是非常慎重的，她说："传统戏也是要打扫的，不光是表演上加工，剧本也是要加工的，要掸灰。"[1] 河北梆子《杜十娘》经过她从剧本到表演的"掸灰"之后，有了一个全新的面貌，使得杜十娘这个刚烈不屈的痴情女子形象在新时期的戏曲舞台上再次大放异彩。

首先，是对杜十娘悲剧根源的认识，究竟是李甲或孙富的个人原因，还是封建社会森严的等级制度和娼妓制度所致？对此，传统戏的表现不够深刻。比如传统戏中，当李甲乘着酒兴说出将十娘卖与孙富后，杜十娘起初还抱着一丝幻想，以为凭着百宝箱或许能使他回心转意，却不料无意中又听到李甲的梦话：

> 十娘啊，你要体谅我，为了这一千两银子我不得不卖你啊。

于是看透了李甲的小人嘴脸，决定投江以明志。但导演胡芝风觉得，李甲的这句话还不足以促成风尘艺妓杜十娘的彻底绝望。因为钱在这里已不是问题的关键所在，杜十娘缺的不是钱，而是像正常人一样"堂堂正正安度年"的生活，是人的最起码的尊严。是谁剥夺了她的尊严？是谁吞噬了她的生命？如果仅仅归咎于寡情少义、言而无信的李

---

① 出自 2012 年 7 月 12 日对胡芝风的采访录音。

甲，那么杜十娘的悲剧还只是偶然的。这里显然还有更深刻的社会原因，那才是造成杜十娘悲剧的根源所在。所以，思考之后，胡芝风把李甲的那句梦话改为：

> 十娘，想我乃布政世家，岂能容得你这个烟花女子？①

一句"烟花女子"惊醒了梦中人！"烟花女子"是杜十娘内心深处永远无法修复的伤痛。她身虽卑贱，但心灵却是高贵纯净的，而她本想赖以托付终身的意中人在骨子里竟然是如此鄙视她的出身，居然为了区区千两银子，就将她像商品一样地轻易转卖给他人。其实，何止一个"布政世家"，就是大千世界、茫茫人海哪里又有一个"烟花女子"的立锥之地呢？想堂堂正正地做人，只不过是一个肥皂泡似的梦幻罢了。杜十娘这才彻底绝望了：

> （唱）曾奢望做夫妻堂堂正正，到头来镜花水月竟是空；纵倾滔天长江水，难将烟花名声来冲洗；苍茫大地无穷尽，无处立锥身难容。（白）可恨我杜十娘有眼无珠，终身相许那李甲，不想他人面兽心，如今满目凄凉。与其一生屈辱，不如投江一死。

经过这样的改动，不仅捋顺了剧情，而且把主题升华到一个普遍性的社会悲剧的高度，而不仅仅是杜十娘有眼无珠、遇人不淑的偶然性的问题，赋予剧本更加深厚的内涵和哲思。

其次，是杜十娘形象的重新构筑。传统戏中的杜十娘形象比较单薄、被动，是被一股股社会逆流强行推到了滚滚波涛之中。胡芝风在排戏时，则始终刻意维护杜十娘的人格尊严，赋予这个人物以崭新的时代感。如孙富把银子抬过船后，她对着忘恩负义的李甲反唇相讥："你将银两好好收起，倘若失落，再也没有第二个十娘可卖了。"当李甲急于

---

① 根据河北电视台 2001 年 11 月录制的刘莉莎主演的河北梆子《杜十娘》的录像整理。

搀扶她过船时，杜十娘用一个甩袖的身段不无鄙视地掸开他："李公子，我自己会出舱，何用你搀！"在一"讥"一"掸"中，杜十娘高洁傲岸的人格跃然而出。而在以前的传统戏中，杜十娘虽然被李甲卖了，在过船时却还要李甲来搀扶，而李甲则犹豫推托，这对刚烈如斯的杜十娘来说，是不合情理逻辑的。

对于孙富的自恃有钱、好色卑鄙，杜十娘更是嗤之以鼻、厉声呵斥："哼，你纵然将我买到，你可知能买到我的心吗？"在来势汹汹的物欲横流面前，始终高昂的，不仅仅是杜十娘那娇美无双的容颜，更是她那不容丝毫玷污的追求自由、自尊、自强的心灵。

即便是最后的投江，导演也没有把它处理成杜十娘对命运的屈服，而是在杜十娘对李甲、孙富"丧尽天良""厚颜无耻"的痛斥后，用乍起的狂风、怒吼的浪涛把她的投江之举化作了最强烈的抗议音符。

这样一来，杜十娘的形象不仅让人耳目一新，也更加光彩照人。

再次，是新的导演语汇的尝试。杜十娘在跳江前，有三次抛珍宝的动作。传统的演出只有念白没有唱词，胡芝风不仅为人物编了唱词，还为此设计了丰富的舞台调度：

第一次抛珍珠花前，杜十娘唱道："休道是珍珠花价值金千两，原本是孝敬你爹爹和亲娘"；唱毕，站在右台口的杜十娘旋转一圈后，侧身向右前方抛出珍珠花，孙富和李甲一左一右站在她的两侧。

第二次抛珊瑚宝前，杜十娘唱道："休道是珊瑚宝万金难买，原本是赠送你嫂嫂和姑娘"；唱毕，站在左台口的杜十娘面向观众，将珊瑚宝抛向左前方，李甲和孙富交换位置，分立她的两侧。

第三次抛夜明珠前，杜十娘唱道："休道是夜明珠无价之宝，原本为你我日后防饥荒"；唱毕，杜十娘站在舞台中央背身把夜明珠抛入江中，李甲和孙富一左一右，向舞台前方扑倒，此时杜十娘挺立于舞台中后方，面对着两个匍匐在地的肮脏灵魂厉声痛斥，以强烈的视觉冲击力形成了两种人格的鲜明对照。

三次抛珠宝，不仅方位不同，而且力度也是一次比一次大，情感一次比一次激烈，演员的唱腔也随之一次比一次高昂，突出了河北梆子高亢激昂、慷慨悲忍的风格特点，听来让人热耳酸心、痛快淋漓。

又如，剧终杜十娘投江后，随着水浪的翻卷，做了一个抱着百宝箱卧鱼的身段，此时舞台上卧鱼的地方同时出现了两条上下翻滚的淡蓝色的水绸，杜十娘一手托着百宝箱，一只水袖搭在绸子上，身体随着波浪慢慢地一沉一浮……在恢弘的气势中让人浮想联翩、回味无穷。

此外，胡芝风还注意巧用细节外化人物的内心世界。如李甲上船后，杜十娘忙上前亲热地扶着李甲，还帮他拂去衣摆上的灰尘，细腻地表现出杜十娘对李甲关怀备至的感情。又如杜十娘再三追问李甲为何闷闷不乐，李甲面对十娘的真情，内心十分复杂，想说出真相，但与十娘一对眼神，立即感到十分窘迫，欲言又止，恰好一阵冷风袭来，一阵寒噤，呆坐在椅子上，这里通过细微的眼神和呆坐，把李甲矛盾的内心活动清晰地勾勒了出米。

总之，胡芝风导演的河北梆子《杜十娘》，不仅挖掘了这出传统老戏深邃的人文底蕴，而且赋予其新鲜的时代美感，使它成为推陈出新、美听美视的又一力作。不仅如此，这出戏还为主演刘莉莎赢来了第十九届中国戏剧梅花奖的桂冠。后来杭州黄龙越剧团的王杭娟在胡芝风的指导下，又把《杜十娘》搬上了越剧的舞台，并多次带它去新加坡演出，获得了海内外华人的广泛赞誉。

此外，胡芝风也为香港演艺学院排练过粤剧《杜十娘》。

胡芝风为王杭娟导演越剧《庵堂认母》《杜十娘》《蔡锷与小凤仙》
（王获梅花奖）

## 七、越剧《蔡锷与小凤仙》：层层铺垫、丝丝入扣

2003 年夏天，胡芝风为杭州黄龙越剧团导演了越剧《玉蜻蜓》《杜十娘》和《蔡锷与小凤仙》，主演是"越剧新十姐妹"之一——戚派花旦王杭娟。在胡芝风的精心指导下，王杭娟以其端庄沉稳、清纯蕴藉的出色表演，一举拿下了第二十一届中国戏剧"梅花奖"的桂冠。后来，《蔡锷与小凤仙》和《杜十娘》这两折戏还成了王杭娟的代表剧目，她出访新加坡时还经常演出。

越剧《蔡锷与小凤仙》讲述的是民国初年，为反袁称帝献出年轻生命的名将蔡锷，与风尘女子小凤仙的一段爱情传奇。这折戏选取了蔡锷将要返回云南，发动护国战争，讨伐袁世凯之前，被困于旅店的一个片段：此刻，距离乘船南下的时间只剩四个小时了，但室内是形影不离、心机不明的小凤仙，室外是戒备森严、荷枪实弹的袁贼密探；在阵阵钟声的催促下，蔡锷越来越焦虑不安，一筹莫展：如何瞒过小凤仙，躲过密探的耳目，顺利抵达码头——剧情伊始就把观众带进了一个激流翻滚的紧张情势之中。紧接着，在蔡锷与小凤仙之间展开了一场扣人心弦的"戏中戏"：为尽早脱身，蔡锷决定先灌醉小凤仙，再杀出密探铁网奔赴码头；早已知情的小凤仙假戏真做、佯装醉倒，骗得蔡锷一番"假情假意"的"真心告白"。但就在蔡锷将要出门之际，小凤仙倏然"醒"来；蔡锷大惊，在小凤仙半嗔半怨的倾诉中，蔡锷方知相识以来，小凤仙虽明知自己一直被当挡箭牌"利用"，却仍然心甘情愿地为救国救民的蔡锷遮风挡雨；而这次为助蔡锷逃脱，小凤仙早已打定主意，要用"调虎离山计"引开密探，好让蔡锷顺利登船南下。深情弱女的大义之举令蔡锷既汗颜又感奋，他不忍小凤仙冒此生命危险，小凤仙却以死相逼，最后毅然乔装跨马飞驰而去，谱写了一曲英雄儿女浩气长存的悲壮乐章。

刚看到剧本时，胡芝风的兴趣就被调动起来了，觉得《蔡锷与小凤仙》"有戏可挖"，在排戏时，她更特意强化能"出情"的地方，充分调动各种艺术手段，深挖细抠，孜孜开掘，使得这折三十分钟的小戏起伏有致，荡气回肠，颇有《孙子兵法》所言"千仞转石""激水漂石"之

俊势。

其一是层层铺垫的情感造势。元末的戏剧家高明在创作《琵琶记》时，就指出"论传奇，乐人易，动人难"。戏曲靠什么打动人呢？关键就是情感。所以不仅剧作家在写剧本时要注意对人物的情感世界精雕细刻，而且导演和演员在进行戏曲艺术的二度创作时，也要注意如何丝丝入扣地表现人物内心的情感变化，逐步达到戏剧情感的高潮。胡芝风深知："'情'是戏曲表演的统领。人物思想感情如果没有层次变化，就没有人物性格的发展。"① 所以，在排练《蔡锷与小凤仙》时，为了营造"动人"的情感高潮，进行了细腻宛转、跌宕起伏的情感铺垫。

首先在开幕曲中增加了几句唱词交代故事发生的时代氛围："民国初期风云起，袁世凯梦想做皇帝。讨伐大军集滇中，盼蔡锷返云南，领兵振翅飞。"紧接着，大幕在阵阵钟声的伴随下缓缓开启，舞台上是焦急不安地翻看怀表、来回踱步的蔡锷，通过蔡锷十几句的连唱，迅速把观众引入特殊的规定情境，这是一个刻不容缓、时不我待的紧急当口：为实现反袁大计，小凤仙和密探必须逐一排除。就这样，在蔡锷的轻轻呼唤中，小凤仙应声飘然而出。刚出场的小凤仙内心是悲喜交织、思绪烦乱的：喜的是与将军相伴一年余，悲的是至今两心犹猜忌。但表面上却是一副柔肠缱绻、天真婉约的解语花模样：蔡锷要她陪酒，她温婉应从；要她一醉方休，她也毫无戒心地大口吞饮，还佯装醉倒，边歌边舞。戏演到这里，紧张的情绪似乎在酒精的麻醉下得到了暂时的平静和放松。

但就在蔡锷以为灌醉了小凤仙将要离开之际，小凤仙却突然大喊一声："将军！你是走不了的！"人物情感和故事情节在此发生了180度的大转弯。顿时，蔡锷由庆幸转入惊疑，小凤仙则先是故作调皮状，继而才袒露真情，原来她一直在暗中掩护蔡锷，不仅早已知道今晚的计划，而且已经胸有成竹地定好了计谋。至此，误会全部冰释，蔡锷为此刻才解侠女深情而愧疚不安："扫除迷障一重重，方识你我两心同。一年来，我半真半假半戏弄，宠你爱你不由衷。未辨傲骨铮，未识情

---

① 胡芝风. 戏曲舞台艺术创作规律［M］. 北京：文化艺术出版社，2006：66-67.

意重。到如今，恶风险浪扑面来，你却是，挺身哪顾火海刀丛。凤仙啊……累你踏险深抱愧，我怎忍，将你抛进恶浪中！"小凤仙则为酬知己而视死如归："凤仙能为一个救国救民的将军而死，这乃是凤仙最好的归宿啊！"最后，在"三杯酒"的传统格局中，在"百年预约来生眷"的美好憧憬中，将军、烈女的侠骨柔情汇聚成汹涌澎湃的情感巨浪，强烈地冲击着观众的心扉，产生了动人肺腑、撼人心魄的艺术效果。

就这样，通过井然有序的层层铺垫，情感的高潮喷薄而出，蔡锷的铮铮铁骨、满腔正气和小凤仙的舍生忘死、大义凛然，深深地烙印在了观众的脑海中。

其二是典型动作的设计。典型动作对于塑造有血有肉的人物形象非常重要，"导演必须根据人物的性格特征，发挥独特的想象力，构思身段和舞蹈，必须用最能表形、传神的典型动作'说话'。"[①]如《蔡锷与小凤仙》中，当听到小凤仙历数往事、披露真情："我早知，你利用凤仙避险凶，我甘愿为你挡剑锋。可记得，袁贼疑你假放纵，我长吻将军在当众。可记得，深夜搜房找凭证，我早把密电藏在胸。可记得，你为保家人假休妻，我推波助澜真起哄。非是我，先知先觉识英雄，只因你，'杀袁贼，建共和'，声声呐喊在梦中。"蔡锷大为感动，突然抓住小凤仙的双手，久久地凝视着她，然后慢慢将小凤仙扶起，这一典型动作的设计恰如其分地表现了蔡锷在真相大白后的震惊和感动。

其三是细节的提炼。恰当的细节是充分展现人物性格的绝佳手段。传统戏曲表演程式中，有不少表现人物内心情感的方法，如呼吸、喘气、眼神、手势等。它们能把人物的心理活动刻画得更为细腻、深刻。所以，戏曲导演要帮助演员提炼恰如其分的细节，以突显人物的典型性格。如《蔡锷与小凤仙》中，蔡锷以为小凤仙果真被自己灌醉后，取下披风和佩剑就要立即出门，猛回头看到沙发上"酣睡"的小凤仙，他又心生怜惜，转身将披风小心翼翼地盖在小凤仙身上。通过这个小小的"盖衣"举动，蔡锷这位铁血男儿掩藏在内心深处的似水柔情被极为

---

① 胡芝风.戏曲舞台艺术创作规律［M］.北京：文化艺术出版社，2006：66.

传神地表达了出来。又如当蔡锷正要转身出门时，猛听背后小凤仙一声"将军"的呼唤，他大惊、停步，同时下意识地扶住腰间的剑；继而小凤仙又一声："你是走不了的"，蔡锷听后猛一拔剑，稍一思索，又缓缓将剑插入鞘内，回过身来，慢慢走近小凤仙，警惕地边打量小凤仙，边问道："你……没有醉？"这一系列的动作语汇，细腻、夸张地揭示了人物瞬间的紧张心理活动，使观众鲜明地感受到人物内心的情绪变化。

胡芝风在排戏时还善于吸收别人的意见，可谓是从谏如流。如音乐唱腔设计谈声贤建议这折戏的结局用"三杯酒"的传统格局来表现，胡芝风觉得非常好，就欣然采纳了。又如著名导演余笑予在看了《蔡锷与小凤仙》后，建议在最后蔡锷与小凤仙挥手痛别时，加上一句台词："凤仙……妻呀！"增添这句话后，不仅大大强化了剧情的感染力，还使人物的情操得到了升华。

总之，胡芝风在排练《蔡锷与小凤仙》时，充分挖掘了尽可能"出情""出戏"的地方，使得这出小戏获得了激荡人心、引人入胜的良好效果。

## 八、河北梆子《梦蝶劈棺》：戏推物理、曲尽人情

胡芝风导演的河北梆子《梦蝶劈棺》，是又一次对传统戏的革新与舞台搬演的积极尝试。《梦蝶劈棺》的故事取材于明代冯梦龙编选的《警世通言》中的《庄子休鼓盆成大道》。传统戏曲舞台上多有演出，如京剧有《大劈棺》《蝴蝶梦》，川剧有《南华堂》，湘剧、徽剧、秦腔都有《蝴蝶梦》，河北梆子也有《庄子扇坟》等。

该剧由陈牧先生改编，全剧分为"扇坟""说梦""访师""守灵""情真""劈棺"六场①，缓中有急、急中有缓、跌宕有致地上演了一出耐人寻味的悲剧，有着超越时空的感人力量。创作者摒弃了传统老戏陈腐的伦理观念，在对人性鞭辟入里的揭露中，寄予着深厚的悲剧意

---

① 在舞台排练中，胡芝风删掉了"访师"和"情真"两场戏，只保留了四场戏。

蕴，肯定了女性追求自由爱情的婚姻理想，引发人文精神的思考。

戏曲导演对剧本的认识程度如何，是其二度创作能否成功的基础。该剧的情节并不复杂，主要事件就是庄周试妻，主要人物只有田氏与庄周以及庄周幻化成的楚王孙。对于寡妇再嫁，当代人也许不难理解；而即将再嫁的寡妇田氏竟然要劈棺取出亡夫的脑髓以救自己的新欢，不管从伦理还是道义上，恐怕都是件让人切齿的事情。因此，如何看待田氏的劈棺取髓，是重塑这一人物的关键。

对于田氏，剧作者是渗透着深沉的人文关怀的。从庄周出游修道后3年的独守空房、朝思暮想，到丈夫归家后的喜不自禁、忙前忙后，又到丈夫突然离世的夫妻永别、悲恸坚贞，再到王孙来守灵、隔窗相对的循规蹈矩、谨守大防，及至经不住王孙的一再挑逗、反复示爱，终于意乱情真，接纳了风度翩翩、屈尊降贵的楚王孙；而为了再试田氏对庄周与王孙究竟孰真孰假，庄周竟然设计逼迫田氏劈棺取脑，以看清田氏的真实内心。田氏的"劈棺"之举，似乎就这样一步步水到渠成、顺"理"成章。从外部环境看，田氏"劈棺"有着庄周的刻意捉弄之嫌，是不得已而为之的被迫之举，甚或有着对庄周狭隘多疑的嘲讽之意。但如果仅止于此，此剧或许也就只是一个意味深长的寓言故事罢了，离戏曲艺术"动人"的审美追求恐怕还有段距离。

导演胡芝风正是深入开掘了主人公田氏的内心世界，才使得这出传统戏格外动人心扉。她给田氏形象定了这样一个基调：贤淑忠贞、敢爱敢恨，温柔善良却不软弱可欺，婉媚多情而不水性杨花，循规蹈矩又不逆来顺受。扮演田氏的演员也很好地把握了这一特性，细腻地展现了人物的内心世界。下面依次从唱词、身段、念白三方面看看导演在剧中独到的艺术处理。

首先是对唱词的处理。有情则长，无情则短，是胡芝风排戏的一个准则。在安排唱段时，她同样遵循着这一定律。既要考虑到发挥演员的特长，还要根据剧情灵活处理。第一场"扇坟"简洁明快，而第二场田氏甫出场，导演就安排了一大段刻意延长、舒缓悠扬的唱腔：

蝴蝶纷飞秋风起，思夫切切制寒衣。庄周修道三年整，朝思暮想盼归期。自从庄周离家去修道，田氏我竹篱茅舍度寂寥。怕看落霞树梢染，孤雁失群难归巢。怕听暮鼓晨钟响，漫漫长夜无良宵。一心一意守妇道，心如止水万念消。昨夜一梦特蹊跷，一群蝴蝶随风飘。白蝴蝶风姿翩翩舞窈窕，黑蝴蝶缠绵缭绕逃云霄。清晨湖畔影儿照，人影儿消瘦面容憔，用手儿撩破溪中水，人影面影随波飘。忽见鲜花草丛冒，清香扑鼻嫩又娇。摘花祛邪求吉兆，但愿得梦是梦我是我。盼庄周早回，夫妻们团圆哪乐陶陶。[1]

这段畅诉情怀、声情并茂、载歌载舞的表演栩栩如生地展示了一个恬淡娴静、恪守妇道的闺中思妇的形象：丈夫虽不在家，她依然"切切"地为他制作"寒衣"；独守竹篱茅舍虽然寂寥清苦，她却始终"一心一意""心如止水"；令她魂牵梦萦的唯有"庄周早回，夫妻团圆"。这段表演既为田氏形象奠定了一个总的基调，也使得舞台节奏急中有缓、缓中有急，强化了剧作的诗意色彩。

这样一个温婉深情的少妇，如何发展到移情别恋，乃至劈棺取脑呢？随着庄周一手炮制的"试妻"恶作剧，谜底逐渐揭开。

从第三场到第五场：田氏先是经历了突然丧夫的无尽悲痛，接着是王孙守灵的些许温暖，再进一步是王孙的送花示情、跪地求爱，到后来"面热心跳情难禁"，接受了王孙的感情。这样一个转变过程，对田氏来说是极其困难的，尤其是对王孙送来的花接还是不接，她的内心斗争得很激烈："我若来把花接取，愧对先生道严森；我若不把花来接，遗憾终生失去知音。"这里，"知音"两字用了河北梆子特有的大拖腔，委婉地传达了人物此时的两难处境。

第六场"劈棺"是全剧的高潮，也是田氏内心斗争白热化的制高点。一边是王孙的阵阵呼救，一边是亡夫的尸骨未寒，田氏内心正经历着冰火两重天的严酷考验。她本来已下定决心劈棺取脑，但又念及"庄周他在世时对我情虽淡，也曾同栖一屋檐，也曾关心问冷暖，也曾同饮

---

① 陈牧改编，胡芝风导演，河北省河北梆子剧院演出：河北梆子《梦蝶劈棺》（VCD），北京电视台 1998 年录制。下文所引《梦蝶劈棺》曲文均出于此。

同进餐。如今棺中已长眠，劈棺取脑心不安"而徘徊不定，而"王孙相交时虽短，情相近来心相连。公子呼痛声声喊，好似利剑把我的心刺。如今他生死系一线，不救公子心不甘"，又逼使她必须尽快做出选择。这样的左右为难似乎还没有全盘托出人物的深邃内心，田氏似乎又听到了喋喋不休的飞短流长："似听邻里道长短，纲常礼法词正严。寡妇改嫁本受谴，劈夫棺椁更犯天。"导演在这里为田氏特意安排了长达四十多句的整套唱腔，并配以恰到好处的舞蹈身段，把田氏的痴情果敢、进退两难、千回百转淋漓尽致地展现在观众面前。

其次是表演语汇的恰当运用。剧中在唱念的同时，综合运用了各种手势、眼神、水袖、步法，增添了表演的情趣，强化了人物内在心理的变化。如第五场"情真"在决定是否接受王孙鲜花的摇摆过程中，面对王孙送出的鲜花，田氏一边唱着"鲜花纯净可人意，无缘相携送花人"，一边含情脉脉地望着王孙慢慢摆手，缓缓后退，背转身去；当王孙唱到"此花独为师娘开，此心独为师娘倾"时，田氏的心扉骤然被打开，她激动得不断翻身、上抛水袖；但突然面对庄周的棺椁，田氏又用了"摇头""颤双袖""后碎步"等动作，流露出对庄周的愧疚不舍之情；面对王孙的步步紧逼，又用"抛袖""甩袖""转身""平步"等动作，含蓄地表达了欲说还休却又压抑不住的羞涩、兴奋之情。

又如第六场"劈棺"中，用了大幅度的舞蹈动作和水袖功来展示人物内心翻江倒海的情绪变化。如唱完"王孙呼救声声不断"，田氏在锣鼓声的配合下背身走了一串搓步后，双手先后向前抛出长达两米的水袖，同时一个翻身，宛若一条白色的蛟龙正要腾空而起，让观众感觉到她内心的急切焦虑和进退两难。伴随着"谁料想救公子竟要劈棺"，先是往上同时抛出两条水袖，然后左右手交替挥舞水袖，继之左手拖着一条水袖，右手反举着另一水袖慢慢转身走向棺椁，突然一怔，再转身面对观众，缓慢深情地唱道"庄周他在世时对我情虽淡……"，把为救王孙痛下决心的果敢和面对亡夫尸骨未寒的于心不忍准确地传达了出来。当唱到"不救公子心不甘"时，右手迅速将水袖从身后抛到左臂，左手向后上方抛出水袖后平伸，做了一个造型，紧接着又是一系列精湛的水袖表演，把田氏的一片痴心和柔肠全盘托出。

除了上述对戏曲程式的巧妙运用之外，导演还在演员的表演中融入了其他艺术种类的表现形式。如第五场当田氏接受了王孙的求爱，为表现二人共浴爱河的两情相悦，除了传统的水袖功，还把舞蹈交流情感的优势和夸张的形体雕塑的魅力，一同融进戏曲的表演程式中，使剧情一下子从晦涩压抑转入明朗欢快，也恰当地展现了人物的激情。

最后，是念白与塑造田氏形象的关系。胡芝风在《戏曲演员创造角色论》中曾写道："在戏曲舞台上，念白要为塑造人物性格服务，要根据剧本的规定情境和人物的思想感情，讲究什么人物念什么味道，什么感情念什么语气，在高低紧慢、抑扬顿挫和音色的宽窄粗细、音量的大小轻重等变化中传神达意，让听者'闻其声便知其人，聆其语如见其态'。"[1] 在《梦蝶劈棺》中，田氏的念白就达到了这种"闻其声便知其人，聆其语如见其态"的境界。

如第二场结尾庄周假死时，舞台切光，田氏在黑暗中喊了两声"先生"。这两次喊叫时人物的内心情绪是不同的：第一次是惶恐中的试探，因为不相信庄周会死去，所以要求演员是轻声地呼唤；第二次是确信庄周已亡后的大声哭喊，蕴含着悲痛凄凉、辛酸苦涩的味道，且"先"字要拉得很长。这样一来，就把田氏从丈夫终于回家的欢愉不尽，到夫君突然亡故的莫大悲伤，这种巨大的心理落差导致的痛楚难耐传神地演绎了出来，而观众的情感也随之波澜起伏。

再如剧末在得知庄周即是王孙，王孙就是庄周后，田氏顿感如雷轰顶、天旋地转，伴随着一声撕心裂肺的"啊……"的无字伴唱，是一个大幅度的旋转身段，倒地后，人物有段较长的念白：

> 想我田氏嫁你庄周并无他求，只望夫唱妇随百年恩爱。这敬爱之情你应知晓。你口口声声说的是真情，讲的是自然。如今，你这样的折磨于我。你的真情在哪里？你的自然又在何方？

---

[1] 胡芝风.戏曲演员创造角色论［M］.上海：上海文艺出版社，2000：84.

这段念白可谓是百感交集、五味杂陈，导演把它分成了三个层次：开始是缓慢温和、情真意切的回忆——"想我田氏嫁你庄周并无他求，只望夫唱妇随百年恩爱。这敬爱之情你应知晓。"接着是平静中带着蔑视与憎恶的指责——"你口口声声说的是真情，讲的是自然。如今，你这样的折磨于我。"最后是用哭腔对无义之人庄周的愤怒拷问——"你的真情在哪里？你的自然又在何方？"其中"自"字和"何方"二字都拖得很长，且"何方"二字音调渐高，大有冲云裂帛之势，使观众感到，田氏在对庄周厉声责怪背后那深深的无助绝望和无可奈何。

《梦蝶劈棺》中虽无大段的成套念白，但对每个细节，每句台词，导演和演员都精心设计，字斟句酌，达到了较高的境界。

以上，只是择其要者，对《梦蝶劈棺》中的导演艺术做了简要分析。另外，此剧在音乐、灯光、舞台调度、舞美等方面也都处理得恰到好处，共同烘托了人物的情绪，凸显了贯穿千古的人情物理。

总之，《梦蝶劈棺》以其清新流畅、细腻婉转的特色，重塑了一个丰满独特的田氏形象。该剧既保留了河北梆子的地方特色，又丰富了河北梆子的剧目宝库，还调动了诸多艺术手段，对河北梆子进行了一定的革新，产生了让人赏心悦目的良好效果。该剧排成演出后，受到了观众和专家的一致好评[1]。

胡芝风曾为河北省河北梆子剧院、保定市河北梆子剧团、山西省大同晋剧院、大同雁剧团、香港天马菁莪粤剧团导演过《梦蝶劈棺》。其中，主演许荷英和李玉梅，分别于1997年、2004年带着该剧晋京演出，不仅赢得了阵阵掌声，还分别获得了第十五届和第二十二届的中国戏剧"梅花奖"；主演项小娟、杨小蕊、张彩萍、魏润平，获山西省杏花奖；香港天马菁莪粤剧团的梁宛华获国华杯奖，2003年还入选参加广东省国际粤剧节。这些荣誉的获得与胡芝风的高水平指导是密不可分的。

---

① 《中国戏剧》2004年第8期分别发表了马明杰、刘仲武《燕赵剧坛一颗星——感受李玉梅〈梦蝶劈棺〉的艺术魅力》和李玉梅《准确把握人物 精心塑造形象——我对〈梦蝶劈棺〉田氏的裂解与把握》两篇文章，前者称《梦蝶劈棺》在保定和北京的"两场演出均受到广大观众和专家的一致好评"，后者称"《梦》剧从去年排成演出后，在观众中产生了很好的效果……成就的取得，首先需要感谢的是该剧的导演胡芝风老师……"

胡芝风为张彩萍导演雁剧《梦蝶劈棺》

## 九、河北梆子《大脚皇后》：以微见著、情趣盎然

新编历史故事剧《大脚皇后》讲述的是明朝开国皇帝朱元璋的发妻马秀英，借审理一起书生讥讽皇后大脚的灯谜案，而发现人才、任用贤才的故事。该剧的编剧是梁波。晋剧、京剧、评剧、豫剧等剧种都上演过这个故事，胡芝风曾在 2000 年为中国评剧院执导评剧《大脚皇后》，并邀请编剧梁波观看，梁波看后也比较满意。2002 年，胡芝风为保定市河北梆子剧团重排这个剧目时，对原作又进行了一些改动，使得剧本主题更加鲜明，人物形象更为突出，舞台表演更富情趣。主演李玉梅不仅因此在艺术上有了很大的提升，而且凭借此剧获得了河北省第六届戏剧节"优秀表演奖"的荣誉。

首先，在主题的提炼上，该剧强调发扬实事求是的精神，提倡敢说真话、不说假话的良好风气。

《大脚皇后》的主要矛盾是在皇后马秀英和书生王庸之间展开的。矛盾起因是王庸在元宵节灯会上题了一首讽刺皇后脚大的灯谜："一人肩上挑重担，却能跋涉到月边；王爷头上顶白发，反字去又一口填。"朱元璋看后龙颜大怒，立即下令将灯会的书生全部押进囚牢。马皇后得知虽然气恼，却认为皇帝不该牵连无辜书生。为解救无辜书生，皇后

胡芝风为中国评剧院导演《大脚皇后》

先后通过装病、比赛马球等办法，试图劝诫皇帝回心转意。正在皇帝输掉比赛、左右为难之际，王庸突然投案自首。马皇后遂决定亲自审理此案，这就是全剧的高潮——第六场皇后审脚。

王庸是剧中唯一敢于仗义执言的人物，又是戏核，可戏份却不够，因此，在"审脚"之前，胡芝风为王庸增加了一段为何题写灯谜的唱词："倘若是目不识丁的皇亲们把官做，岂不让世人大哗笑掉了牙；胸中不平犹如鱼刺扎在我的喉咙难咽下，因此上写谜灯由感而发。"这段唱有助于加深对剧作主旨的理解。

有感于王庸的正义直言，皇后马秀英决定通过审"脚"一试群臣。面对皇后的脚是大还是小的询问，不同的人回答各异。潘俊臣巧言令色，极尽溜须拍马之能事："娘娘这双脚，长得特别好；远看是那么样的俏，近看是那么样的娇；雍容华贵又精巧，真个是……真个是不长不短、不宽不窄、不肥不瘦、不大不小，世上再难挑！"大学士老宋濂是真话不敢说，假话不会说，"想溜溜不了，想躲躲不掉"，只得支支吾吾地应付："微臣我老朽了，微臣我眼花了，分不出大来辨不出小，看什么都是一团糟！"大太监公然指鹿为马、颠倒是非："娘娘的小脚好，好，好！比那三月的桃花更妖娆；针尖上能跳舞，掌心上能赛跑；站着迷人眼，走起来水上漂；近处看，犹如蝴蝶花中绕；远处瞧，乳燕穿柳登树梢。"

只有王庸回答得斩钉截铁:"皇后的脚大!"并耿直进谏:"今日里虽是对脚来评论,以微见著喻世情;倘若是朝堂里伪言日盛,到头来是非颠倒要江山倾;非是我杞人忧天危言听耸,为的是大明江山万代兴;即便是皇后娘娘将我把罪问,我也是实话实说不变更。"这段掷地有声的慷慨陈词,令朱元璋幡然醒悟:"想当年义军弟兄对朕敢劝导,今日里为什么真心话难掏;皆因我忠言逆耳只愿听好,忠良臣近在咫尺却远在天遥;我把那耍乖巧、善于拍马、表里不一的庸才当作宝,长此以往大明的江山要动摇;想到此愧对皇后马大脚,愧对天下众英豪;从此后任人唯贤分良莠,确保江山基业牢。"这番话正点出了本剧的主题:"是就说是,非就说非,乃立国之本;非说成是,是说成非,乃祸国之源。"因此,第六场戏表面上看是审脚,实际则是审"人",通过不同声口的描画,以小见大,揭示了一条亘古不变的真理:要说真话不说假话,要任人唯贤而不能任人唯亲。

其次,本剧的感人魅力还来自于李玉梅扮演的马秀英形象的成功。马秀英是一位出身于社会底层的开国皇后,在她身上有着浓厚的朴实善良的民间气息。极富乡土情调的河北梆子非常适合塑造这样的形象。胡芝风正是抓住这一契合点,充分发挥演员的长处,为观众推出了一位端庄仁慈、宽厚直爽、体恤民瘼、识大体明大义的贤后形象。比如看到侄儿带来的粗针大麻线的布鞋,她不仅丝毫不嫌弃,还立即试穿,连赞合适。对此,宫女春燕颇为不解,担心有失皇家体面,马秀英这时有一大段深情婉转、不卑不亢的唱词:"在娘家我的小名叫马大脚,生性好动不撒娇;哥哥他舞刀弄枪把功练,嫂嫂她为我做鞋费辛劳;纺织粗布做鞋面,麻绳纳底鞋底牢;踏粗鞋与万岁并肩来征战,赢得江山建王朝;踏粗鞋稳举步来实落脚,做皇后脚正腰直身不摇。纵然用体面二字来计较,世间上哪双鞋能与它比低高!"由此,一个富贵不忘本、质朴且爽朗的皇后形象已是跃然而出,尤其是当着朱元璋的面,她"噌"的一下敏捷地跳上桌子,得意地伸脚展示侄儿从家乡带来的新鞋,更见其直爽麻利的个性。李玉梅的表演干净利落,很好地烘托了大脚皇后的这一性格特征。

又如听说有人在灯会上,公然题谜讥讽她的大脚时,马秀英的第一反应是勃然大怒，但听说皇帝为此囚禁了所有逛会的书生，还发下话去，如查不出罪魁祸首，那些书生就休想活命，她就立即劝止："咱大明初建新朝基业创，当务之急万众一心治国安邦；百废待兴需忠臣良将，应重用读书人集智思广；纵有人戏谑皇家诚可气，可怎么能够小题大做牵连灯会上无辜的书生全遭殃？"劝说无果后，她心潮翻滚，疑虑重生，决心想良策救无辜，脑海中全然没有对嘲讽自己的书生的记恨报复之意，只有对社稷苍生的殷殷牵挂。接下来，先是假装缠足卧病，借机为众书生开释；又借跨马击球，一赌输赢，决定是否释放众书生。听闻王庸自首，她已预感这是个难得的直言谏臣。于是她灵机一动，决定通过"审脚"，给皇帝一剂清凉散："今日里娘娘我审案先审脚，众爱卿各抒己见把边鼓敲；评一评我这双脚是大还是小？大小之中把真金淘！"果然，在观看了应天府尹潘俊臣、年迈的大学士宋濂、奴颜媚骨的大太监的"各色表演"后，皇帝终于领悟了皇后的良苦用心，领悟了"忠言逆耳利于行""亲贤人远佞臣"的亘古真理。而皇后的仁爱宽容、聪慧贤良、有度有识、体察民生，则在审查这起灯谜案的过程中尽显无遗。

演员李玉梅充分发挥了自己声情并茂的演唱特色，对人物内心世界的开掘有一定的深度。如在朱元璋失口说出"难道你还要朕在百姓面前出丑不成吗"时，引发了马秀英对20载夫妻情的怀疑和对朱元璋的责问："二十年你和我腥风血雨出生入死，全仗着这双脚南征北战东荡西杀这才化险为夷；那一年揭竿起义你陷牢狱，全仗着这双大脚踢开了牢门救你逃离；你身负重伤鲜血淋漓溺淮水，全仗着这双大脚背你过河突围到淮西；如今你得了天下做了皇帝，这双大脚的功劳当数第一。我若是三寸金莲柔弱体，今日你当的什么皇帝登什么基；万岁呀，你扪心自问说真的，是不是得了天下当了皇帝就嫌弃我这大脚的妻。"这段唱，时而慷慨激昂、时而婉转低沉，时而急促、时而缓慢，配合着缓急有致的旋律，把观众一会儿带入血雨腥风的鏖战场面，一会儿又带入凄风苦雨的逃难途中，尤其是最后一句的大拖腔，听来更是荡气回肠、热耳酸心，充分展示了人物内心的怨愤、悱恻之情。这段唱不仅使朱元璋听后大为动容，连呼冤枉，也带领观众走进了人物的内心世界。又如朱元璋执意不听任何劝谏，马秀英内心思虑翻滚，唱完"怎奈是万岁执意不听劝"后，先是双手交错揉搓、缓缓转身、踱步思考，后乍然回身，徐徐唱出"还需要寻良策来周旋"。这一唱做相间的表演，把人物焦急无奈的内心活动传神、夸张地表达了出来。

第三，遵循传统戏曲的美学精神，净化舞台。胡芝风多次强调，戏曲导演不同于话剧导演，戏曲导演必须遵循"戏曲的美学精神"①。戏曲艺术继承了我国传统艺术摹情写意、遗貌取神、虚实相生的美学特征。在布置戏曲舞台时，胡芝风就非常强调舞台的简约空灵，反对群舞过滥、布景过实等违背戏曲美学精神的所谓"创新"。她认为当代有些戏曲舞台，"在形式上，片面追求大场面、大实景、高台阶等'大制作'，这样的景物造型往往缩小了演员的表演区，妨碍表演技艺的发挥，而且演员穿厚底靴、长裙上下台阶，步履困难，有的大斜坡之陡，站稳不易，要舞蹈更困难；有的布景过分奢华，与演员抢戏，分散观众的欣赏注意力，并且浪费人力、物力和财力。"②

《大脚皇后》的布景就是一块简单的幕布，上面有一座示意性的宫殿。这样的舞美设计一方面是考虑到当时剧团拮据的经济状况，另一方面又是对传统戏曲表演美学精神的灵活运用。即便是第一场表现元宵节灯会的热闹场面，也只是在天幕上高悬几串灯笼象征张灯结彩的节日气氛。熙熙攘攘的观灯人群也没有在舞台上正面现身，而是通过幕后群众的哄笑和与场上角色的对话，来制造灯会上人头攒动、欢声笑语的效果的。这样一来，就把戏集中在人物关系和人物性格上，既给演员的表演腾出更大的空间，也使得观众把注意力更多集中在主要人物的唱、念、做、打上，并联系自己已有的审美经验，自由驰骋在物我两忘的艺术王国中。

第四，在舞台调度方面，围绕人物性格，灵活处理。"角色在舞台上的调度关系到戏剧冲突的展开和人物内心情感的抒发，调度是反映人物行为节奏的内在因素。"河北梆子《大脚皇后》为了集中展现不同人物的不同性格，做了灵活多变的调度处理。如朱元璋观灯时有四句唱词："这一盏日月同辉四海丰盈""那一盏箜篌笙箫赞颂明

---

① 胡芝风.戏曲舞台艺术创作规律［M］.北京：文化艺术出版社，2005：39.
② 胡芝风.戏曲舞台艺术创作规律［M］.北京：文化艺术出版社，2005：262.

君""这一盏和合二仙国泰安稳""那一盏鲤鱼出水跳龙门"。原来的剧本是朱元璋一人演唱，胡芝风把它改为每句的前半截由朱元璋唱，后半截由潘俊臣接唱，同时辅以潘俊臣点头哈腰、卑躬屈膝、跳梁小丑似的谄媚表演，如此，既入木三分地刻画了谗佞小人阿谀奉承的丑恶嘴脸，又不无讽刺地揭示了朱元璋爱听好话的虚荣心理。又如马秀英阻拦朱元璋给侄儿马高才封官时，马高才下场还不忘悄悄地捧走官衣，这说明他没有理解姑妈的苦心；皇后审脚时，马高才见王庸不顾生死、仗义执言，又高高兴兴地捧出官衣递给皇帝，并指着王庸说："这件官衣给他穿上比我要好看，他要是做了官，咱老百姓都喜欢都喜欢！"还有王庸投案自首这场戏，导演把它结束在宋濂拉着王庸要他赶快逃走，潘俊臣急忙阻拦，宋濂气急无语，用颤抖的右手连连指点薄情寡义、自私自利的潘俊臣这个造型上。这样的舞台调度，既凸显了人物的不同个性，也使主题更加鲜明。

总之，河北梆子《大脚皇后》在主题提炼、人物塑造、舞美设计、舞台调度等方面都上了一个新台阶。它既是胡芝风执导新编古代戏的一个成功尝试，又是把戏曲美学精神与时代审美紧密结合的成功范例。

## 十、粤剧《双教子》：寓教于乐、张弛有致

粤剧《双教子》，由周仕深根据莆仙戏《状元与乞丐》改编而来，描写了丁家兄弟俩同时各生一子，分别被舅父算为状元命和乞丐命。但由于两个家庭一个娇惯孩子，一个严加管教，结果，被算为状元命的却沦落为盗、锒铛入狱；被算为乞丐命的反而高中状元、衣锦荣归。此剧由胡芝风为香港演艺学院青年粤剧团导演，于 2012 年 3 月首演于香港上环文娱中心剧院，得到了香港戏剧界人士和广大观众的肯定和称赞。由于演出效果出色，此剧于 2016 年 3 月又再度上演。该剧立意新颖、表演动人、节奏张弛有致，既尊重了粤剧的传统，又有所创新，充分体现了戏曲艺术的美学精神。

首先，在主题方面，导演思考的是如何让这个普通的家庭伦理故事

引起当代人的深思与反省，仅仅打着"反宿命论"的旗帜，显然难以深深打动当代观众的心灵；仅仅表现主人公的"不甘命运"或者不同的教育理念，也似乎过于单调。最终，导演把故事基调锁定在了对"人性种种"的反思上：歌颂善良宽容、勤奋踏实、坚忍不拔、努力向上的美好品德；鞭笞自私狭隘、懒惰愚昧、投机取巧、贪婪侥幸等不良习性。因此，上半场主要正面表现柳氏育子的艰辛不易：舅父的卦言不啻噩耗，夫君的忍痛别离、婶婶的风言冷语、被迫分家的祸从天降、携子求师的坎坷波折，都像一阵阵挟着钢刀匕首的飓风，向着这个初为人母的弱女子袭来；所幸，重重阴霾之中，还有老塾师李仲书的仗义相助，才使这叶在风雨飘摇中即将沉没的孤舟，有了一席喘息之地。下半场主要是对比丁文龙和丁文凤一个刻苦攻读、高中状元；一个吃喝嫖赌、败家入狱。柳氏在下半场虽出场不多，但却能处处感觉到她的存在：丁文龙对舅公、叔婶的不计前嫌、慷慨相助，丁文龙的一举夺魁、不忘亲恩，丁文龙的正直为官、不避亲疏，丁文凤推倒父母、变卖家产的大逆不道，文凤父母的沿街乞讨、凄惶度日，或从正面，或从侧面烘托了柳氏的善良质朴、不畏艰辛、坚韧向上、宽容敦厚等优良品格。在文龙和文凤人生归宿的鲜明对照中，孰是孰非、是美是丑、勤奋还是懒惰、宽容抑或自私、踏实肯干还是投机侥幸等，已是昭然若揭。观众在享受着优美动人的艺术大餐的同时，也受到了强烈的心灵撞击；既有对如何教育后代的反思，更有对人类美好品德的尊崇和向往。

其次，在表演上，强调以情驭技。戏曲的程式语汇是观众与演员之间进行直接的艺术交流的枢纽。所以，程式是否饱蘸了情感的墨汁，就成了戏曲能否动人的一个重要因素。胡芝风在自己的表、导演生涯中是非常注重对"情"的描摹的。她在专著《戏曲演员创造角色论》中曾强调："在戏曲表演中，'情'更是表演的统领。没有'情'，就没有人物性格色彩的变化，没有人物思想感情的层次发展，没有戏剧情节的推进。"[1]在《双教子》的执导过程中，也凸显了这一思想。

比如第三场《兴衅》，在追光中表现柳氏织布的身段动作，在强调

---

[1] 胡芝风.戏曲演员创造角色论［M］.上海：上海文艺出版社，1994：231.

演员的表演要细腻、形象，要表现出人物"纺纱织布，十指磨穿"的艰辛的同时，还强调演员既要表现出夫妻分离的悲戚、独自育子的不易，更要表现其逆境中不屈不挠的坚韧意志。扮演柳氏的青年演员林颖施起初误解了角色的内心感情，以为柳氏与夫君鱼雁相断长达八载，应该表现悲惨，但胡芝风纠正她：柳氏"困难当中有信念，为了培育儿子成才，心中虽苦也坚韧"①。由于把握住了"悲伤"而不"绝望"这一情感实质，林颖施饰演的柳氏才格外动人。

又如第四场《投师》，这场戏是胡芝风建议编剧周仕深编写的：在狂风暴雨、电闪雷鸣中，柳氏身背包袱、手持雨伞，和儿子文龙奔走在泥泞不堪的山路上，老师的家看起来是那么渺不可及……胡芝风为演员设计了一系列丰富的双人伞舞身段，如水袖、劈叉、跌倒等，配合着琵琶、锣鼓、钹、高胡等或激昂或迂缓的音乐，把柳氏的坚定执着、文龙的"我就算爬也要爬到老师那里"的坚强不屈、母子之间的相互呵护，表现得淋漓尽致。

再如第九场《路遇》，被浪荡子败得倾家荡产的丁家旺、姜氏夫妇，在沦落为乞丐沿街乞讨时，偏偏遇到了被自己赶走的嫂嫂柳氏，夫妇俩

胡芝风为香港演艺学院青年粤剧团导演粤剧《双教子》（2012 年）：林小叶饰柳氏、罗伊澄饰丁文龙

---

① 林颖施.胡芝风老师为我们导演粤剧《双教子》[J].中国演员，2012（4）：46.

满面羞愧、夺路而逃。剧中两人仓皇逃窜的一段舞蹈极为有趣，让人在忍俊不禁中，既感觉到他们的狼狈不堪，又触摸到编导指责中蕴含着包容的良苦用心。如此种种，不一而足。正是由于在表演中，注重对每个角色不同情感的准确把握和细腻演绎，《双教子》才得到了现场观众或潸然泪下或笑逐颜开的积极呼应。

最后，在节奏上，张弛有致，悲喜交融。"节奏是戏剧舞台打开观众欣赏心理的钥匙，观众从节奏变化中，接受戏剧情节发展的起伏和人物情绪上的抑扬。"① 粤剧《双教子》的戏剧节奏流畅优美、和谐统一，尤其是在情节设置上，悲喜交替，波澜起伏，让观众在千回百转中享受着绚丽多彩、摇曳多姿的艺术美。

比如第一场"算命"以夫妻俩忍痛分离作结，气氛凄怆压抑；第二场"闹学"开场就是一段轻松的乐曲【读书郎】，紧接着是捣蛋鬼阿猪挑起的学堂闹剧；第三场"兴衅"又转入柳氏日夜织布，辛勤供子读书的悲凉场景……这样回环往复、左盘右旋，舞台气氛冷热交错、跌宕有致，故事情节宛转变化、动人心扉。

即使是一场之内也是回环往复、斗折蛇行。比如第一场开场就是两家得子的喜气洋洋，但由于舅父的算卦，剧情急转直下，变为丁家兴和柳氏母子的生离死别，得子的幸福眨眼间被夫妻别离的伤痛所淹没，观众的情感也随之起伏跌宕。又如第三场一开始时柳氏含泪织布，接着是姜氏无理取闹的雪上加霜，然后是柳氏的忍痛打子、追述往事，此时，母子已是哭成一片，观众也不由得心酸掉泪；但突然间，顽童文风的悄悄溜上场，并无意中道出并非文龙有错的真相，遂使得观众稍稍释怀；紧接着，丁家旺、姜氏夫妇的夸张表演，使得观众紧绷的情绪慢慢舒展了开来。这样一场之中，也具无限情由，无穷关目，于曲折复杂中体现了传统戏曲悲喜交融、刚柔相济、浓淡相宜、疏密相间的和谐美。

粤剧《双教子》在香港的成功演出，再次显现了已经年逾古稀的胡芝风那依然充沛的艺术创造力和对传统戏曲艺术美的执着追求与维护。而她在引导整个团队团结协作时显露的人格魅力，更是让"团员"们

---

① 胡芝风.戏曲艺术二度创作论［M］.北京：中国戏剧出版社，2000：60.

2012 年，香港粤剧《双教子》谢幕

敬佩不已。柳氏的扮演者林颖施这样回忆："胡老师经常给我们讲述做人的道理，'学做戏先要懂做人''戒骄戒躁，踏实做人'等。"[1] 编剧周仕深也大有感触："在与胡老师这半年来，先是从北京给我电邮、电话，到之后来港与我面对面讨论的过程中，我最敬佩她的，首先是她不顾眠休的魄力，一想到好的点子，立即向我提出，化成一句句对白和唱腔；有更好的身段编排，立即与演员、音乐设计、锣鼓研究改进，务求达到最佳效果，这令我这'年轻人'深感汗颜。"[2] 这种魅力或是胡芝风导演的戏曲作品总能屡获好评的"法宝"之一？

以上只是撷取了胡芝风导演生涯中的部分作品略作回顾，但从中不难看出这位弃学从艺，又弃"演"从"导"的艺术家鲜明的个性色彩：在充分把握戏曲艺术美学精神的基础上，开动脑筋、不断创新。在这点上，她很好地继承了乃师梅兰芳先生"移步不换形"的艺术思想。另外，胡芝风导戏，不图名不为利。也许正是这种淡泊功利的创作心态，才铸就了她艺术生涯中的一个又一个辉煌，她是把艺术当做自己的人生

① 林颖施.胡芝风老师为我们导演粤剧《双教子》[J].中国演员，2012（4）：46.
② 周仕深.粤剧《双教子》的成功演出［J］.中国演员，2012（2）：5.

追求来全身心地投入的。正像她在一次讲座中所说的："我们戏曲导演，于人于艺都要真诚，摆脱世俗的功名利禄，专心致志做事，才能够在舞台上不断闪现艺术的火花"，"排戏、熬夜、改戏的过程，都是享受的过程，在否定和肯定中不断进步，戏就是这样磨出来的。"① 这正是她的人格魅力和艺术魅力。

---

① 根据 2012 年 7 月 4 日胡芝风在中国戏曲学院做的讲座《戏曲导演》的录音稿整理。

# 第四章　实践出真知——戏曲表导演理论研究

"在舞台实践上可以与胡芝风相提并论的人,在中国戏曲界可以扳着指头数出一大串来,但其他表演艺术家却鲜有她那样能攀登另一艺术境界——理论研究的高峰。"[①]

这是阿甲先生在为胡芝风的学术专著《戏曲演员创造角色论》所写的序言中引用的一位热心戏曲观众的评论。此言甚当。

自从 1985 年,满怀信心地毅然踏进当时坐落于北京恭王府的中国艺术研究院,学习戏曲理论以来,在三十多年的时间里,胡芝风除了频频导戏和海内外讲学以外,还陆续出版了《艺海风帆——我的艺术道路》《胡芝风谈艺》《戏曲演员创造角色论》《戏曲艺术二度创作论》《戏曲舞台艺术创作规律》《戏剧散论》等六本个人专著和数十万字的评论文章。其中,《艺海风帆》是作者对自己近三十年舞台艺术实践的理论总结,《胡芝风谈艺》是对具体剧目和演员表演的艺术分析,《戏曲演员创造角色论》是对戏曲表演特征和规律的深入探索,《戏曲艺术二度创作论》主要是对戏曲导演理论的研究,《戏曲舞台艺术创作规律》全面探讨了编剧、导演、表演、音乐、舞美等戏曲舞台艺术的创作规律,《戏剧散论》则收录了作者在中国艺术研究院工作以来,在国内外公开发表的主要学术论文和艺术评论。

胡芝风常常铭记着著名戏曲理论家阿甲先生的至理名言:"戏曲舞台的表、导演需要重视理论指导,而理论研究工作者也要联系舞台实际。只有在实践中才能找到规律和理论。"[②]正因为有着二十多年的舞台

---

① 阿甲.求索者的足印[M]//胡芝风.戏曲演员创造角色论.上海:上海文艺出版社,1994:3.

② 沈伟东.胡芝风:勇于创新,敢于登攀[N].姑苏晚报,2009-08-09.

经验，有着六七千场红氍毹上的演出实践，有着这样得天独厚的优越条件，她的理论研究才有着特殊的现实性、指导性和实践性，为戏曲表导演体系的建立立下了汗马功劳。

## 一、《艺海风帆——我的艺术道路》：生命不息、探索不止

1906年，25岁的鲁迅，申请从日本仙台医科专门学校退学，转而赴东京研究文艺。从此，世上也许少了一位悬壶济世的名医，但却多了一位在思想上影响了一代又一代人的精神导师。

时隔半个世纪之久的1958年，鲁迅的一位年仅20岁的小同乡，毅然放弃了令人艳羡的清华大学高材生的学籍，转而"跑到戏曲这一行里来'自讨苦吃'"。[1]

从此，中国也许少了一位成就卓著的科学家，但却多了一位蜚声海内外、桃李满天下的艺术家。

这个"小同乡"就是胡芝风——中国戏曲界一位不可复制的传奇式的人物。

从锦绣前程触手可得的名牌大学，到前路莫测遍布荆棘的演艺圈，其选择之决绝、魄力之雄健、信念之执着，对常人来说，既充满着想一探究竟的好奇，更是一种人生的鼓励和鞭策。

所以，当1985年，学林出版社约请胡芝风撰写一部关于其艺术生涯的书，谈谈她"弃学从艺"的初衷，谈谈她的艺术追求和创作甘苦时，怀着和爱好戏曲的朋友们交流、谈心的真诚愿望，胡芝风一口应承了这个任务。但此时，她正在中国艺术研究院戏曲理论研究班学习深造，课业繁重；故直到1987年盛夏，研究班结业以后，才开始动笔写作。几经周折，寒来暑往，《艺海风帆——我的艺术道路》——胡芝风"弃艺从学"后的第一本专著，终于在1990年，和热心的读者见面了。所以，此书也可说是她离开戏曲舞台、从事理论研究之前的一次总结。

---

[1] 郭汉城.鲜明的时代感与现实感［M］//胡芝风.艺海风帆——我的艺术道路.香港：中国国学出版社，2009.

不想此书出版没多久，旋即售罄。后又加以补充，由中国国学出版社于 2009 年再版，以飨读者。

胡芝风著《艺海风帆》

《艺海风帆——我的艺术道路》全书共分13章，其中第十三章是 2009 年再版时增加的，简述了作者离开舞台以后的写作、讲学、导戏、管理中国戏曲表演学会等工作。前十二章依次按时间顺序回忆了作者童年时期所受的艺术熏陶、青少年时期对京剧的迷恋和转益多师、麒派艺术的琼浆滋养、清华园的刻苦求学、广州市京剧团的艺术实践、梅兰芳的亲身传授、苏州市京剧团的百般磨炼、意大利的访问演出、中国艺术研究院的理论学习等艰难曲折的成长历程。

此书最大的特点，也最为激励人的，就是贯穿全书，也是贯穿胡芝风整个艺术人生的锲而不舍、执着追求的精神和毅力。著名的戏曲理论家郭汉城先生，和著名的评论家徐铸成先生，在为本书作的序中，都不约而同地强调了这一锲而不舍的执着精神。

郭汉城先生《鲜明的时代感与现实感》一文在谈到胡芝风在中国艺术研究院的学习时，这样评价："她在学习上这种锲而不舍的执着精神，体现了她的意志、毅力和追求。我想，她的艺术创造就是与这种意志、毅力和追求分不开的。当我读了她发表在江苏《剧影月报》上连载的《艺海风帆》①及其他一些文章后，更加证明这一点。"②

徐铸成先生《可贵的琢磨精神》也情不由衷地赞叹："看了胡芝风同志的自传性著作，我能体会她迷上京剧的原因，从而也认识到这样一个道理，要搞好一个行当，非得有锲而不舍，全身心扑上去，非钻研出个究竟的精神和决心不可。"③

胡芝风从童年时期跟父亲提出"我要学京戏"，并得到父亲的支持，正式跟随吴继兰、魏莲芳、刘君麟等老师学戏开始，就对学戏和练功保持着浓厚的兴趣和坚强的毅力。她在书中曾这样回忆：

"我非常喜爱练功，每天清早一睁开眼睛就跑到练功房……下午放学后，除了做功课、学戏，就在练功房练功。星期日不上学，我便在我的艺术世界中'泡'上一天。我每次练功拉戏，总是根据人物性格不断地纠正自己的不足之处，所以，每次总感到有新鲜感，从不觉得厌烦。练得筋疲力尽，就干脆躺在地上休息，任凭汗水滴在地毯上。每到这时，心中痛快极了，觉得世界上再也没有比这更大的乐趣。"

这种兴趣和毅力随着麒派艺术的熏染而与日俱增，直到伴随胡芝风带着刀枪把子进入清华园，并最终使她放弃清华大学的诱惑，毅然投身到戏曲事业的艺术海洋。据胡芝风回忆，到清华大学报到后的第二天，她就带着刀枪把子进了宽敞的体育馆，找了个角落，"换上了球鞋，脱了外衣就练起功来……在体育馆锻炼的人好奇地停下了活动，在远处看着我，我就把他们当观众，练得格外起劲。"

对京戏的痴迷，终于在1958年，"逼使"胡芝风做出了改变她一生

---

① 胡芝风1984年在苏州养伤期间，曾撰写了七万多字的《艺海风范》的初稿，发表在江苏《剧影月报》上。

② 郭汉城.鲜明的时代感与现实感[M]//胡芝风.艺海风帆——我的艺术道路.香港：中国国学出版社，2009.

③ 徐铸成.可贵的琢磨精神[M]//胡芝风.艺海风帆——我的艺术道路.香港：中国国学出版社，2009.

命运的艰难抉择："直到此时，我才冷静下来，重新掂量科学和艺术这两颗砝码在我心头天平上的分量，我发现它总是悄悄地偏向艺术这一边。京剧艺术已和我的生命联结在一起了。我爱艺术甚于一切，我只能选择艺术。"

在得到清华大学校领导的支持，依依惜别清华园的那一刻，胡芝风暗暗下定决心，将来"无论遇到什么艰难困苦都要咬牙坚持下去，争取向学校交出满意的答卷。"而她确实做到了，从广州市京剧团，到兴化县京剧团、扬州市京剧团、南通地区京剧团、江苏省京剧院，直到正式加入苏州市京剧团，成为专业的演员，她都一丝不苟地练功、学戏、演出。不管是严寒酷暑，还是风吹雨打，甚至是史无前例的"文化大革命"的百般摧残，都虽苦犹乐，从来没有放弃对艺术的探索和理想的追求。二十多年后，胡芝风主演的京剧《李慧娘》在海内外掀起的一股"胡旋风"，以及被上海电影制片厂拍成同名戏曲影片，并荣获文化部"最佳戏曲电影片奖"，就是她交给母校的最好答卷。《荀子·劝学》曰："无冥冥之志者，无昭昭之明；无惛惛之事者，无赫赫之功。"①正是凭着一股用志不分的恒心和毅力，胡芝风创造了自己舞台生涯的辉煌。

胡芝风这种锲而不舍的执着探索精神，不仅反映在她对戏曲舞台艺术的孜孜以求上，更是她一以贯之的一种人生态度和人格魅力。从《艺海风帆——我的艺术道路》谈及她紧张而充实的清华求学之路，以及在中国艺术研究院的戏曲理论深造这两段不同的学习经历，可以鲜明地感觉到这一点。

作者回忆清华园给人印象最深的事就是"抢座位"。一个是抢教室前排的座位，特别是赶上几个班合在一起上大课时，为了占领一个靠近老师的位置以便更好地听课，每上完一堂课，大家就像百米冲刺似的冲向另一个教学楼的教室。为此，"我"还特意让家人把自行车运到了北京，这样，就"保证了我每堂课能坐到比较前面的座位"。另一个是抢图书馆的座位，尤其是寒冬腊月的时候，"大家冒着飞雪，冻得一面跺着脚，两手哈着气，等候图书馆开门，好作为第一批阅读者，占领一席

---

① 王先谦. 荀子集解［M］// 诸子集成（第二卷）. 北京：团结出版社，1996：51.

之地。"

清华园这种奋发向上、锐意进取的勃勃朝气，在已经人过中年，却又踏进中国艺术研究的最高学府——中国艺术研究院深造学习的胡芝风身上，再次氤氲开来。在 1985 年到 1987 年这两年学习期间，胡芝风和其他同学一样，很少出去闲逛，除了外出观摩和听课，几乎都把自己关在那个狭小却静谧的楼梯间里，孜孜不倦地看书、做笔记、写文章、学外语。可谓夙兴夜寐，无一日之懈。胡芝风听课和学习都是非常认真的，上课时她总是坐在第一排认真聆听，并用录音机录下老师讲授的内容，回到宿舍后还反复播放、细加揣摩。她回忆道："每当我一打开台灯时，心神便集中到了书桌上。我需要学习，我只觉得时间太少了。""我得'学习弹钢琴'，安排好时间。"[①]正是这种焚膏继晷、矻矻不已的煎熬，奠定了她日后攀登学术高峰的坚实根基。

《艺海风帆——我的艺术道路》除了洋溢着上述百折不挠、笃志不已的浓郁气息之外，另一个显著的特点，就是它鲜明的学术性。不同于一般的演员传记，仅是记录自己的学艺经历和演出生涯，《艺海风帆——我的艺术道路》的主线，是紧紧围绕着胡芝风艺术"金字塔"的点滴积累而形成的。无论是对老师的教导，还是自己的排戏，胡芝风都竭力从理论上去总结规律，探讨科学的方法。在回忆自己多年艺术生涯的同时，胡芝风结合在中国艺术研究院戏曲理论研究班学到的各种理论知识，把学习和实践中的研究心得、学术思考，条分缕析地总结并记录了下来。即使在今天看来，这些观点也还散发着熠熠夺目的理性光芒，对当下的戏曲表、导演颇有借鉴价值。胡芝风曾谦虚地说：

"我 1985 年到艺术研究院全面系统地学习戏曲理论，回过头来看已经走过的道路，才看得更清楚了。如果在 1984 年之前，我就写不出这本书来。"[②]

---

① 吕国庆.胡芝风"寒窗"苦读［N］.中国戏剧，1986（4）.
② 郭汉城.鲜明的时代感与现实感［A］//胡芝风.艺海风帆——我的艺术道路.香港：中国国学出版社，2009 年.

诚然，实践只有在理论的指导和升华下，才能转变成更大地激励人们"百尺竿头更进一步"的财富和动力。

试看其一：

在第九章《重演〈李慧娘〉》中，作者从"主题——美的化身""时代美与戏曲美的统一""和谐统一的整体美""美在观众中完善"四个方面，依次对《李慧娘》的主题思想、剧本改编、行当设置、舞蹈身段、声腔艺术、情感表现、舞台节奏、音乐、舞美、灯光、服饰、观演关系等方面进行了详细阐述。其中，"和谐统一的整体美"一节，在论述《李慧娘》的总体导演构思时，分别从张弛有致的舞台节奏感、舞台形象的整体把握、器乐对声腔表演的推波助澜、布景与服饰对主题的深化这四个纬度，阐释如何使人物性格与舞台上的诗韵美、声乐美、器乐美、舞蹈美、绘画美、工艺美等水乳交融，"使整个演出成为一个闪耀高度整体美的有机整体。"这些细致的分析都是胡芝风在戏曲舞台上摸爬滚打几十年的经验的结晶，因此，由于其强烈的现实性和可操作性而显得弥足珍贵。

再看第十二章《艺术，只有开始……》中"为话剧《高加索灰阑记》作表演指导"一节，作者认为，"戏曲是讲究剧场性的表现性艺术，它靠自己特殊的表演技巧来与观众'交流'，使人物的内心活动在观众视觉中得到强调"。而话剧和戏曲一样，同观众之间都存在着距离，必须充分发挥表演艺术的特点，以取得和观众的交流。因此在指导《高加索灰阑记》时，她仔细研究了话剧的演剧特征和布莱希特理论的要义，大胆谨慎地借鉴了戏曲表演的艺术手段。这样的尝试与总结，对戏曲和话剧的相互借鉴、共同发展具有重要的启示意义。

最后，流畅简洁的语言、淳朴诚挚的文风、图文并茂的搭配，应该是此书给予读者的最大的艺术享受了。

恰如胡芝风的性格：爽朗、干脆、朴实，在阅读这本传记的过程中，我们可以时时感受到这种"但写真情并实境，任他埋没与流传"的率性和真诚。如文中写到：1958年的一个冬日，刚刚离开清华大学的她，第一次来到广州市京剧团，一看到宽敞的练功房，就情不自禁地嚷道："真好啊！台上台下都可以练功！"简洁的语言中，对戏曲艺术的满腔热忱喷薄而出、一泻无余。又如通过排演新戏《嫦娥下凡》，"我"逐渐认识到："要真正从事艺术创作，不是那么容易的，还得多学戏，多积累各种艺术知识，多观察生活，才有可能真正敲开艺术创造的大门。"从事研究工作后，"我"又深刻地认识到："导戏是理论研究和舞台实践之间架设的桥梁，用理论来指导实践，在实践中总结经验和教训，上升到理论研究，实现良性往复。"类似这样的自我鞭策和反省，让读者在沉思之余，也更深入地了解了作者探索艺术之路的艰辛和不易。

此外，书中配备的许多照片也都非常珍贵，如作者与梅兰芳先生的合影、作者在不同时期的演出剧照、作者学戏和导戏的各种留念等。同时，这种图文并茂的组合方式，也缩短了读者与作者的距离，使读者更加真切地触摸到作者的音容笑貌，感受到岁月的温情和馨香。

总之，《艺海风范》既以其锲而不舍的探索精神、务实理性的学术思维、生动流畅的文风、真挚朴实的情感，为我们讲述了一个心甘情愿投身于戏曲汪洋，并奋力搏击、永不懈怠的"弄潮儿"的奋斗历程；同时，因为作者是从理论的高度，从戏曲表演如何继承和创新的角度来总结她的舞台实践经验，因而又具有一定的理论价值和可贵的借鉴意义。

## 二、《胡芝风谈艺》：当代戏曲创作评论

1993年3月，来到中国艺术研究院工作不到五年的胡芝风又出版了她的第二本专著，这就是标志着"作为演员的胡芝风，已正式加入戏曲理论研究工作者的行列"[①]的《胡芝风谈艺》的付之梨枣。

《胡芝风谈艺》汇聚了作者从舞台表演向学术研究转型的最初几年的论文、剧评、信札等61篇文章，分为"演戏谈艺""观戏评艺""师友论艺"三辑。这些文章，有的写于胡芝风在1983年到1984年不慎伤骨疗伤期间，有的作于1985年到1987年在中国艺术研究院戏曲理论研

---

① 李希凡.胡芝风谈艺·序［M］//胡芝风.胡芝风谈艺.文化艺术出版社，1993：4.

究班深造期间，有的则是到中国艺术研究院工作不久写就的。从这一篇篇凝结着心血的文字，可以看出从不懈怠的胡芝风在人到中年却还要攀登人生另一座高峰的艰辛和不易。

她曾经在《艺海风帆》中回忆当年没有电脑、在上海家中养伤期间"爬格子"的辛酸："我写得很艰难，每篇文章都要誊改七八稿，千把字的文章，草稿有厚厚的一叠。每天除了下楼吃饭，整天关在四楼的房子里写，连电视也极少看。"① 就这样，在上海疗伤的七八个月

胡芝风著《胡芝风谈艺》

中，胡芝风先后在报刊上发表了二十多篇、共五万多字的文章，其中一部分就收录在《胡芝风谈艺》里。胡芝风在弃艺从学后，能在短短几年间就出版两本专著，和她的"惟日孜孜，无敢逸豫"是分不开的。《胡芝风谈艺》不仅是她笔耕不辍、勤奋不已的结晶，更体现了一个有着丰厚舞台经验的戏曲理论研究者的独特风格。概括而言，主要有如下几点：

一是孜孜矻矻的探索精神。20世纪70年代末80年代初，京剧《李慧娘》在神州大地上引起的轰动，使人们记住了那位因一句"美哉，少年"而惨罹杀身之祸的李慧娘，更记住了传神地再现了这位"复仇女神"的胡芝风。《李慧娘》成功的奥秘究竟何在？她的盛演不衰为戏曲艺术的发展和创作提供了哪些有益的启示？息影以后的胡芝风又拿出了当年编演《李慧娘》的闯劲，对这部渗透了自己无数心血的舞台作品进行了深刻的反思和总结。这就是收录在《胡芝风谈艺》第一辑的第一

① 胡芝风. 艺海风帆——我的艺术道路［M］. 香港：中国国学出版社，2009：142.

篇论文《戏曲美的追求——李慧娘形象塑造的回顾》。在这篇两万多字的文章里，作者站在美学的高度，从主题、人物、表演、舞美、音乐、观众等方面，仔细梳理了《李慧娘》在编排过程中点点滴滴的有益探索，为后人提供了宝贵的经验。李希凡曾在本书的序言中称赞该文"从美学追求的角度总结自己的一个戏，在京剧艺术家的文章中，这还是我仅见的一篇"①。诚然，对于一位表演艺术家来说，能把自己成功的秘诀这么坦诚、理性、深入地传达出来而不是敝帚自珍，实为不易。就像清初李渔在谈及填词制曲时曾无限感叹："此理甚难，非可言传，止堪意会……谈真则易，说梦为难，非不欲传，不能传也。"② "凡有能此者，悉皆剖腹藏珠，务求自秘，谓此法无人授我，我岂独肯传人。"③ 当然，仅仅葆有"以生平底里，和盘托出"④，而不管后人是否"知我，罪我，怜我，杀我"的决心和勇气还是远远不够的，要让变幻莫测的词曲之道昭然若揭，还需要更多学养与知识的积累。所以，像《戏曲美的追求——李慧娘形象塑造的回顾》这样孜孜探索的文字就更为弥足珍贵了。

除了对个别剧目的微观剖析，在《漫谈戏曲身段程式的出新》《戏曲的体验与表现》《虚拟在戏曲舞蹈中的应用与发展》等文中，胡芝风还从宏观上对戏曲表演的程式创新、体验特质、虚拟手法等进行了有理有据的分析和探究。如《戏曲的体验与表现》一文，结合斯氏体系的学习和自己的表演经验，揭示了戏曲表演的真谛：戏曲表演能产生"如此强烈的艺术感染力正是由于戏曲拥有强大的表现力——技巧的体验和表现的结果"。作者还把自己在演出实践中对戏曲的体验与表现特质的体会，总结为六点：一、要挖掘和表现人物思想深处最本质的东西，寻找创造人物情绪的基调；二、要注意和克服在激动时有戏、在平淡时没戏的现象；三、要善于设计特定的舞台调度；四、舞台设计调度的最高任务是要揭示人物的内心世界；五、分析感情的层次，避免"一道汤"；

---

① 李希凡.胡芝风谈艺·序［M］// 胡芝风.胡芝风谈艺.文化艺术出版社，1993：2.
② 李渔.闲情偶寄［M］.杭州：浙江古籍出版社，1985：2.
③ 李渔.闲情偶寄［M］.杭州：浙江古籍出版社，1985：3.
④ 同上。

六、对技巧性极强的戏尤其不能疏忽挖掘内心的"戏"，并选择适当的机会来表演。这些经验是融化在作者对具体剧目如《李慧娘》《穆天王》《金山寺》等的细腻分析中的，所以娓娓谈来，既引人入胜，又发人深省。又如《虚拟在戏曲舞蹈中的应用与发展》一文把戏曲舞台上创造舞蹈的虚拟手法系统地分为五种：时空虚拟、物体虚拟、剖象性虚拟、情绪性虚拟、意象性虚拟，并结合具体剧目对每一种手法的特性和优势都做了详尽的论述，这些宏观而并不空洞的阐述，为戏曲表演的创作和发展提供了宝贵的启示。

从微观到宏观，从个别到一般，在这一篇篇也许并不十全十美但却恳切、细腻的文字中，我们看到了一个从舞台走来却并不止步于此的探索者坚定、沉着、踏实前行的步伐。

二是理论联系实际的实践品格。众所周知，理论研究是在社会实践的过程中逐步产生的，它有时看似与实践并不相称，但真正经得起检验的理论总是能引导实践层楼更上的。所以实践就成了检验理论正确与否的最好的试金石，实践也是衡量理论价值的最好标尺。《胡芝风谈艺》收录的大多数篇章，无论是侧重理论经验的总结，还是对当代剧坛的评价，几乎都会联系到不同剧种的具体剧目，有的放矢地分析、讨论。

如《布莱希特体系与中国戏曲我见》一文，通过对中国青年艺术剧院演出的话剧《高加索灰阑记》，从剧场性、形体动作、念诵技巧等方面把戏曲元素融入话剧表演的创新实践的分析，从而对中西戏剧的交流和中国戏曲的发展提出自己的两点思考：一是"作为我国传统文化重要组成部分的戏曲，在更广阔的背景上吸收和借鉴外来文化艺术的精华以滋养和发展自己，是完全必要的，但借鉴必须是有机的，只有把外来的东西溶解在骨骼血液里成为自己肌体的一部分，才能出现新的生机"；二是"无论布莱希特的辩证戏剧，还是当代西方最流行的戏剧流派，都有意无意地在追求从生活真实向艺术真实的升华，从剧本结构到表演形式，都或隐或显有中国戏曲的美学色彩"，因此，"我们应该满怀信心，投入戏曲改革的洪流，迎接中国戏曲崭新的明天"。当代戏曲在多元文化的冲击下，如何博采众长、强健体魄，是一个老生常谈、常谈常新的话题，本文正是从《高加索灰阑记》的排练实践中，不仅对戏曲如何借鉴与吸收外来养分,提出有着切实指导意义的论点,而且对增强戏曲人的艺术自信心也大有裨益。

又如《漫谈戏曲身段程式的出新》,联系赣剧《送饭斩娥》《荆钗记》,京剧《康熙出政》《清风亭》《白毛女》《智取威虎山》,楚剧《狱卒平冤》,华剧《杨贵妃》,淮海戏《快乐的烦恼》,川剧《四川好人》,汉剧《弹吉他的姑娘》等剧目,有针对性地论述了戏曲舞蹈身段如何构思和创新的问题,着眼点全在戏曲的表演实践上。再如《戏曲的体验与表现》,通过作者对京剧《穆柯寨》《打渔杀家》《拾玉镯》《金玉奴》《铁弓缘》《断桥》《嫦娥下凡》《一元钱》《李慧娘》《百花公主》等的排练和琢磨,认识到戏曲的体验和斯坦尼斯拉夫斯基所说的体验有着根本的差异,斯氏的体验以真实性为原则,戏曲的体验则是偏离生活的,是技术性的,这样的分析,既有理论深度,又有实践品格。至于《异曲同"新"》《要时代气息 也要戏曲化》《要适应观众的"心气"》《观众欣赏心理的钥匙》《艺术贵在分寸》《豪放凝重 浑朴洒脱——谈王永光的表演》《鲜明的地方特色》《〈风流女人〉一组舞台画面的启示》等评论,结合当代戏曲舞台的实践,认为"京剧的革新应考虑到广大观众的需要",要"在思想内容上给予观众健康、高尚的东西,使他们能得到某种启示和教育";戏曲表现现代生活时,要"以生活为依据",紧紧把握神似这一审美特征,"从人物出发,对生活进行提炼、夸张、变形",创造新的表演程式;戏曲演员对角色首先要"爱之以情",其次对人物要有深刻的情感体验,并且这种情感是"艺术的情感,而不是演员本人生活中自然的情感",体验也是"带有技巧性的体验";戏曲创作"如果能遵循人民喜闻乐见的审美情趣去提高、发展,同时能注意发挥本剧种的表演优势,道路一定会越走越宽";"现代戏曲只有熟悉生活,把握现代人物气质,认识和理解传统戏曲的美学追求,不断拓宽创作方法,才能与当代观众的审美心理契合,跟上时代的步伐前进"。这些都是从具体的戏曲舞台现状中抽绎出来的前瞻性的观点,反过来又指导着戏曲艺术实践的发展,归根结底,都是为了戏曲事业的前进而助力。

三是立足传统、勇于革新的审美判断。创新是艺术的生命。胡芝风在自己的演艺生涯中是非常注意大胆革新的,她的代表作《李慧娘》正是以新颖的面貌征服了无数观众的心灵。在对当下戏曲剧坛的关照中，她尤为注意戏曲艺术在表演程式方面的创新，强调"移步不换形"，即要在继承戏曲传统表演程式的基础上"出新"。为此，她曾撰文进行过详细探讨，这就是搜集在本书第一辑"演戏谈艺"中的第二篇文章《漫谈戏曲身段程式的出新》。文章开篇即强调："戏曲表演程式的革新和创造，就成为戏曲争取新的观众，继续随着时代发展的关键。"正文将目前戏曲舞台上身段程式出新的方法细分为六方面：一、创造性地应用传统身段程式，如赣剧《送饭斩娥》的吊毛、转体僵尸，楚剧《狱卒平冤》的鸭子步、秧歌步、横跨步、小碎步等；二、意向性身段的构思，如京剧《天女散花》的长绸舞身段，赣剧《荆钗记·刁窗》的长水袖身段等；三、穿插性舞蹈的编排，如《霸王别姬》中的剑舞、《西施》中的翎子舞、《康熙出政》中的满族舞等；四、象征性舞蹈和它的派生体，如《水斗》的跟斗翻水旗、《焚塔》的跟斗翻塔等；五、借鉴各类表演艺术的形体动作，衍变为戏曲的新的身段程式，如华剧《杨贵妃》中杨贵妃独自饮酒时，借鉴的一段非戏曲舞蹈的动作和画面，王芝泉主演的昆曲《盗仙草》化用的芭蕾舞舒展的姿态等；六、现代戏的身段和舞蹈的创作，如京剧《白毛女》中杨白劳的"僵尸"、京剧《智取威虎山》中杨子荣的马舞、淮海戏《快乐的苦恼》中的摩托车舞、川剧《四川好人》中的抢巾舞、汉剧《弹吉他的姑娘》中的打电话舞等。在这六个方面中，作者不仅肯定了戏曲舞台上积极有益的探索和创新，而且对一些违背戏曲艺术创作规律的所谓"创新"，也进行了委婉的批评，如华剧《杨贵妃》中的杨贵妃借用了一段《丝路花雨》的舞蹈，就"使人感到不太可信"。总之，通过综论戏曲身段表演程式的创新，不难看出作者对戏曲舞台"爱之深、责之切"的拳拳之心。

在评价各个剧种上演的不同剧目时，胡芝风也多以此为据。如《异曲同"新"》一文称赞楚剧《狱卒平冤》在传统基础上的创新："江夏县令在公堂上呵斥吴明的大幅度调度；靳氏鼓励吴明继续为蒙冤者伸冤的载歌载舞；当吴明被处充军，两位受冤者向他感恩时用串锤的锣鼓点伴奏'推磨'的艺术处理以及靳氏与吴明惜别时两人欲抱又止的动作等等，所有这些表演手法，虽然都可追溯到传统的表演程式，但是，由于它们已融于角色的个性中，准确而深刻地描述了角色的内在情感，因此，使传统的表演程式，在'移步不换形'中获得新的生命，塑造了给人以新颖感的人物形象，使传统戏别开生面。"《豪华落尽见真淳——谈刘少锋在现代戏〈奇婚记〉里的表演艺术》一文，则大力赞美戏中扮演田大憨的淮剧演员刘少锋的表演："他恰当地选择和借鉴戏曲传统的身段，在田大憨这个人物身上运用得十分熨帖，使角色既具有戏曲必须蕴含的节奏和韵律感，又不失现代人的气质"，比如"表现大憨因担心秋萍寻短见时，他采用了双手捶胸、抖手扒着门缝张望、搓手走圆场，直到急切地敲门等一连串舞蹈性很强的动作，来表现大憨的焦急。这些身段动作……是从体验大憨的性格和此时的心情出发……使这些程式成为大憨此时此地的必然行为，使观众感到既逼真又具有戏曲的特殊美感。"在本书第二辑"观戏评艺"的大多数篇章中，都能看到这种对戏曲演员和戏曲导演在表演上大胆创新的热情肯定。

除了注重戏曲表演程式方面的创新，胡芝风还非常强调创新的基础是对戏曲传统美学精神的继承。她认为："戏曲的美学追求包括写意、传神、求美等，无论天上地下、人类世界、万事万物，之所以都能通过表演来展现，是依据写意与写实的结合、摹拟与虚拟的结合、形似与神似的结合、意象与意境的结合等创作方法。"豫剧现代戏《风流女人》正是"融会贯通了戏曲的这一创作方法，获得了自由而广阔的天地，创编出许多新而美的身段舞蹈。"同样是基于此，对石小梅主演的昆曲《还魂记》，她也不吝赞美之词："石小梅很懂得对艺术作这种整体把握，即从'隐'处着眼，'秀'处着手的'隐·秀'统一观，从而使柳梦梅的艺术审美意象'言在耳目之内，情寄八荒之表'，让观众获得丰富而持久的美感。"并进一步得出结论："立足于我国人民习惯的审美情趣，吸收现代审美意识，在继承的基础上，对传统戏曲作'推陈出新'的工作，让更多的现代人接受和理解，是当今整理改编传统戏曲必须具备的科学精神。"

四是勉励后进、情真意切的分析评价。自1983年不慎腰伤以后，胡芝风就很少在舞台上露面了。但是，她人不在舞台，心却常系舞台，并且时刻关注着戏曲舞台上出现的新苗，并以极大的热情和真诚关注着这些艺术之星的成长。《胡芝风谈艺》中收录的不少文章就记录了她关注戏曲舞台、关心青年新秀的点点滴滴。如《看〈荆钗记〉赞涂玲慧》称赞涂玲慧"扮演的钱玉莲，准确把握了人物性格不断成熟的过程"；《为生行新秀李维德喝彩》赞扬赣剧演员李维德"以精湛的表演技艺，成功地塑造了淳于梦、寇准、介子推三个身份、性格相距极大的艺术形象"，"李维德的专场表演不落窠臼，在情、理、技三方面达到高层次的统一"；《独特艺术个性的魅力——谈武俊英的〈送女〉和王艺华的〈黄鹤楼〉》为山西运城地区蒲剧团出现的两个新秀而欣喜："武俊英善于捕捉人物性格特征，注意保持蒲剧的韵味醇厚的传统规范……不无强烈而微妙地闪现着她自己鲜明的艺术个性，叩开了人们的心扉，唤起心灵的交流"，"王艺华嗓音淳厚宽亮，他运用节奏铿锵、高昂奔放的声腔艺术，向人们展示了这个'虎距江东威八方'的东吴大都督的风度和逼刘备写退回荆州文约的狂傲的气势……塑造了一个栩栩如生的周瑜形象，实是难能可贵的。"《吴侬细语 轻歌曼舞——赞苏剧》对江苏省苏昆剧团青年演员王芳的表演赞赏有加："今年23岁的王芳，与她的师辈们相比，表演上难免尚有些许稚嫩之瑕，但在艺术总体上，她的表演可算是继承了师辈们的艺术真谛，并发挥自己艺术气质中含蓄、深沉的韵味，使花魁女这一艺术形象在舞台上所构成的形象，如涓涓溪流，富有诗一般的隽永意境，实是难能可贵的。"《成功只是开始 更美好在未来——青年女武生邓敏的戏观后》为武汉汉剧院19岁的青年女演员邓敏惊喜不已："邓敏作为一名女演员，连续饰演高宠、陆文龙两员勇将，做了一系列做、打、舞、摔等高难技艺，赢得了首都戏曲专家和观众的热烈欢迎……只要她继续努力，坚持不懈，更美好的艺术未来在向她招手呢！"

此外，《情动于衷而形于声——评晋剧新秀栗桂莲的演唱艺术》《张虹的创造意识》《月白风清人潇洒——难得的麒派人才陈少云》《凤凰展翅飞蓝天》《台风——整体美》等文对地方戏中涌现的戏曲新秀的褒扬和鼓励，也都让我们感受到撰文者对戏曲事业后继有人的欣喜和坚信戏曲事业终将再创辉煌的执着。正是在这些情真意切、不偏不倚的评价中，读者再度感受到曾一度叱咤舞台的胡芝风艺术生命的流淌和激情的延续。

毋庸讳言，标志着胡芝风学术生命开端的第一本艺术论文集，《胡芝风谈艺》也有着自身的不足，但瑕不掩瑜，这本文集还是以其孜孜矻矻的探索精神，理论联系实际的实践品格，立足传统、勇于革新的审美判断，勉励后进、情真意切的分析评价，彰显了胡芝风向戏曲理论研究进军的决心，并且初步展示了其重视实践、敢于创新的研究特色。

## 三、《戏曲演员创造角色论》：戏曲表演体系的深入探索

戏曲美学家陈幼韩先生在 2009 年发表的一篇文章中曾经举过这样一个例子：20 世纪 60 年代初有个戏曲艺术团出国，演出非常轰动，但人家为了艺术交流热情地提出了一系列列斯里式的问题①，艺人们回答不上来只好说"我师傅就这样教的"，让人家一看原来是一伙匠人，尽管说演出很受欢迎，思想上却吃了败仗。由此联系到当代的戏曲表演，陈先生不由得感叹道："今天，一位戏曲演员如果对自己的艺术道路也不甚了解，像老百姓所说的'只拉车，不看路'，怎么能心明眼亮地进行艺术攀登？"②而"戏曲表演美学"正是这样一种能帮助演员"心明眼亮"地看清戏曲"艺术道路"的理论，所以，陈先生大力强调研究戏曲表演美学的重要性和必要性。

胡芝风早在 1993 年写就，并分别于 1994 年、2000 年，由上海文艺出版社两度出版的二十多万字的《戏曲演员创造角色论》，就是这样一部站在戏曲美学的高度，竭力揭示戏曲表演的基本特征和基本规律的理论专著。阿甲先生曾经赞誉道："它的价值在于对戏曲表演理论上的某些空白，起到一定的填补作用，对于当代戏曲演员水平的提高，是具

---

① 列斯里是 20 世纪 50 年代苏联政府指派到中国的第一位戏剧专家，曾在中央戏剧学院开办俗称"列斯里班"的导演课程，影响了一代导演。他在观看了一些中国戏曲的表演后极其不满，断然指责：马克思出世以来，世界发生了翻天覆地的变化，而中国戏曲还生活在一千多年以前；整个舞台是空台，没有舞台设计；服装、化妆也没有变化；上场、下场也固定不变；演员还像千年以前那样用铁丝钩挂着胡须；所有的龙套都漫不经心地站在一边，完全不参与戏里的事情。列斯里提出的一系列问题对中国戏曲表演的走向产生了很大影响，至今尚未完全消除。

② 陈幼韩."戏曲表演美学"的三大基点 [J].当代戏剧，2009（6）：16.

有实际的、现实的意义的。"①这本书正是作者有感于如何提高戏曲演员的表演水平而写的。在多年的戏曲舞台实践和表导演理论研究中，胡芝风深深感悟到："在戏曲表演上，实践的创造，有待于理论的指导；而理论的发现，则有待于实践。"出于这种庄严的使命感，胡芝风对自己三十多年的艺术历程做了一次理论上的回顾和总结，这就是《戏曲演员创造角色论》的问世。

全书共分十二章，包括对剧作主题思想的把握，对角色所处规定情境的理解，戏曲表演程式的沿用与创造，唱、念、做、打的审美特质与训练技巧，戏曲表演中体验与表现的特征与关系，戏曲表演方法与西方戏剧流派表现方法的异同，戏曲演员创造人物形象的方法，戏曲演员的艺术修养等内容；大到戏曲表演的特征与规律，小至指法、步法、腰部、颈部、眼神等的训练，几乎涵盖了戏曲表演的方方面面。可以说，本书是为尝试建立中国戏曲表演体系而积极探索的结晶。无论是对于戏曲理论工作者，还是对于戏曲演员或一般读者，都启示良多。纵览全

胡芝风著《戏曲演员创造角色论》

① 阿甲.求索者的足印［M］//胡芝风.戏曲演员创造角色论.上海：上海文艺出版社，2000：4.

书，可以发现它有四大显著特征：

一是强烈的创新意识。在本书前言中，作者就一再强调："作为一名戏曲演员，无论表演师辈传下来的传统戏，还是排演新戏，都要有创造意识，把角色的创造放在第一位。"由于戏曲的表演程式是一种历经千百年的淘洗，由无数代艺人不断探索、鉴别而逐渐稳固下来的技艺传承格范，它一旦形成，就具有一套严谨而规范的表演模式，初学者往往是照葫芦画瓢式的囫囵吞枣，极易形成因循守旧的惰性。而没有了演员的独创性，戏曲也就会因为生命力的枯竭而濒于僵化和灭亡。所以，"演员既要以剧作文学为基础，又要依自己的特长，对戏曲文学发挥再创造的艺术功能，使两者在新的历史、新的时代，得到新的和谐统一与发展。"本书取名为《戏曲演员创造角色论》，正是着眼于此。只有通过演员的再创造，或者说充分发挥演员的创新意识，戏曲艺术才能紧跟时代的步伐，进而大放异彩。

第三章《戏曲表演程式的沿用与创造》和第四章《唱腔程式的运用和创新》更是充分体现了这种鲜明的创新意识。第三章最有价值的地方是从宏观角度阐述了表演程式如何创新的问题，分四点来谈：一是程式与时代，以旦角的"扣胸"、"存腿"、上场等身段和锣鼓程式的运用为例，说明传统的戏曲程式要随着时代的进步和生活内容的变化，进行调整和改造；二是旧程式的新运用，以赣剧《送饭斩娥》中改进后的"雀步"为例，强调要在传统程式的基础上大胆创新；三是行当程式的相互转化，以《天女散花》《探庄》《贵妃醉酒》《穆桂英挂帅》《义责王魁》《李慧娘》等为例，诠释不同行当之间的表演动作是可以互相借鉴、转化的；四是新程式的创造，以川剧前辈阳友鹤在《秋江》中"遮头袖"的新程式、王瑶卿对花衫行当的首创、梅兰芳对花衫行当的完善、裘盛戎对做工铜锤行当的新创造等为例，阐释只要结合生活，遵循戏曲的美学原则，就能创造出与观众沟通新思想的新程式。第四章则从六个维度详细论述了戏曲唱腔如何创新的问题：一是旋律的创新，以程砚秋的京剧《锁麟囊》，胡小凤的豫剧《芙蓉女》，广西彩调《刘三姐》等对其他艺术门类唱腔旋律的成功借鉴，说明只要在遵循传统唱功规律的基础上，广采博收，不断开掘，就能创造出具有本剧种特色的新时代的音乐形象；二是节奏的创新，以荀慧生的京剧《红娘》、丁是娥的沪剧《鸡毛飞上天》、马连良的京剧《借东风》等对传统节奏的突破为例，生动地阐述了如何根据剧情和人物性格的需要，对习用的唱段节奏进行调整和变化；三是板式的创新，以沪剧《朵朵红云》、裘盛戎的京剧《赵氏孤儿》、荀慧生的京剧《勘玉钏》以及作者主演的京剧《李慧娘》等为例，说明为了抒发人物特殊的情感，需要尝试创造新的板式；四是韵味的独特性，以京剧裘派凭借自己独特的立音和直、落、顿、摔、滑、挑、绷等"扛着唱、摔着唱、带着唱"的行腔技巧，所形成的独特"裘味"为例，说明戏曲唱腔必须创造自己独特的韵味，才能形成演员自己的个性；五是要唱出"曲情"，以周信芳的《乌龙院》、程砚秋的《荒山泪》、刘长瑜的《红灯记》为例，说明只有用"情"来统帅演唱技巧，才能达到感人至深的境界；六是演唱与伴奏的鱼水关系，以张君秋、梅兰芳等的唱腔与伴奏紧密结合为例，阐释戏曲演员的演唱水平发挥得好坏，与音乐伴奏关系非常密切。上述包括唱腔在内的表演程式的创新，不仅是作者的经验之谈，而且所有创新都是在遵循戏曲表演的美学规律基础上进行的，且有大量成功的实例佐证，所以显得有理有据，对演员表演水平的提高和把握戏曲表演独特的艺术美是很有帮助的。

值得一提的是，本书的创新意识不只体现在局部的创新而是指整个系统的创新，这个"系统"就是戏曲舞台上完整的艺术形象。舞台上的每一次演出、演出中的每一个角色，都是演员的创造和发明，都要求演员有一种创新的意识。胡芝风本人正是这样一位富有创造性的艺术家。这种创新意识在本书的每个章节中都有所体现：对剧作主题和规定情境的准确把握是创新的起点，对唱念做打等表演程式的突破是创新的表现，对体验与表现的辩证思考是创新的深化，对演员艺术修养的探讨是持续创新的保证。可以说，本书整体框架的设计，就是为了激励戏曲演员不断突破程式化的"范本"式教育模式，获得源源不断的艺术创造力，塑造出独具个性的舞台艺术形象。

二是理论的科学性。作者在前言中提出，戏曲演员要做到创造性地塑造角色，就要对自己的表演不但做到知其然，还要做到知其所以然。这种既"知其然"又"知其所以然"的追根溯源式的态度，反映在本书中就是一种严谨求实的科学态度。戏剧家胡沙在评论陈幼韩著《试论中国戏曲舞台艺术的表演程式》一书时曾说："艺术理论是一门科学，既然是科学，就要凭调查研究，积累资料，综合、对比、分析等科学的态度；既然是科学，就要追求以理服人，就要追求实事求是。"[①]

胡芝风在论述戏曲表演的特征时，就非常注意戏曲形式美的独特内涵及其产生的根源，真正做到了"以理服人"。如第九章在辨析形式美与形象美的区别时，首先指出形式美的美学原理是基于戏曲的传神写意性，无论形象美丑，如贫困、病态、醉态、疯癫等，在戏曲舞台上都要用优美的舞姿呈现出来，而不能照搬生活原貌；其次认为形象美侧重指人物内在精神世界的美，而戏曲的形式美是不管正面人物还是反面人物，都要赋予其外部姿态的美感，如《挡马》中的焦光普和《十五贯》中的娄阿鼠，《捉放曹》中的曹操和《秦香莲》中的包公，《打瓜园》中的陶洪等，都具有特殊可感的姿态美，观众每看一次都是一次美的享受。这样就能帮助演员认清每个行当每种角色的独特意蕴及其带给观众的特殊美感。又如第六章在论述戏曲的舞蹈姿态讲究"圆"的原因时，从儒家的中庸伦理思想和传统的美学起势说两方面，阐释了戏曲的舞姿形态蕴含了一种内向的精神，讲究力量的含蓄，讲究"欲右先左"的起势，使整个动作线路呈连贯的圆弧形。

在论述行当程式的特性和创新时，也注意层层溯源、鞭辟入里、有理有据。如第三章在论述角色与生活、行当的关系时，用了"两次否定"的规律深入浅出地阐述了演员如何既要接受行当程式的规范，又不被其约束：第一次否定是"行当程式对生活的否定"，即行当程式虽来自生活，但又要根据生活逻辑和舞台逻辑，进行必要的装饰和变形；第二次否定是"个性对行当程式的否定"，即演员在运用行当程式来塑造角色时，必须根据人物性格、规定情境，对行当的幅度、节奏、姿态等作具体的调整。这样，经过从生活到行当程式，再由行当程式到角色这"两次否定"的过程，演员就能灵活地、创造性地使用程式。在进一步阐述人物个性与行当程式的关系时，则用了对比分析的方法来具体说

---

① 胡沙.评《试论中国戏曲舞台艺术的表演程式》[J].读书，1959（12）：24.

明同一个行当在扮演不同的人物时如何进行再创造。如同属老生行当的《宝莲灯》中的刘彦昌和《击鼓骂曹》中的祢衡：刘彦昌要讲究学士气，祢衡则要带有狂士的傲气；同为短打武生：林冲要武中带文，燕青要武中带秀，武松要武中带狠；同为花旦，《拾玉镯》中的孙玉姣要温顺而腼腆，《金玉奴》中的金玉奴要纯朴而洒脱，《铁弓缘》中的陈秀英要泼辣爽朗又冷静坚毅。如此一来，就不会只见行当程式，不见人物个性了，而人物也才能真正"活"起来。经过这样的提炼、概括、比较、分析，就使人对行当程式的根源和活用程式的必要性有了更深入的认识和理解。

为了彰显戏曲表演的独特性，胡芝风还将其放在与西方其他戏剧流派相应的横向坐标中进行比较。如第八章从与观众的交流、自然流露与程式化表演、"忘我"与"有我"、肌肉松弛与肌肉控制等方面分析戏曲表演逻辑与"斯坦尼斯拉夫斯基表演体系"的区别；从"理"与"情"、演员与角色、演员与观众等角度辨别戏曲表演与"布莱希特演剧体系"的差异；从范本与灵动、"第一号"（演员）与"第二号"（角色）的关系、"既相融，又相距"等方面辨析戏曲表演与"哥格兰表现体系"的不同；从对剧场性的理解、演员形体技巧的训练与运用、舞台装置的处理等方面论析戏曲表演与梅耶荷德的"现实主义假定性"戏剧体系的区别。通过这样细致的对比分析，更加凸显了戏曲情感体验的技巧性和程式表现的虚拟写意性，不仅为演员表演上的创新提供了坚实的理论依据，还增强了戏曲演员创造舞台形象的民族自信心。

阿甲在为本书作的序中曾说道："戏曲表演是近千年来无数表演艺术家创造的结晶，也是经历代文化人的指点以及与千百亿群众交流反馈中积累下来的经验。这种重感情的东西，往往靠文字写不清楚。"[①] 对于这种往往"写不清楚"的东西，胡芝风却秉着一种既要"知其然"又要"知其所以然"的韧劲，凭着一种"千磨万击还坚劲，任尔东西南北风"的坚毅，对戏曲表演的审美品质作了一次深入、科学的挖掘和探索，为戏曲演员能"眼明心亮"地进行艺术攀登。

---

① 阿甲.求索者的足印［M］//胡芝风.戏曲演员创造角色论.上海：上海文艺出版社，2000：4.

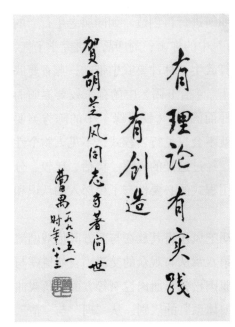

曹禺先生为胡芝风著《戏曲演员创造角色论》题词

三是很强的实用性。本书不仅在戏曲表演理论上有一定的开掘，而且对演员表演技巧的训练和提升有着切实的指导作用。胡芝风在"再版后记"中提到，她在应邀为各地戏曲院团排戏，或去艺术院校或有关讲习班讲课时，本书无形中成了颇受欢迎的辅导材料。这和该书对戏曲表演技法的详细阐述以及大量的案例解析是密不可分的。

如第四章从气息、口腔、鼻腔、共鸣四方面仔细地介绍了戏曲演员发声的技巧训练：正确的吸气方法是"吸气时，胸腔、横膈膜向外放松张开；收小腹；旁腰、后腰部都有向外扩张感"；呼气时，"收住小腹，横膈膜保持松弛，在丹田（脐下二指到三指的地方）处形成一种合并力，'感觉'横膈膜继续往下放松"；口腔产生共鸣的准确方法是"向上松提上腭，口腔呈自然的空灵状态，喉头放松，下巴一定要松弛，唱高音时下巴微微感觉向里缩"，等等。这些简练、准确的介绍，能帮助演员找到科学的发声方法，并扬长避短，创造自己特殊的韵味。

在讨论唱腔的审美标准时，提出"字要清晰，音要准确；声要圆熟，腔要彻满"两条原则。对字音清晰的注意事项是这样交代的："一、要把字的首、腹、尾，交代清楚。""二、要避免'倒'字，要求'腔随字行'，'词易腔必变'。"这样，既对演唱的误区提出警示，又便于演员对自己的唱腔准确定位，从而把唱词内容和人物情感准确地传达给观众。

第九章对戏曲形体美的训练技巧的阐述更是细致入微。如"圆"的动作规律是："欲左先右、欲进先撤、欲紧先松、欲出先收、欲刚先柔"；腰部的训练方法是"坐在椅子上练（只能坐椅子的三分之一），为的是在腰动作时，控制臀部和下肢不随便乱动。用腰'画'云手来带动上身的肩、颈、肘、腕等关节的运动。如果坐着找到了'感觉'，再站起来练"；颈部的练法是"用'梗'脖子的感觉，使后脑挺住，与后脊梁骨在一个平面上，但又要切忌僵硬"；戏曲表演的基本站法是"左脚跟与右脚腕的正中相对，成为一个'丁'字形"，"若正对观众的角度为0度，左脚尖向左的角度应在30度至45度之间，上身略向右拧，头部向右拧的角度也是30度至45度左右"等。这样精确的说明介绍怎能不受到演员的热烈欢迎呢？

不仅如此，作者还结合各种行当和具体剧目对不同的功法训练进行细腻解说。如不同行当的步法训练要求各异："花旦步法在必要时先用脚尖、脚掌着地，而后再将整个脚踏下去，走起来产生一种弹性，使人体显得轻盈、婀娜，就像风摆柳"，"武旦跑圆场的步法是脚跟稍着地，便把着力点转为脚掌，步子小而密，使体态显得敏捷、矫健"，"青衣台步的立点，由脚跟转向脚掌的过程较慢，要'压'着走，步子可稍放大，要走一条线，使体态显得稳重"。而即便同一行当，步法也因人物个性而异，如同为花旦行当，《花田错》中的小丫鬟春兰稚气十足，多用快步；《勘玉钏》中的韩玉姐比较任性，台步就洒脱一些。

作者还注意到了在行当区分不甚明确的现代戏中，同一类人物的步法差别也较大。如《沙家浜》中的阿庆嫂要带有腰部的扭动，强调其乔装茶馆老板娘的江湖味；《龙江颂》中的江水英要配合双手的左右摆动，表现农村妇女的淳朴；《海港》中方海珍的脚步要有力度，手臂自然下垂前后晃动，显出码头工人的豪放性格；《杜鹃山》中的柯湘则要带有生行八字步的韵味，显出其军事家的刚毅、果断的风度。这样，结合剧目形象地解说，对演员表演水平的提高，无疑是有着实际的现实意义的。

如此种种，不一而足，正是由于本书对唱念做打等基本的表演规律和技巧有如此细致精确的阐释，才使得它的实用价值尤为突出，从而成为"颇受欢迎的辅导材料"。

四是艺德兼修的前瞻性。戏曲演员的表演境界要想得到一种质的提升，不是一蹴而就的，所谓"冰冻三尺非一日之寒"是也。这其中就包含两个方面的问题：一是技艺的娴熟程度，二是个人的艺术素养。一个演员也许能在舞台上连翻几十个筋斗、连拧几十个旋子，但未必就能塑造出感人的艺术形象；而优秀的表演艺术家所塑造的舞台形象，总能闪耀出与众不同的个性光彩。其差异的根源，就在于艺术修养的高低。胡芝风对此体会得很深刻，在书中特辟专章加以论述，此即第十二章《戏曲演员的艺术修养》。

在本章的导言里作者指出："戏曲演员的艺术素养，决定戏曲演员表演层次的高低。"优秀艺术家的表演为什么能给我们提供更多的认识价值，奥秘就在于他们的"艺术素养，加深了形象的感人力量，它蕴含着艺术家卓越的见地、独特的理解，以及艺术家的品格、情操在这些人物身上所寄托的情感"。接着分为思想品格的修养、生活的修养、文化修养三节逐一展开论述：

首先，思想品格的修养是制约演员艺术素养的主要因素。作者依次从情操的修养、情趣的修养、情怀的修养三方面阐述，并辅之以梅兰芳、程砚秋、奚啸伯、李春森、周慕莲等前辈名家的艺术实践、社会交流等，作为例证，有理有据，言之成理。

其次，生活的修养是提升演员艺术素养的基础。作者依次从生活的来源、做生活的有心人、戏曲积累生活的方法三方面，强调直接生活积累和间接生活积累的重要性，以及增强思辨能力、提炼概括能力的必要性。

最后是文化修养，包括哲学、历史、文学、音乐、美术等一切与戏曲表演有关的知识修养。文章从文化修养与舞台气度、文化修养与审美理想、文化修养与戏曲表演的"雅与俗"三个角度，逐层论述了深厚的文化修养之于演员表演的重要性。其中，还提到了新凤霞、袁玉昆、奚啸伯、周信芳、俞振飞、游泽芳、梅兰芳、胡锦芳、萧长华等表演艺术家对文化知识的不懈钻研，及其在舞台实践上超凡脱俗的艺术创造。这些明朗的表述加上生动的实例，使得演员在文化修养上的广采博收在提高其艺术境界中的主导作用，更加显而易见，深入人心。

如果说，勤学苦练基本功，是戏曲演员在舞台上立足的基础；那么不断加强的思想品德、文化知识的修养，则是促使其表演进入出神入化的"自由王国"的保证。所以，思想文化的修养尽管并非立竿见影，但从长远来看，却是能使演员永葆艺术青春，并不断创造出深刻动人、品味独特的舞台形象的重要保障。从此着眼，不难看出作者立论的前瞻性。

总之，《戏曲演员创造角色论》虽然仍属于探索性和尝试性的成果，但像这样比较全面、具体、深入而又着重在于发掘戏曲演员创造角色的艺术规律的论述，像这样富有创新性、科学性、实用性和前瞻性的著作，无疑对于帮助演员提高演艺水平以及开展这方面的学术研究活动，会起到积极的推动作用。这正是它的价值所在。

## 四、《戏曲艺术二度创作论》：艺术实践中孕生的导演理论

1937 年冬，欧阳予倩先生自编自导了京剧《桃花扇》，从此，开启了现代意义的戏曲导演制的先河。如果从那时算起，在中国戏曲界，完全意义导演制的出现也才不过七八十年。相对于有着近千年生命历程的戏曲老人而言，戏曲导演制的历史不啻于电光石火之一瞬。

而导演制在戏曲界的全面建立，则还要等到 20 世纪 50 年代以后。那是 1952 年的 12 月 26 日，中华人民共和国文化部向全国剧团发出《文化部关于整顿和加强全国剧团工作的指示》[①]，明确指出戏曲剧团应建立导演制度，以保证其表演艺术和音乐上逐步的改进和提高。此后，各省普遍建立了戏曲导演制，涌现出了阿甲、李紫贵、郑亦秋、杨兰春、张建军、马科等一批杰出的导演艺术家。时至今日，在短短几十年间，导演制几乎已发展到占据戏曲艺术主导位置的地步了。

虽然，"导演中心论"一度受到过猛烈的批判，即使在 21 世纪的今天，也有人对"戏曲导演制"的存在发生质疑[②]，但建国以来涌现的大批优秀戏曲剧目的艺术生产实践证明，"建立导演制，充分发挥导演在艺术生产中的作用，是符合戏曲艺术发展的规律的"[③]。与之相应，对戏

---

① 文化部关于整顿和加强全国剧团工作的指示［G］// 戏剧工作文献汇编.1986：40.
② 邹元江.对"戏曲导演制"存在根据的质疑［J］.戏剧，2005（1）：18.
③ 朱文相.戏曲导演制的建立与导演艺术的发展［J］.艺术百家，1992（2）：48-49.

胡芝风著《戏曲艺术二度创作论》

曲导演理论的探讨，虽然起步较晚，但也有了一定的发展。一系列研究专著已相继问世，如郭亮《戏曲导演学概论》（湖南人民出版社 1982 年版）、高宇《古典戏曲导演学论集》（中国戏剧出版社 1985 年版）、薛沐《戏曲导演概论》（中国美术学院出版社 1994 年版）、黄在敏《戏曲导演艺术论》（文津出版社 1999 年版）、逯兴才等《戏曲导演教程》（文化艺术出版社 2005 年版）、赵伟明《戏曲导演艺术》（中国文联出版社 2005 年版）、熊姝《新时期戏曲导演论》（中国戏剧出版社 2010

年版）、熊姝《当代戏曲导演论》（中国戏剧出版社 2010 年版）等，都是有关戏曲导演理论研究的力作。

胡芝风《戏曲艺术二度创作论》（中国戏剧出版社 2000 年版），也是这座戏曲导演理论大厦中闪亮的一隅。该书从戏曲舞台艺术的总设计师，即导演的角度出发，论述了从剧本、观众，到表演、音乐、灯光、服饰、布景等各门戏曲艺术因素，在二度创作过程中应该遵循的规律。与上述诸作不同的是，本书既是作者离开舞台从事戏曲表导演理论研究十几年的深刻体会，更是作者多年的演戏、导戏、看戏经验的理论结晶。诚如郭汉城先生所言，这本专著是胡芝风结合自己的"艺术实践而有感而发的"①。

艰难困苦，玉汝于成。正是在十多年的冷板凳的坚持，十多年的导戏的磨炼下，胡芝风《戏曲艺术二度创作论》才显示出尤为可贵的实践理性和可操作性，这也是该专著最为显著的特点。胡芝风也许算不上

---

① 郭汉城.理论与实践的硕果//胡芝风.戏曲艺术二度创作论.北京：中国戏剧出版社，2000：3.

"科班"出身的学者,但正是"半路出家"的"弃艺从学"的独一无二,才赋予她的理论一种"应用型"的光芒。所以,老一辈学人才会那么殷切地向读者诸君推荐此书:"这是一本值得戏曲表导演和音乐、舞美等戏曲艺术工作者尤其是青年戏曲工作者所看的书。"①笔者深以为然。谓予不信,请罄其说:

首先,是对戏曲传统美学精神的坚持。一如作者本人的爽快干脆,本书一开始没有纵横捭阖地引经据典,也没有对古今中外导演理论的旁征博引,而是单刀直入,以第一章《戏曲的美学思想》开宗明义,依次从"观物取象"的美学关照、"摹情、写意"的艺术观、"意象"的形象思维、"诗化"的审美核心、"虚实相生"的艺术手法、"传神"的审美追求、"中和"之形式美等七个方面,详细阐述了一个戏曲导演首先必须掌握的戏曲美学规律。其中,最核心的观点是"意象",这是有别于西方戏剧思维的一种客观外物和艺术家思想情意的结合、一种超越自然形态之外的"象外之象"。

唯有明乎此,在对戏曲进行革新时,才会避免因为对话剧或其他门类艺术的盲目借鉴而导致的"非驴非马""迷失本性"。所以,本章一开始就重点强调:"任何剧种,表现任何题材,无论是现代戏、古装戏、近代戏等,都需遵循戏曲的美学精神进行创作,否则就失去戏曲自我存在的价值。"作者在十多年的导戏生涯中,曾经先后为京剧、评剧、晋剧、河北梆子、豫剧、蒲剧、粤剧、越剧等剧种排过不少戏,十多位经她指导的演员因此而获得了"梅花奖"。这些成就的获得绝非偶然,它和作者在导戏时对戏曲美学品格的准确把握及其在创作实践中的切实贯彻是密不可分的。

故而,作者开篇就给戏曲导演上了非常严肃的一课:"作为戏曲导演,首先必须掌握戏曲的美学思想。"紧接着,就娓娓道来,从美学传统到创作原则,从思维方式到审美核心,从艺术手法到审美追求,既有艺术理论的统率,又有舞台实例的支撑,把中国传统戏曲不同于西方戏剧的"美"从容不迫地展现在人们面前。

---

① 郭汉城.理论与实践的硕果//胡芝风.戏曲艺术二度创作论.北京:中国戏剧出版社,2000:3.

如在阐释"观物取象"这一较为抽象的哲学命题时,先从《易经》的哲学思想谈起,继之又言及画论、小说论、诗论,最后联系"京剧武生泰斗"盖叫天先生创造的"风火轮""鹰展翅"等身段程式,川剧表演艺术家阳有鹤先生在《秋江》中创造的拉开水袖遮雨的身段,麒派创始人周信芳先生在《义责王魁》中创造的舞台调度等,把戏曲程式的创新和生活的关系论述得明白如画。

又如在阐述"意象"化的形象思维时,先以西方戏剧的写实思维为参照物,接着论及中国传统艺术中意象思维的源远流长,及其对戏曲表演的影响,并分别以《叶含嫣》中两个恋人双目之间无形的"线"、川剧《四川好人》中的"黑披风舞"、《李慧娘》中裴生的"影子"、《伐子都》中考叔的鬼魂形象、川剧《闹齐庭》中公子昭鼻梁上突然出现的"豆腐干"的丑脸等实例,深入浅出地论述了戏曲艺术重在关照事物的精神和本质的意象思维特征。

再如论述戏曲艺术"传神"的美学追求时,先从我国古代艺术中传统的美学思想谈起,接着结合滑稽戏《快活的黄帽子》、评剧《大脚皇后》(胡芝风导演)、京剧《青风亭》(周信芳主演)等舞台演出,形象地诠释了戏曲表演所追求的最高美学境界,尤其是通过《青风亭》末一场,周信芳扮演的张元秀,气极无言,"浑身颤抖,一手握钱,一手指天、指地、指心、指屈死的老妻、指禽兽不如的养子,鲜明地传达了人物无处宣泄的痛苦和悲愤","胜过千言万语,具有雷霆万钧之势,震撼着人们的心灵,观众无不为之动容",给戏曲艺术的美学追求——"传神"做了极为通俗易懂的注解。

上述关于戏曲的美学精神不仅是贯穿全书的一脉红线,也是作者多年导戏工作的一个思想基点。所以,自然而然也成了从事戏曲艺术二度创作的导演入门的"第一课",故名正言顺地坐上了全书"第一章"的交椅。

其次,是观众本位的思想。第二章《戏曲观众的审美》,颇能体现作者作为戏曲舞台艺术总设计师的良苦用心。观众在戏曲活动中的重要地位是不言而喻的。"观众不仅是戏曲艺术的一个组成部分,是戏曲艺术存在的依据,而且是戏曲艺术的审美价值得以实现的中心环节和落脚点。"① 有着多年舞台实践经验的胡芝风，当然是深谙此中"三昧"的。所以，在第二章的开篇，她就迫不及待地郑重提出："观众是舞台艺术的支柱"，"戏曲的二度创作要重视观众"。接下来，分别从观众特殊的审美理想、审美需求、审美角度、审美心理、审美追求等方面阐述了戏曲艺术的教育功能、通俗性、观赏性、审美节奏、创新误区等与现状密切相关的问题。其中，谈论戏曲的"通俗性"和"创新的误区"这两节，尤其具有操作性和应用性。

如针对戏曲的"通俗性"，分别从浅显易懂的台词、有头有尾的情节、引人入胜的情趣、科诨与团圆结局、参与表演的字幕等五个方面，论述了导演如何站在普通观众的立场上，强化戏曲的通俗品格。同时，还列举了作者导演的折子戏《六月雪》、主演的京剧《李慧娘》，以及川剧的变脸、变刀、变花，《梁山伯与祝英台》的"化蝶"等来佐证，对戏曲导演从剧本到舞台的二度创作，如何既迎合观众的口味，同时还能提升其欣赏水平，都有着切实可行的指导价值。

又如"创新的误区"一节，从普通观众的审美追求出发，联系当前我国戏曲演出的现状，对戏曲舞台上"话剧加唱加插舞"的弊端——针砭：布景过实、服饰过真、面光过暗、群舞过滥、取消锣鼓、全用俊扮等。诸如此类所谓的"创新"，实则是对观众审美期待的漠视，其实质更是对戏曲传统美学精神的背离。而这些都是作者多年演戏、导戏、看戏实践的经验之谈。文中信手拈来，列举了萧长华在《群英会》中扮演的蒋干的服饰，《白蛇传》中手执云片、水旗、火旗的舞蹈，华剧《杨贵妃》中的"双人舞"等，从正反两方面，对导演如何指导戏曲进行合理的革新，敲了一记响亮的警钟。

在迄今为止出版的有关戏曲导演理论的专著中，还少有像胡芝风《戏曲艺术二度创作论》这样实事求是地从观众的立场出发，并在显要的位置，以专章篇幅，详细阐述戏曲导演作为整个舞台艺术创造的组织者，如何"既代表艺术创作人员，又代表观众进行创作"，从而使舞台演出真正获得能够打动观众的永恒的生命力。此亦为作者独具慧眼之

---

① 刘景亮，谭静波.中国戏曲观众学［M］.北京：中国戏剧出版社，2004：6.

所在。

再次，是对剧本的重视。导演艺术的特殊性，使得导演首先要跟剧作家"找麻烦"。文学剧本的完成，只是戏曲舞台艺术创作的起点；要让文学剧本真正在舞台上"立"起来，还有赖于戏曲导演积极的、具有独创性的解释。在采访中，胡芝风曾告诉笔者："我导戏首先是改剧本。"[①]作者在第三章《剧本与戏曲舞台》中就分别从主题思想、情节结构、舞台观赏性这三方面，论述了戏曲导演如何把好调整戏曲剧本这个排出好戏的第一道关口。

胡芝风总是站在观众的角度去看剧本，即"观众能否接受这出戏，能否从这出戏中得到精神上的陶冶，舞台审美是不是能得到满足"[②]。所以，"把握主题思想"，就成了导演研究剧本并把它搬上舞台之前的第一件事情。对主题的理解是否正确与深刻，是事关舞台演出成功与否的首要大事。而调整主题思想的一个重要依据则是"时代的要求和观众新的社会观念和审美观念"。文中先以作者导演的晋剧《三娘教子》删去旧本中的一些唱词（如"我将来靠谁人""望儿做高官"）以突出三娘无私的奉献精神和博大的爱心为例，阐述了对传统戏的主题倾向如何做出积极主动的解释；又以一出表现改革开放年代，一个作威作福的农村"大款"，从始至终没有什么认识或悔改的现代戏为例，说明这个剧目主题模糊，应该根据时代精神和人心向背，深化和提升作品的立意。

戏曲剧本的主题确立以后，就要考虑情节和结构在舞台上如何才能动人心扉、合情合理了。戏曲剧本历来有案头本和舞台本之分，案头本也许文采飞扬，却未必适于演出；舞台本也许不施铅华，却颇得观者倾心。即使是一些流传久远的舞台演出本，要想获得视听俱佳的演出效果，可能仍然需要导演的加工、组合、想象、结构，既要精选、增设富有表现力的细节，又要果断芟夷可有可无的多余枝节。关于如何增设情节，胡芝风总结了四条原则：一是根据人物性格的基本特征；二是

---

① 引自 2012 年 1 月 11 日下午在北京车公庄大街 2 号院 1 号楼 1201 室胡芝风家中的采访录音整理。
② 安志强.风风火火的胡芝风［M］//胡芝风.戏曲艺术二度创作论.北京：中国戏剧出版社，2000：8.

围绕戏剧矛盾；三是增强情趣；四是用新观点阐释历史上的人和事。比如，作者自编自导自演的京剧《李慧娘》。其中李慧娘的鬼魂来到红梅阁门前这个细节，在 20 世纪 60 年代的演出本中，是直接敲门与裴舜卿对话；后来重排时，根据"鬼"能隐身的典型性，改为在敲门前，先隐身而入，后又担心惊吓了裴生，便又隐身而出。这一细节的增添，不仅更加合情合理，而且尤为突出了"李慧娘的善良性格以及鬼魂的典型形象"。

除了情节的改动，"戏曲搭架，亦是要事，不妥则全传可憎矣。"[①]有的剧本故事情节不错，而结构则过于松散、平淡，演出后很难收到让"快者掀髯，愤者扼腕，悲者掩泣，羡者色飞"[②]的艺术效果。这就需要导演在摸透原剧本创作意图和艺术风格的基础上，进行新的结构重组，以使演出更具舞台冲击力和摄人心魄的魅力。如作者导演的评剧《闯法场》，原剧本的结构是：知府、知县先同时上场，接着是案犯生母陈金娥上场喊冤；1996 年重排时，改为陈金娥先闯进法场，接着知县、知府才陆续出场。如此一来，结构有层次，情节有起伏，人物关系环环相扣，人物性格渐次突出，戏的味道也愈来愈浓。

此外，本章还从观众的欣赏心理出发，对剧本的唱词和念白提出了通俗性与文学性兼顾，歌唱性同舞蹈性并重，剧本节奏和戏剧冲突相应等要求。比如，为了使剧本节奏紧凑流畅，耐人寻味，作者为导演们开出了以下"良方"：入戏要快、情节要跌宕多姿、有情则长无情则短、有头有尾。

以上所有对剧本的修改，都不是导演一个人苦思冥想、闭门造车所能杜撰出来的。所以，作者最后还不忘强调，在改进剧本的过程中，剧作者、主演、主创人员等各方面的意见，都是导演应虚心采纳的。唯有如此，方能"减少不必要的返工，提高剧本的'成活率'。"而这，也再次体现了作者一贯的虚怀若谷的风格。较之今天某些大牌导演指点江

---

① 凌濛初.谭曲杂札［G］//中国戏曲研究院.中国古典戏曲论著集成（四）.北京：中国戏剧出版社，1959：258.

② 臧懋循.《元曲选》后集序［M］//吴毓华.中国古代戏曲序跋集.北京：中国戏剧出版社 1990：150.

山、目空一切的做派，老一辈艺术家的风范再次令后人折腰。

无须再赘言，无论是对上述戏曲美学精神、观众、剧本的认识，还是对演员表演、舞台节奏、舞台动作、舞台调度、音乐设计、舞美创作、导演修养等的阐述，对于正在或即将从事戏曲导演工作的人们来说，《戏曲艺术二度创作论》都有着可贵的指导或借鉴的实践意义，是为该书的第一大特点。

《戏曲艺术二度创作论》第二个显著的特点，是其理论的深入浅出和语言的通俗易懂。没有炫人视听、抽象费解的概念范畴，也没有藻缋满目、生僻晦涩的语言文字，那些可能让人望而却步的理论和文字在本书中俱已杳然无踪。

对于一些较为抽象的原理，作者总是结合舞台实践，以简练形象的语言条分缕析。如第五章《戏曲舞台动作构思》第一节《意象化的形象思维》，论述戏曲导演如何通过创造性地运用程式，来发挥舞台动作非凡的表现力，从而诱发观众的想象力，臻于"超以象外，得其环中"的艺术境界。作者分为实拟身段、虚拟身段、装饰性身段三方面，分类阐释戏曲导演如何构思各种舞台动作。文中先指出，实拟身段是那些"用来表现'一般的'的日常生活动作，如坐、走、指、跪、开打、吃、喝以及哭、笑等"动作；接着，以作者导演的晋剧《六月雪》为例具体解说。《六月雪》中窦娥被押往法场途中的各种步法，如云步、碎步、圆场、错步、蹉步、交叉步、单跪步、双跪步、醉步等，都属于实拟身段。

而"虚拟身段"则较为复杂，作者分为意境虚拟、情绪虚拟、时空虚拟、物体虚拟、剖象虚拟、现象虚拟、标形虚拟等七类，逐一阐述戏曲导演如何运用虚拟手法，准确把握人物所处的规定情境。其中"剖象虚拟"比较费解，作者以《借扇》为例，其中孙悟空在铁扇公主"肚内"的实际动作，被剖离到了"肚外"：台口是孙悟空在翻跟斗，表现其在"肚内"对铁扇公主的戏耍；舞台后面则是铁扇公主同时作鹞子翻身、卧云、转身等身段，表现其被"肚内"的孙悟空折磨得腹痛难忍。这样，通过两个演员虚虚实实的虚拟演示，本来肉眼看不见的景象，却凭借观众的审美联想，构成了戏曲舞台上的妙境；而本来让人困惑的诠释难题，也随之迎刃而解，令人豁然开朗。

对于戏曲舞台上一些传统的陋习，作者也娓娓指出。如受传统"角儿中心"制的影响，主演常常不顾剧情的需要而占据舞台的中心位置。作者因此郑重强调："导演安排角色在舞台上所有的动、静位置，都要考虑情节、性格等诸多因素而进行调度，导演必须重视对演员的舞台位置的安排。"并以京剧《李慧娘》来佐证。如《见判》一出，为了颂扬判官和小鬼的正义感，使观众鲜明地感受到，判官对李慧娘由怜悯到同情到最后赠扇助她救人等层次变化，作者把判官和小鬼等群体造型，安排在舞台中心，以突出其善良的心肠；又如《杀姬》一出，为了强调贾似道的赫赫权势和李慧娘被凌辱的悲剧命运，作者让贾似道一直占领着舞台中心位置，李慧娘则在舞台的一侧。通过这样的调度，主题自然也得到了升华："贾似道的人间不如明镜判官的地府有人情。"

对于当前戏曲界的一些不良倾向，作者亦旗帜鲜明地予以指责。如对某些为适应市场运作，而片面强调舞台形式中现代物质形态的"气势"作用，忽略或背弃戏曲本体的美学特性，一味追求花哨的形式主义的戏曲表演，如大舞队、大高台、大实景等，作者毫不客气地批评它们"不但缩小了演员的表演区，妨碍了表演技艺的发挥，同时也分散了观众的欣赏注意力，最终影响了人物形象的完美创造"，"最多给观众一时的感官刺激，而很难打动观众的心灵"。

总之，《戏曲艺术二度创作论》虽名曰"论"，却并没有沉浸在枯燥深奥的理论阐述中，而是游弋在鲜活灵动的艺术实践里，把种种让人望而生畏的导演理论，融化在平易近人的语言、典型生动的实例中，既拨开了戏曲导演的神秘面纱，又有着显而易见的可操作性和指导价值，就像一位睿智可亲的长者，时而和蔼、时而严肃地向世人倾诉着其毕生的经验和所得。

## 五、《戏曲舞台艺术创作规律》：当代戏曲舞台创作的全方位审视

当代戏剧评论家周传家先生在 2011 年 11 月 9 日的《光明日报》上曾发表了一篇题为《戏曲名导"一统江湖"要不得》的文章，文中对当

胡芝风著《戏曲舞台艺术创作规律》

代戏曲导演界急功近利的浮躁作风深感忧虑，旗帜鲜明地指出"导演不可凌驾于戏剧艺术规律之上，介入戏曲的导演必须尊重戏曲艺术独特的艺术规律，坚守不破坏戏曲美学原则的底线"，并呼吁"从传统出发，从实践出发，潜心思考，进行理论上的阐释和总结，以形成科学的体系"，从而"实现中国导演学派的真正崛起"。这些言论的确颇中要害，令人深思。当代戏曲界流行的"飞行导演""流水作业""技导为腿""批量生产"等"名导模式"，对戏曲发展的负面效应，已经让越来越多的有识之士不断慨叹"一种蕴涵了五千年文明积累和一千年技术积累的表演美学正在解体"①。

而早在之前的 2005 年，年近古稀的胡芝风就已出版了她的第五本学术专著——《戏曲舞台艺术创作规律》②。这本书秉承着作者一贯的实事求是的科学精神，针对当代戏曲舞台表导演现状，从戏曲的传统美学精神出发，不为时尚、风气所左右，力求全面阐述戏曲舞台创作的规律。因为作者有着二十多年的戏曲舞台表演经验和二十多年的理论学习、导演实践经历，所以，本书显得尤为理性务实，对于减少戏曲舞台艺术创作的盲目性、提高戏曲演员的表演质量，尤具指导意义和实践意义。概括而言，本书有如下显著特征：

一是立体的舞台意识。本书取名"戏曲舞台艺术创作规律"，而不称"戏曲导演艺术创作规律"，是有作者独特的构思的。从目录的排列

---

① 傅谨.身体对文学的反抗［J］.读书，2006（4）：62.
② 胡芝风《戏曲舞台艺术创作规律》，由文化艺术出版社分别于 2005 年 10 月和 2006 年 3 月两度印刷出版。

就可看出，全书涉及剧本、导演、表演、音乐、舞美等组成戏曲舞台艺术的方方面面，其中，剧本篇两章，导演篇3章，表演篇6章，音乐、舞美、总论各1章，共计14章。无论哪一方面，都紧扣舞台，从戏曲舞台艺术的表演规律出发进行阐述。

如与剧本相关的前两章，虽没有对涉及戏曲剧本写作的选材、语言、结构、冲突、人物、戏剧情境等要素详尽展开，却要言不烦地阐明了剧本的创作和润色必须适应戏曲作为舞台艺术的"口味"，这样才能提高剧本的"成活率"，减少不必要的返工。第一章主要强调编剧在进行"一度创作"时要考虑到剧本的舞台呈现。比如因为戏曲舞台艺术的审美核心是"诗化"，所以辐射到戏曲剧本的创作，也要求尽量发扬"剧诗"的审美风格；又如安排唱、念的文词时，要考虑到"唱词的格式需要符合本剧种声腔的特点"，念白要"讲究个性化"，还应该是"诗化"的散文，与"唱"的形式相协调，"讲究戏剧性、感情性、音乐性和朗诵性，并有节奏感"；再如情节的设计，着重从台下观众的审美接受出发，提倡"戏曲剧本的情节要有头有尾，要有相对完整性"，无论是整本戏、小戏还是折子戏，都要通过唱念把"前因"交代清楚，并以作者导演的《窦娥冤·法场》为例，在窦娥发出三桩誓愿之前，由于增加了一段唱词，诉说窦娥的身世以及被如何陷害的过程，因而使这出折子戏具有相对的完整性，从而更便于观众欣赏；次如戏曲冲突的安排，要采取直接表现、明场交代的方法，即"把尖锐的冲突直接表现在舞台上，并且让观众事先知道"；再如为适应舞台艺术的节奏，要求剧本的节奏应精练、紧凑、流畅、跌宕起伏，"留出空隙，发挥演员的表演技巧，使戏具备多姿多彩的观赏性"等。这些都是如何使剧本成为适合舞台搬演的"场上之作"，避免沦为"案头之作"的经验之谈，对从事剧本写作的戏曲编剧们是很有启发意义的。

第二章主要是要求导演在"一度创作"完成后，要"根据预想舞台演出的需要，对剧本进行必要的修饰和调整"。如以阿甲导演的昆曲《烂柯山》和作者导演的折子戏《杜十娘》为例，说明剧本的主题思想要健康向上；以作者导演的《梦蝶劈棺》对田氏形象的重塑，说明人物性格要脉络清晰、准确鲜明；以作者重排的豫剧《对绣鞋》将传统的青衣和老生两个行当分别改为小花旦和丑行为例，说明要为剧中人物量身定做，选择适宜的行当；以作者导演的评剧《半把剪刀·闯法场》对原剧本结构的突破为例，说明如果剧本的结构影响到戏剧性和戏的节奏，削弱了演出的感染力，就需要对结构进行大胆调整；以豫剧《对绣鞋》《窦娥冤·法场》，京剧《李慧娘》《杜十娘》等为例，说明为了使情节相对完整、突出人物的内心矛盾、增强情感变化的层次感、丰富观赏性，可以根据规定情境，对故事情节进行适当的增补或改动；以《六月雪·探监》《双玉蝉》《打金枝》《寇准背靴》《张羽煮海》等为例，说明不仅对于平淡的情节要设法煽情，对于可有可无的旁枝要尽量删减，对于优秀的表演片段要进行剪缝，而且要从剧情、戏理出发穿插机趣，并且要注意发挥主演的表演特长，为其安排一定的唱或舞的机会，使演员能够有英雄用武之地。这些论述既紧扣戏曲舞台艺术的特性层层铺展，又有丰富的舞台实例支撑，所以显得立论精严，令人颔首叹服。

这种浓郁的舞台意识，不仅贯穿在剧本的创作和修饰中，而且弥漫在排练的全过程中，如为了给剧本找到最佳的舞台处理方式，提倡"鼓师、琴师要尽早介入排戏，配合演员熟悉研究唱腔"，"每一场戏，在舞台调度基本定下后，鼓师、琴师、音乐和灯光设计师就要参与排练，与演员磨合，使演员对唱腔及过门、鼓点等不断熟悉"，无不体现出作者统涉全盘的大局意识和立体的舞台意识。

二是强烈的科学意识。科学意识，简而言之就是从科学的角度理解问题、分析问题和解决问题的思想观念及其行为。本书旨在全面探讨戏曲舞台艺术的创作规律，而"规律"是事物之间内在的必然联系，它是客观的，不以人的意志为转移的；只有认识和掌握了这种规律，才能真正进入戏曲舞台艺术创作的自由王国。所以，本书的标题就彰显了一种依靠科学观念创新发展的可贵意识。艺术科学的法则虽然不像自然科学那样可作精准的定量分析，但定性的分析和经验的描述却是可行的。本书在对戏曲舞台艺术的创作规律进行提炼时，就尽量使用准确、形象的科学语言，以揭示出这些深藏在现象背后，却又暗中左右或支配着戏曲发展的必然联系。

如戏曲的眼神表演，作者总结到：大惊大喜的瞬间，可直对观众呈

0度；一般情况下，偏观众席方向 30 度至 45 度；平视时眼睑抬起的高度大约在 20 度；垂眼时，眼睑一般垂至离自己 3 米左右的下方或舞台的台沿。语言精练准确，便于演员练习掌握。

对眼神入门的训练，也表述得简洁形象，如训练眼珠左右运动时，眼睛要"平视放松，眼珠左右横向运动，好像眼珠轮流去'看'左耳、右耳"；训练眼珠圆圈转动时，眼睛要"先平视，眼珠连续去看左耳、上抬；看右耳、下垂，使眼珠'转动'起来"。

又如戏曲身形美的规律，首先强调"圆"的形式美贯穿在身段的全方位：手臂伸展时，腕与肘、肘与臂间的角度大于 90 度，小于 180 度；动作的过渡线路也要求"圆"；腰部、颈部都要伴随小幅度的"云手"式的"圆"的晃动线路，胳膊和手指经过的路线都要求呈圆弧形。这都是作者从自己多年的舞台表演经验中总结出来的，是符合戏曲艺术美的规律的概括。

对于戏曲舞台上演员身形美各个关节的表演规律，胡芝风也总结得非常细腻，分别从脚趾方向与观众席的角度在 30 度至 45 度之间、两胯和第四腰椎"三点"向上提、两肩和前胸"三点"向下松、两肩与两肘"四点"反向拧、膀臂保持圆弧状、膀臂要"悬空"、手腕花、手腕提和压、颈椎与后脑部上提、腰部带动上身与肩、提侧腰、亮相需全身配合等十二个层面作了细致清晰的阐释。如演员在舞台上要侧身对观众，侧身的要领是："在台步站定前，前脚先脚跟着地，脚趾向身体内侧转动 30 度至 45 度再着地，后脚再跟上"。又如手腕花的要领是"手指转圈时，要用中指'带头'转动"。这些表述都极为准确，把以前口传心授的表演技艺用科学易记的方式记录下来，有利于表演程式的传承和创新。

对于演员表演极为重要的发声问题，作者也非常重视，认为了解和掌握科学发声原理，是演员提高演唱质量的必由之路。虽然发声器官的运动大多看不见、摸不着，但作者还是尽可能深入浅出地详细解析了吸气、呼气、喉腔共鸣、口腔共鸣、鼻腔共鸣、胸腔共鸣、头腔共鸣等的训练要领和练习方法。如"吸气"的训练要领是：口鼻同时吸入；上身轻松，胸部扩展，松肩；腰围及两肋扩张至背后，气下沉至腰腹有丰满感。"吸气"的练习方法是：运用意念，即吸气时，似向远处喊人的感觉，或是深闻花香的感觉；还可坐在椅子上，上身靠向大腿，然后吸气，可以找到胸腹式吸入法的感觉。这样的表述既通俗易懂又形象生动，而且易学易记，有利于演员根据自己的生理条件和嗓音特点，用科学的态度、科学的训练进一步提高自己的演唱水平。

论及优秀表演艺术家的表演风格时，作者也尤为强调，其艺术成就的获得和他们对科学规律的尊重是分不可的。如程砚秋先生独特的发声方法，就极具科学性，文中写道："程派运用气息很科学：发音时'向下顺气'，中低音胸腔肌肋向外扩张，尤其是发高音时，气息越加'下沉'，也就是'气沉丹田'，即横膈膜维持扩张状态，同时丹田内收，在腰围形成对力，使肺部不受外围肌肉挤压，气息不致冲击声带。这样的用气技巧，使程派音量轻响自如，行腔连贯流畅，犹如珠滚玉盘的美感"。又如川剧演员沈铁梅，作者认为她的演唱让观众感到过瘾而不腻，正是由于"她掌握了科学的发声方法，所以，她的低音明亮厚润，高音清脆灵动"。

纵观全书，可以发现这种追求真理、揭示真理、传播真理的决心和勇气是遍布每一章节的，这也是作者有志于改变戏曲表演口传心授的落后训练方式所作努力的显现，也正如前言中作者所呼吁的："戏曲舞台的艺术创作人员：编、导、演、音乐、舞美等整个创作人员，都必须掌握戏曲舞台的科学创作原理，即掌握戏曲的美学精神和舞台表演的常识。"正是这种责任感，赋予了本书上述鲜明的科学意识。

三是无处不在的观众意识。戏剧的核心主要由演员、剧本和观众三个因素构成，而中国戏曲和广大民众的亲密关系更是与生俱来的。从元杂剧开始，像"背拱"这种直接与观众交流的独特演述形式就登上了舞台。自此，尊重观众、适应观众、争取观众就成了中国戏曲的一个传统。不唯中国戏曲如此，世界上任何一种戏剧样式都离不了观众的呵护。对此，很多学者早就预感到重要性，却一直缺少深入研究的条件。直到20世纪60年代，德国康士坦茨大学的五位学者创立了接受美学学派，观众学才获得了学理基础，并从心理学的专业上进一步确定了"观众"的含义："观众作为一个接受者群体，在心理活动上的公共性、预设性、必然的误读性，以及在误读基础上的可塑造性、可影响性，决定了这个群体的深层特征"①。在我国戏曲艺人中早就流行着许多说明观演关系的戏谚:"唱戏的不动情,听戏的不动容","不求一时乱拍手,只求他日暗点头","表述不清,听客不明;衬托不到,听客直跳","演员贵传言外意,观者方能得余音","台词不入耳,观众准打盹儿"……这些都说明观众的反馈,对戏曲艺术的二度创作是多么重要。有着多年舞台演出经验的胡芝风是深谙此道的,她在书中论及剧本、导演、表演、音乐、舞美等方面时,都非常重视观众的欣赏需求。

如在第一章《戏曲编剧要素》中专辟一节"雅俗共赏:剧本与观众的纽带",就是基于要使广大群众喜闻乐见的宗旨,而对戏曲剧本提出"既要采用人民群众的口语,又要加以提炼为有文采、有丰富的内涵,做到通俗与精致的辩证统一,与我国人民的文化心态、欣赏习惯相吻合"的要求;第三章《戏曲导演的美学原则》中"舞台的审美节奏"一节,也是从观众的审美感受出发,提出唱腔板式要快慢错落、表演形式要刚柔相济、身段舞蹈要疏密有致、技艺表演要把握分寸、锣鼓安排要多寡对比等,这些都是让观众能保持欣赏兴味的要津;此外,像剧本开局讲究开门见山、直截了当,收尾要干净利落,情节要跌宕起伏,有戏则长,无戏则短,节奏要精练、紧凑、流畅等,也无不着眼于观众的审美心理和审美期待而提出的创作原则。

又如在谈到当代戏曲唱腔的创新时,强调要重视地方观众的欣赏习惯和审美趣味,否则创编出来的新戏会因为观众不熟悉而产生审美阻隔,也就等于自掘坟墓,所以,对于作为区别不同剧种的主要标志的声腔艺术的革新,"应从本地域的民歌、民谣、小调、山歌等撷取素材,也可以借鉴其他剧种或其他艺术的唱腔,融化到自己的剧种中去";只有这样,才能使观众"感到既熟悉,又新鲜,才能得到观众的承认"。如此种种,不一而足。本书在涉及戏曲舞台创作的每一个环节,都考虑到了对戏曲的生存和发展关系密切的观众的审美需求和精神期盼,这种无处不在的观众意识正是戏曲舞台艺术创作必须把握的一个原则,是包括编剧、导演、演员等在内的所有主创人员必须时时兼顾的一把标尺。

---

① 余秋雨.观众心理美学 [M].北京:现代出版社,2012:33.

四是针砭时弊、关心现状。作为一个把自己的毕生精力都无私地投入到民族戏曲的革新与发展的老艺术家，胡芝风对当代剧坛是怀着一颗殷殷关注的热切之心的。这份热忱在本书中集中表现在最后一章《论当前戏曲舞台艺术创作》中，这一章分别从传统戏的推陈出新、新编古代戏的误区、现代戏塑造人物的表演规律三个方面，既毫不客气地对当代戏曲舞台上的一些创新"乱象"提出批评，又严肃认真的总结着戏曲创作中的固有规律，为后来者提供警示和帮助。

如"传统戏的推陈出新"一节，从剧本主题的整理、审美节奏的调整、表演技艺的分寸、锣鼓忌杂、加强精品意识等方面，详细探讨了如何使传统戏保持长久的生命力，并以作者指导的晋剧《三娘教子》、豫剧《大祭桩》、评剧《朱痕记》、赣剧《夜梦冠带》等为例，令人信服。又如"新编古代戏的误区"，从剧本离开美学轨道、唱腔的剧种特色被弱化、配器过浓、重唱轻舞、群舞过滥、布景过实、服饰过真、装扮单调等八个方面，对一些新编古代戏抛开戏曲美学精神的所谓独辟蹊径的创新误区，进行了鞭辟入里的剖析；像为何会出现重唱轻舞的倾向，作者就直言，其中既有演员基本功不扎实的问题，也有导演不熟悉戏曲表演语汇和创造程式的规律的原因。再如"现代戏塑造人物的表演规律"，作者以一些优秀的现代戏像《骆驼祥子》《金子》《打铜锣》等为例，把现代戏的人物塑造总结为：人物气质要有"相"、发挥"歌舞演故事"的特征、细小生活动作的"戏曲化"、扎实的基本功和艺术修养等四方面，每一方面都紧紧围绕如何既成功塑造神形兼备的舞台形象，又符合戏曲的美学精神展开，娓娓道来，言之凿凿。

此外，有理有据，图文并茂，也是本书的一大特征。作者对规律的总结提炼不是架空的，而是基于自己的表导演实践和大量的观剧体验、学习体会。书中提到的大量剧目实例，有不少是作者亲自排练指导的，既验证了理论的科学性，又增加了可信度，体现了作者理论与实践密切关联的一贯学风。同时，还精心配备了作者排练剧目、参加会议、师友纪念和一些相关的演出剧照等优美图片，既为文字增色，又使得本书更富"雅俗共赏"的逸致。这些都使得本书不失为一本富有指导性和实践性，能够减少戏曲舞台艺术创作盲目性的重要参考书。

# 附录一：胡芝风大事年表

**1938 年，生**

12 月 2 日，生于上海。出生后，母女俩搬至上海天津路的外婆家。

**1941 年，3 岁**

父亲母亲和外公、外婆一起居住在上海市二马路永安公司后门。

**1944 年，6 岁**

搬家到上海市南阳桥方浜西路，进入法国人办的勒格纳小学（新中国成立后改称上海市五区第二中心小学）。

**1947 年，9 岁**

是年 4 月，父亲被国民党抓捕，后因病保释回家修养，精神好时就教胡芝风唱歌。

**1948 年，10 岁**

跟随白俄罗斯老师学芭蕾舞。

跟随洪老师等学习弹奏钢琴。

是年冬，苏瑜来胡家住了三天，每天教胡芝风功课，并要求胡芝风表演节目。

**1949 年，11 岁**

胡芝风父亲被任命为华东交通部联运公司专员。不久，全家搬到上海市长乐路 764 弄 9 号。父亲工作之余，常教胡芝风唱京戏。

**新中国成立初期**

参加胡蓉蓉在上海市延安西路开办的私人芭蕾训练班，学习芭蕾舞。

师从吴继兰学习花旦戏，曾先后学过《拾玉镯》《铁弓缘》《金玉奴》《辛安驿》《红楼二尤》《花田错》《红娘》《玉堂春·嫖院》等京戏。

同时，师从刘君麟练习把子功、毯子功、腰腿功、靠功等基本功，学过盖派的《乾元山》。

父亲还先后请过朱庆辉、朱庆舱、卢文勤三位老师为胡芝风操琴吊嗓。

**初中阶段（1950年—1953年）**

1950年考入上海南洋模范中学，读初一。

在海关俱乐部的国庆联欢会上，首次登台演出《拾玉镯》。此后，常到上海钢铁厂、曹阳新村俱乐部和一些大学演出《拾玉镯》《十三妹》《樊江关》《贵妃醉酒》《穆柯寨》《凤还巢》等剧。

1951年初春，随父亲拜访周信芳，并在周的建议下，师从梅兰芳的大弟子魏莲芳学习了《穆柯寨》《宇宙锋》《十三妹》《穆天王》《樊江关》《破洪州》《棋盘山》《霸王别姬》《天女散花》《花木兰》《贵妃醉酒》《打渔杀家》《凤还巢》等梅派戏。同时，师从方传芸，学习了《金山寺》《挡马》《思凡》《扈家庄》《小放牛》《昭君出塞》《借扇》等昆剧刀马旦戏；还参加了方传芸在上海戏剧学院举办的昆剧旦角身段训练班，与越剧名演员王文娟、傅全香、金采风、吕瑞英等一起学习昆曲旦角表演。

1952年秋末冬初，在上海长乐路788号的周信芳家小剧场，演出《贵妃醉酒》《战樊城》，分别扮演贵妃和马童。

**高中阶段（1953年—1956年）**

1955年5月，父亲胡选斌成为周信芳的私人秘书。胡芝风得以经常到周家聆听周信芳的教诲。

在周信芳的指导下，与周少麟一起排演《坐楼杀惜》《打渔杀家》，胡芝风分别扮演阎惜娇、萧桂英。

### 大学阶段（1956年—1958年）

1956年考入清华大学工程物理系。

读书期间，参加清华京剧社，演出过《穆柯寨》和《霸王别姬》。

寒暑假时，在上海，先后师从杨畹农、包幼蝶，学习过《祭塔》《武家坡》《大登殿》《女起解》《玉堂春》《生死恨》《审头刺汤》《二堂舍子》《四郎探母》等梅派唱功戏，提高了梅派的唱腔技巧；师从朱传茗学习《游园》《惊梦》《断桥》等昆剧文戏；师从王福卿学习梆子戏《红梅阁》和《阴阳河》；师从杨小培学习武小生的起霸、趟马等基本身段。

### 1958年，20岁

获准休学一年。是年冬，进入广州市京剧团。

### 1959年，21岁

8月，随广州市京剧团赴武汉巡回演出。

年底，向清华大学申请肄业，献身京剧事业。

12月，正式向梅兰芳拜师，成为梅兰芳的关门弟子。拜师仪式在丰泽园举行，与会嘉宾有欧阳予倩、荀慧生、俞振飞、言慧珠、徐兰沅、马彦祥、张梦庚、萧长华、许姬传、许源来、朱光潜、姜妙香等。

拜师后，胡芝风在中和剧场演出了《穆柯寨》《穆天王》，并得到梅兰芳的评点；在梅兰芳家中，聆听了梅先生对古装戏和现代戏的独特见解，对梅先生的艺术创造精神尤有感触。

### 1960年，22岁

先后参加了兴化县京剧团、扬州市京剧团、南通地区京剧团、江苏省京剧院、苏州市京剧团的演出。

8月，正式加入苏州市京剧团。先后演过《穆桂英》《花木兰》《杨排风》《霸王别姬》《白蛇传》《大英杰烈》《杨门女将》《佘赛花》《雏凤凌空》等传统戏和《社长的女儿》《山乡风云》《南海长城》《洪湖赤卫队》《苗岭风雷》《红珊瑚》《一元钱》《他是我的丈夫》《红灯记》《沙家浜》《龙江颂》《杜鹃山》《审椅子》《蝶恋花》《红灯照》《地道战》《园丁之歌》等现代戏。

**1961 年，23 岁**

在武汉等地演出《红梅阁》《百花公主》。《长江日报》《黄石日报》等都发表了赞扬的评论文章。

**1962 年，24 岁**

主动要求将工资从 270 元降到 200 元。

**1964 年，26 岁**

在上海演出《洪湖赤卫队》和《南海长城》，分别扮演韩英和阿螺。

**1965 年，27 岁**

再次主动要求降薪到 120 元。

当选苏州市第五届政协委员。

**1966 年，28 岁**

"文革"开始，被造反派降薪到 60 元。

**"文革"期间（1966 年—1976 年）**

"文革"10 年，先后演出了《红灯记》《沙家浜》《海港》《龙江颂》《地道战》《洪湖赤卫队》《杜鹃山》《山乡风云》《审椅子》《苗岭风雷》《园丁之歌》《红灯照》《蝶恋花》等剧。

**1968 年，30 岁**

怀孕时，演出《智取威虎山》，饰群众角色。

冬，儿子出世。

**1970 年，32 岁**

外婆去世。弟弟去世。

演出《苗岭风雷》，饰腊梅。

**1972 年，34 岁**

演出《龙江颂》，饰江水英。

**1977 年，39 岁**

演出《红灯照》《挡马》。

**1978 年，40 岁**

演出《白蛇传》。

**1979 年，41 岁**

在常熟、昆山、苏州开明剧场，上海的美琪影剧院、劳动剧场、曹杨新村俱乐部等处演出《李慧娘》，饰李慧娘。演出后，社会各界好评不断，相关评论文章陆续见诸报，如龚之方《戏散人不散》(《文汇报》)、谢蔚明《胡芝风和李慧娘》(《文汇报》) 等。

同年，在上海戏校为学生教演《李慧娘》。

**1980 年，42 岁**

被授予苏州市劳动模范称号。

被任命为苏州市京剧团团长。

在上海、大连、青岛、济南、天津、北京等地演出《李慧娘》。演出后好评如潮，徐铸成撰文《可贵的琢磨精神》，发表于《文汇月刊》（1980 年第 5 期）；戏剧家凤子也撰文发表在《戏剧论丛》上；另有张爱萍诗歌《观京剧〈李慧娘〉》、张君秋剧评《李慧娘演得好》发表于《北京晚报》上；叶浅予观剧后当场为《李慧娘》作了六幅速写画，郭汉城、冯其庸、黄苗子等都写了赞美诗。

是年底至次年初，在北京演出时，中国戏剧家协会召开了两次座谈会，分别由阿甲和刘厚生主持，出席的分别有马彦祥、马少波、吴雪、张君秋、金紫光、李超、任桂林、黄宗江、史若霞、范钧宏和刘长瑜、刘秀荣、王玉珍、金桐等戏剧界知名人士。

**1981 年，43 岁**

被授予江苏省劳动模范称号。

当选为苏州市第八届（1981 年—1983 年）人大代表。

在上海拍摄戏曲影片《李慧娘》，担任主演，该片获得文化部颁发的"最佳戏曲电影片"奖。

8 月 7 日，苏州京剧团去香港演出时经过广州，在广州落住的宾馆见红线女。

8 月 8 日，胡芝风和钱璎参加香港联艺公司在九龙敦煌酒楼举办的记者招待会。香港演期原定为 7 天，因观众热烈，香港联艺公司要求加演 5 场，因此，在香港一共演出了 9 场《李慧娘》、2 场《百花公主》和折子戏《断桥》等。演出后，香港的报刊发表了近两百篇评论和报道，称赞苏州京剧团的这次演出是刮到香港的"胡旋风"，"掀起了近年来内地剧团在港演出罕见的高潮"。

8 月 26 日，离开香港。

年底赴武汉演出《李慧娘》《百花公主》等。中国剧协湖北分会副主席龚啸岚在《长江日报》上发表了以《京剧艺术之春的消息》为题的致胡芝风的公开信，赞其是"不似梅派的梅派真正的传人"。汉剧著名表演艺术家陈伯华在《湖北日报》上发表了《纯洁的心灵 美好的形象》一文称赞胡芝风的表演。胡芝风在此期间，也向陈伯华学习了汉剧《宇宙锋》的表演。

年底，中国剧协在北京举办了由阿甲主持的《李慧娘》研讨会。

**1982 年，44 岁**

春天，在苏州演出《百花公主》，曹禺和李玉茹夫妇以及中央戏剧学院院长金山等人观看了演出，并给予了很高的评价。

初春，到成都向川剧前辈阳有鹤学习《别洞观景》和《斩杜后》等剧目，向陈书舫与周企和请教《秋江》的表演经验，向四川省川剧学校青年教师余琛学习了川剧《金山寺》，还听取了成都市京剧团著名演员段丽君讲述在《失子惊疯》中的尚派表演经验。

5 月，随苏州京剧团去大庆演出。途中，在北京请阿甲加工排练《百花公主》。

秋，赴意大利威尼斯、佛罗伦萨、那不勒斯、罗马等地演出了几十场京剧《李慧娘》，被意大利文化界誉为"最美的艺术"。

冬，赴上海观看关肃霜的演出，并向关肃霜虚心请教。

**1983 年，45 岁**

当选江苏省第五届（1983 年—1988 年）政协委员。

10 月 13 日，在上海劳动剧场演出《百花公主》时，腰部摔伤。养伤期间，在上海《新民晚报》上发表了《快乐的红领巾》《读书与学戏》《告别清华园》《演员的甘苦》等文章勉励青少年；在上海《解放日报》上发表了《梅先生教我〈穆柯寨〉》《梅先生谈古装戏》《从〈游园惊梦〉到〈贵妃醉酒〉》等文章缅怀梅兰芳的教诲；还写了《一记耳光两双寿鞋》《晓艇的眼睛》等剧评。

养伤期间，在上海向俞振飞、李蔷华学习了《贩马记·写状》。

**1984 年，46 岁**

在苏州完成了《艺海风帆》的初稿。

参加了分别在泰州和北京举办的梅兰芳诞辰 90 周年的纪念演出活动，分别上演了《穆柯寨》《宇宙锋》和《穆天王》。

夏，到北京拜见了病榻上的宋德珠，并聆听其教导。

**1985 年，47 岁**

7 月 1 日，加入中国共产党。

9 月，到中国艺术研究院戏曲理论研究班报到，开始为期两年的戏曲理论知识的学习。

9 月 27 日，《戏剧报》召集首都部分中青年戏曲工作者，就戏曲现状问题举行了座谈，胡芝风应邀出席。

国庆期间，应武汉市艺术研究所所长陈牧之邀，为武汉"戏曲艺术进修班"做讲座《戏曲的体验与表现》。

自传《艺海风帆》开始在《剧影月报》上连载。第一篇发表在《剧影月报》1985 年第 10 期上。

**1986 年，48 岁**

年初，为了正确认识中国戏曲艺术的价值，探讨戏曲的前途问题，《戏剧报》召开座谈会，邀请在京的一些专家、学者及戏曲工作者，就这些问题展开热烈讨论，胡芝风应邀参会发言。

调至江苏省文艺研究所。

7 月，观看了以魏丽莎为导演的美国夏威夷大学戏剧系演出团在北京演出的英语京剧《凤还巢》，并写了剧评《友谊的结晶——看美国英语京剧凤还巢》《美国飞来的金凤凰》《何其相似乃尔》。

夏天，为话剧《高加索灰阑记》当戏曲表演指导，后来还发表论文《布莱希特体系与中国戏曲我见》（收录在《胡芝风谈艺》中）。

4 月，观看江西赣剧团涂玲慧主演的音乐清唱剧《还魂曲》，并撰写了剧评《意满情溢〈还魂曲〉》。

11 月，为涂玲慧加工排练《送饭斩娥》《夜梦冠带》两出戏，涂玲慧因此获得了第四届"梅花奖"。

12 月 3 日，《戏剧报》举行推荐江西省赣剧团折子戏演出的座谈会，胡芝风应邀与会。

**1987 年，49 岁**

3 月初，胡芝风、宋丹菊等戏曲工作者，应邀到临汾蒲剧院，协助该院加工排练由郭汉城、寒声两位老戏剧家联袂改编的传统戏《青萍剑》。

3月8日，胡芝风、宋丹菊与北京电影制片厂导演谢添等影、剧艺术家驱车到山西洪洞县苏三监狱，觅古寻踪。

以优异的成绩结业于中国艺术研究院"戏曲理论研究班"，并被院方挽留，希望胡芝风毕业后，能留在中国艺术研究院戏曲研究所表导演研究室工作。

9月23日，《戏剧报》《戏曲研究》《戏剧评论》三家刊物，受首届中国艺术节组织委员会的委托，联合邀请首都戏剧界部分领导、专家，就河南省许昌市豫剧团参加首届中国艺术节演出的新编现代豫剧《石头梦》举行了座谈，胡芝风参会并发言。

11月20日至12月15日，由中国戏剧家协会和中国昆剧研究会牵头，与北京大学中文系、中国艺术研究院戏曲研究所、北京高校京昆研究协会联合主办的"北京大学戏曲艺术讲习班"，在北京大学电教大楼举办，胡芝风作了专题报告。

岁末，在文化部举办的全国昆剧抢救继承剧目汇报演出期间，江苏省苏昆剧团演出了苏剧专场折子戏:《春香闹学》《芦林》《醉归》。《戏剧报》《戏曲研究》《戏剧评论》联合邀请在京的专家、学者召开苏剧折子戏研讨会，胡芝风与会并发言。

**1988年，50岁**
当选江苏省第六届（1988年—1993年）政协常委。

**1989年，51岁**
在第二届中国艺术节"大连之夏"中，为大连京剧团导演的《百花公主》，荣获大连艺术节导演奖。

8月，正式就职于中国艺术研究院戏曲研究所。

同年与《中国老年报》副总编陈牧先生结婚。

为大连市京剧团李萍导演《百花公主》，荣获1989年大连艺术节导演奖。

为江苏省丰县小凤凰豫剧团排练《双坐轿》《白蛇传》。

### 1990 年，52 岁

年初，在北京物资礼堂，主演京剧《百花公主》。这场演出由《中国演员报》主办，与中国戏曲学院联合演出。

3 月，上海学林出版社出版胡芝风第一本带有理论色彩的艺术传记《艺海风帆——我的艺术道路》。

5 月 25 日，在为纪念毛泽东同志《在延安文艺座谈会上的讲话》发表 48 周年，由延安文艺学会、中国艺术研究院、延安鲁迅艺术文学院校友会等 15 个单位主办，鲁艺戏曲改革研究社组织，在中山公园音乐堂演出的戏曲晚会上，胡芝风清唱京剧《黛诺》选段。

12 月 20 日，中国剧协在北京召开"纪念徽班进京 200 周年振兴京剧观摩研讨会"，胡芝风参会并发言。

### 1991 年，53 岁

为江苏省梆子剧团的张虹加工排练豫剧《打神告庙》，张虹由此获得第九届中国戏剧梅花奖。

应浙江省京剧团之邀，改编、导演新编古装剧《灰阑记》。

3 月 23 日至 4 月 4 日，出席全国政协第七届第四次会议，当选第七届（1991 年—1993 年）全国政协委员。

4 月 30 日，江苏省徐州市文化局为徐州市江苏梆子剧团的优秀青年演员张虹，主持了向胡芝风拜师的仪式，张庚、郭汉城、马少波、李希凡、冯其庸、齐致翔、刘颖南、薛若琳、龚和德、苏国荣、王安葵、吴敢等出席了拜师仪式。

从 1991 年 12 月到 1992 年 1 月，为徐州京剧团导演新编历史剧《孙尚香》。

### 1992 年，54 岁

论文《谈戏曲舞蹈的虚拟》，荣获中国艺术研究院优秀论文三等奖。

3 月 18 日至 28 日，出席全国政协第七届第五次会议。

4月，为浙江省京剧团导演《灰阑记》。

5月，为全国戏曲现代戏年会及杭州市艺术节示范主演《灰阑记》，共3场。

8月初，到青岛讲授《戏曲导演方法的特征》。

11月，到武汉参加"全国中老年业余京剧大奖赛"，担任评委。

12月，到上海参加"中国喜剧研讨会"。

### 1993年，55岁

获得中华人民共和国国务院颁发的特殊贡献专家证书，享受政府特殊津贴。

3月14日至27日，出席全国政协第八届第一次会议，当选第八届（1993年—1998年）全国政协委员。

3月，文化艺术出版社出版胡芝风的戏剧评论集《胡芝风谈艺》。

4月，剧本《灰阑记》荣获第七届"田汉戏剧奖"二等奖。

5月中旬，参加浙江省余姚市"河姆渡遗址博物馆"开馆典礼及河姆渡文化研讨会。

5月26日至6月8日，应邀出席新加坡"狮城地方戏曲展"讲坛，发表论文《提高中国地方戏曲表演水平之我见》。

6月下旬，受中国艺术研究院院科研办派遣，赴浙江慈溪参加"吴越文化研讨会"，提交论文《吴越戏曲文化溯源探流试议》（7000字）。

7月2日至25日，在广西南宁，为广西壮族自治区文化厅主办的"戏曲表演讲习班"讲课。其间，为广西彩调、壮剧、桂剧、京剧等剧团加工排练了彩调《醉生梦死》、壮剧《羽人梦》、桂剧《六月雪》、桂剧《李慧娘·见判》、京剧《廉锦枫》、京剧《望江亭》等戏。

9月，获得文化部理论研究系列研究员的职称。

10月，为山西运城蒲剧团演员王艺华加工排练折子戏:《黄鹤楼》《哭坟》《寇老西升堂》。11月该剧团赴京演出，王艺华获得第十一届中国戏剧梅花奖。

10月25日，由阿甲先生等数十位艺术大家倡议、胡芝风主持筹建的"中国戏曲表演学会"，经文化部同意，由中央民政部审核批准，注册登记。

**1994 年，56 岁**

1月6日下午，中国戏剧家协会为江苏省江阴市锡剧团演出的《天涯情仇》召开座谈会，胡芝风参会并发言。

3月8日至19日，出席全国政协第八届第二次会议。

3月25日至5月2日，担任新加坡敦煌剧坊和中华总商会联合主办的"狮城梅花戏剧节94"的艺术顾问，参加中新戏曲演出交流活动，在维多利亚国家大剧院主演了京剧《见判》和《坐宫》。期间，为普及戏曲艺术，还在10所高级中学做了"中国戏曲表演特征"的讲座和示范表演；在新加坡《联合早报》等报刊上发表了5篇文章，宣传参加"狮城梅花戏剧节94"的我国黄梅戏、龙江戏、蒲剧、粤剧、京剧等5个剧种（团）的表演艺术；在《中国戏剧》发表报道文章《中国戏曲躁动了新加坡》。

5月3日至7月底，在新加坡期间，每周两次为敦煌剧坊演员训练基本功和排戏。

5月3日至8月23日，为新加坡天韵京剧社主持了两个"戏曲表演培训班"，为期3个月，共24节课，内容包括身段、发声、化装等戏曲表演的基本规律和方法，训练班的学员共四十余人。担任天韵京剧社主办的"梅兰芳大师百岁诞辰"纪念演出活动的艺术指导，排练了两台演出剧目，共9折戏，并为这次活动主演了《贩马记》和《坐宫》。在新加坡《联合早报》和《新明日报》发表了宣传天韵京剧社的文章。并在我国的《中国文化报》和上海的《新民晚报》宣传报道了天韵京剧社的"双庆"活动。

7月，上海文艺出版社出版胡芝风第三本专著《戏曲演员创造角色论》。

8月24日至9月4日，经敦煌剧坊要求，中国艺术研究院同意胡芝风在新加坡的工作延长10天；为国立大学戏剧系作"认识中国戏曲表演"的讲座。担任敦煌剧坊主办的"狮城粤剧曲艺节"艺术顾问。并为"敦煌剧坊"导演了粤剧《救装》《百花赠剑》，加工排练了《痴梦》

《苏小妹》。

10 月 31 日至 11 月 21 日，应丹麦教育部之邀，为哥本哈根大学戏剧系、奥尔胡斯大学东亚系、奥尔胡斯戏剧学院的部分师生，和奥尔胡斯剧院、爱尔堡剧院等丹麦戏剧界，讲授我国戏曲表演的形成与发展，中国戏曲与中国古代哲学思想、审美理想的渊源关系；中国戏曲声腔与西方歌剧的声学、话剧的语言学的区别；戏曲舞蹈的实拟、虚拟的创造方法以及与西方舞蹈的区别；戏曲表演的内心体验与西方主要戏剧表演流派的异同等内容，并为帕顿莱成人高级学校，做了几次根据我国寓言故事编排的音乐哑剧《珍珠湖》的现场表演辅导。

12 月 8 日，中国戏曲表演学会于北京宣告成立，阿甲先生任会长，胡芝风当选为副会长兼秘书长，并筹备、主持了"中国戏曲表演学会"成立大会暨首届理事会。在全国各地发展了会员和理事，参加成立大会和理事会的有 21 个省、市、自治区的理事代表，讨论了学会章程，研讨了继承我国戏曲表演的优良传统，探索戏曲表演规律，促进戏曲表演艺术不断发展等问题，讨论了工作规划。

**1995 年，57 岁**

3 月 3 日至 14 日，出席全国政协第八届第三次会议。

4 月 23 日，参加"中国歌唱发声体系声音形态研究"鉴定评审会议。

5 月 28 日至 7 月 9 日，受邀在新加坡国立大学及十几所中、高级学院讲学、授课、排戏。

9 月，到兰州作戏曲表演理论讲座。

9 月 8 日，《中国演员报》创刊，曹禺、张庚任名誉社长，郭汉城、胡芝风任社长，陈牧担任总编辑。

11 月 26 日至 28 日，筹备、主持、召开"中国戏曲表演体系研讨会"。

**1996 年，58 岁**

3 月 3 日至 13 日，出席全国政协第八届第四次会议。

5月6日至10日，参加石家庄"东方戏剧研讨会"。

6月5号至10日，由中国戏曲表演学会主办，邀请新加坡天韵京剧社代表团与战友京剧团来北京交流演出，并在中国艺术研究院举办专家座谈会，参加座谈会的专家有刘厚生、郭汉城、何孝充、霍大寿、安志强、黄维均、曲六乙、薛若琳、涂沛、刘沪生、谭志湘、刘淑兰、曲润海、姚欣、钱关炯、骆正、朱宝光、宋丹菊、钮镖、孙毓敏、梅葆玖、梅葆月、杨秋玲、刘秀荣等。

8月，为石家庄市评剧院一团导演评剧《闯法场》，主演袁淑梅由此获得第十四届中国戏剧梅花奖。

9月1日至7日，主持由中国戏曲表演学会和河北省文化厅在石家庄联合举办的中青年优秀戏曲演员理论讲习班。

10月上旬，参加全国政协两个文明建设视察团，赴江苏视察。

11月22日至30日，参加中宣部文化系统专家精神文明建设参观考察团，赴云南考察。

12月26日至29日，主持中国戏曲表演学会第二届"中国戏曲表演体系研讨会"。

### 1997年，59岁

年初，与歌唱家胡松华、作曲家王立平等演艺界人士，一起参加中宣部组织的中央宣传文化系统专家考察团，去云南省考察。

为深圳市粤剧团的卓佩丽导演《李慧娘·见判》、为河北省河北梆子剧团的许荷英排练《梦蝶劈棺》，两人均获得第十五届中国戏剧梅花奖。

2月27日至3月12日，出席全国政协第八届第五次会议。

10月15日，在潮州市主持召开"中国戏曲表演学会97潮剧表演艺术研讨会"，研讨会由中国戏曲表演学会和潮州市文化局联合主办，潮州市潮剧团协办。

10月16日至19日，参加香港孔教学院举办的"孔子与21世纪"学术研讨会，宣读论文《孔子·儒学及戏曲审美精神》。

10月，为张家口市青年晋剧团排练《三娘教子》《六月雪》，主演李萍荣获第十六届中国戏剧梅花奖。

11月，为天津评剧院排评剧《生死令》，主演曾昭娟荣获第十六届中国戏剧梅花奖。

论文《戏曲舞台的基本美学精神》被中国人民大学收入学术研究资料集，《中国演员报》在全国报刊整顿中得到文化部的肯定和好评。

### 1998年，60岁

3月3日至14日，出席全国政协第九届第一次会议，当选为第九届（1998年—2003年）全国政协委员。

10月，参加香港"孔圣诞"国际研讨会。

为河北省名演员读书班讲课。

为中国艺术研究院戏曲研究所举办的编、导研究班讲课。

为江苏省京剧院的艾金梅导演《李慧娘·见判》。

应北京电视台之邀谈《〈李慧娘〉的创作经验》。

参加文化部举办的"邓小平文艺理论研究班"学习。

中国戏曲表演学会主办的《中国演员报》得到文化部的表扬。

### 1999年，61岁

为张家口市青年晋剧团导演《三娘教子》《六月雪》，荣获第五届河北省戏剧节导演特别奖。

1月28日至2月7日，赴湖北仙桃导演《梦蝶劈棺》。

3月3日至12日，出席全国政协第九届第二次会议。

5月，为袁淑梅排评剧《窦娥冤》。

8月，为宁波小百花越剧团导演《窦娥冤·法场》。

10月，到香港参加孔子研讨会；到珠海为琼霞排粤剧《红梅记》。

### 2000年，62岁

论文《戏曲舞台节奏》，荣获田汉戏剧奖评论三等奖。

3月3日至11日，出席全国政协第九届第三次会议。

4月至5月，为中国评剧院导演《大脚皇后》。

6月18日至7月1日，在香港演艺学院教学、排戏。

7月4日至14日，为石家庄评剧院一团导演《张羽煮海》。

7月15日，作为由全国政协副主席王文元带队的全国政协电视节目市场情况调查组成员之一，赴浙江的杭州、绍兴、宁波、温州等地，考察电视节目市场。

8月11日至29日，在南京为江苏省京剧院的艾金梅排《百花公主》，主演艾金梅后来获得第十九届中国戏剧梅花奖。

9月3日至10日，为石家庄评剧院一团加工、排练《窦娥冤》。

9月22日至28日，到香港参加香港孔教学院举办的孔子儒学研讨会。

11月23日至12月5日，为河北省邯郸市东风豫剧团的苗文华排折子戏《打金枝》《对绣鞋》《大祭桩》，苗文华因此荣获第十八届中国戏剧梅花奖。

12月19日，为马来西亚中央音乐学院讲课。

12月，中国戏剧出版社出版胡芝风第四本专著《戏曲艺术二度创作论》。


**2001年，63岁**

3月3日至12日，出席全国政协第九届第四次会议。

6月12日至29日，为大同雁剧团排练《梦蝶劈棺》。

8月，为宁波甬剧团改编和导演《双玉蝉》，王锦文饰演芳儿。

9月2日至9日，为石家庄市河北梆子剧团排练《李慧娘·夜访·追杀》《杜十娘》《灰阑情·判子》，主演刘莉莎获得第十九届中国戏剧梅花奖。

9月11日至30日，为新疆昌吉兵团豫剧团排练《李慧娘》（主演袁昉）。

10月12日至11月24日，为香港演艺学院排戏、上课。


**2002年，64岁**

1月3日至9日，为山西大同雁剧团排练《梦蝶劈棺》，主演魏润平、张彩萍获"山西省杏化奖"。

1月14日至18日,赴广西南宁讲课。

3月3日至13日,出席全国政协第九届第五次会议。

3月17日至28日,为山西长治文艺学校加工排练《背靴》《打路》《盗库银》《嫁妹》《八大锤》《出塞》。

4月18日至5月10日,在广西南宁排练桂剧《李慧娘·见判》(主演赵素萍)和其他折子戏。

6月1日至20日,为河北保定梆子剧团导演《大脚皇后》(主演李玉梅)。

7月19日至8月8日,为石家庄评剧院排练评剧《双玉蝉》(主演袁淑梅)。

10月,为香港演艺学院、天马粤剧团(主演文华)排戏。

11月16日至12月4日,在郑州为河南省豫剧团导演《六月雪》(主演田敏)。

12月20日至22日,为石家庄的河北省梆子剧团排折子戏《西施》(主演王洪玲)。


**2003年,65岁**

论文《重视戏曲表、导演基本科学规律》获中国艺术研究院"21世纪中国戏曲发展论坛荣誉奖"。

1月,为石家庄河北梆子剧团导演《百花公主》。

3月3日至15日,出席全国政协第十届第一次会议,当选为第十届(2003年—2008年)全国政协委员。

4月14日,出席纪念中国戏剧梅花奖20周年的"西部秦声"庆典演出和研讨会。

6月,应邀为香港天马粤剧团排戏。

7月上旬,为香港演艺学院上课、排戏。

7月24日至8月22日,为杭州市黄龙越剧团的王杭娟排练《杜十娘》《蔡锷与小凤仙》《玉蜻蜓》,王杭娟因此获得第二十一届中国戏剧梅花奖,胡芝风荣获导演一等奖。

11月，参加豫剧表演艺术家曾广兰舞台生活50年纪念演出和座谈会。

12月上旬，参加"纪念程砚秋诞辰100周年学术研讨会"，提交论文《论程砚秋表演艺术美》。

12月中旬，应邀到清华大学做讲座。

**2004年，66岁**

为河北省保定市河北梆子剧团的李玉梅排练《大脚皇后》《梦蝶劈棺》，李玉梅由此获得第二十二届中国戏剧梅花奖。

2月14日至15日，参加中国艺术研究院戏曲研究所举办的韩再芬表演艺术研讨会。

3月3日至12日，出席全国政协第十届第二次会议。

5月22日至25日，中国戏曲表演学会在江苏苏州举行学术研讨会，探讨新时期我国戏曲文化的保护与发展，胡芝风致开幕词。

6月29日，为庆祝世界遗产大会在苏州的召开，在中共苏州市委宣传部、苏州市文化广播电视管理局与中国戏曲表演学会联合主办，苏州市群众艺术馆承办的"戏曲表演晚会"上，胡芝风演出了梅派名段《贵妃醉酒》。

7月1日至14日，随政协视察郑州、哈尔滨、牡丹江、呼和浩特等地。

10月4日至30日，为香港演艺学院排戏、上课。期间，参加了香港孔教学院举办的孔子研讨会。

11月5日至14日，随政协视察海南海口、琼海、万宁、三亚等地。

**2005年，67岁**

3月5日至13日，出席全国政协第十届第三次会议。

4月，担任"美国华侨赴北京京剧演出团"秘书长。

4月20日，参加中国艺术研究院戏曲研究所举办的"沈铁梅表演艺术研讨会"并提交论文《沈铁梅表演的心理流程与艺术特征》。

4月29日至30日，参加河南省平顶山电视台"常香玉表演艺术研讨会"。

6月7日，参加中国艺术研究院戏曲研究所举办的"郭汉城文集出版研讨会"，并提交论文《郭汉城的戏曲理论价值》。

7月2日至5日，主持中国戏曲表演学会举办，苏州群众艺术馆承办的"戏曲表演的继承与发展研讨会"。

8月2日至14日，胡芝风参加了由全国政协常委任玉岭带队的全国政协委员考察团，辗转到云南、湖北、陕西、甘肃、宁夏五省就"京剧院团发展现状"进行专题考察。

9月7日至12日，参加全国政协视察天津城市建设。

9月18日至11月1日，应邀为香港演艺学院讲课排戏。

9月21日至24日，应邀参加香港孔教学院主办的第二届香港儒学国际大会："儒教、儒学、儒商对人类的贡献"国际学术研讨会，提交论文《弘扬孔子儒家文化精华》。

10月，文化艺术出版社出版胡芝风第五本专著《戏曲舞台艺术创作规律》。

11月1日，应邀到深圳大学做讲座。

11月10日至30日，参加文化部的"全国京剧院、团评估"活动。

12月6日，为中国艺术研究院研究生部"画家班"做讲座——"戏曲艺术的美学精神"。

12月11日至12日，主持由中国戏曲表演学会举办，河南安阳承办的"戏曲现状与未来研讨会"。

### 2006年，68岁

荣获第七届河北省戏剧节导演荣誉奖。

3月3日至13日，出席全国政协第十届第四次会议。

9月16日至10月30日，为香港演艺学院上课。期间，为天马粤剧团排戏；参加香港孔教学院举办的研讨会。

11月1日，应邀为深圳大学做讲座。

12月26日至27日，中国戏曲表演学会2006年理事会在北京召开，会议选举胡芝风为会长。

### 2007 年，69 岁

中国戏曲表演学会、上海京昆艺术中心、SMG 新娱乐、上海戏剧杂志社联合举办"九十高龄京剧艺术家王玉田艺术研讨会"，胡芝风与会，并为王玉田颁发"终身成就奖"。

1 月 4 日至 10 日，为河北邯郸东风豫剧团导演《江姐》（主演苗文华）。

3 月 3 日至 15 日，出席全国政协第十届第五次会议。

4 月 15 日至 16 日，到青岛做讲座。

4 月 26 日，为南京信息工程大学做讲座。

6 月 13 日，为中国戏曲学院做讲座。

10 月 6 日至 7 日，参加香港孔教学院举办的研讨会。

10 月 15 日至 11 月 26 日，为香港演艺学院上课，排练《百花赠剑》《李慧娘·脱阱》《李慧娘·救裴》《贵妃醉酒》等粤剧，为香港天马粤剧团排《红鸾喜》和《寻梦》等戏。

11 月 29 日至 30 日，应邀至香港中文大学做讲座《戏曲表演研究》《戏曲薪传——学艺与传艺，继承与开创》《戏曲角色的塑造》。

### 2008 年，70 岁

创办中国戏曲表演学会主办的双月刊杂志《中国演员》，任理事长兼责任编辑。

3 月 20 日，由河南电影电视制作集团公司与河北省邯郸市东风剧团联合摄制的豫剧电影《桃花庵》，在苏州吴中区木渎镇开机。《桃花庵》由豫剧桑派传人苗文华领衔主演，胡芝风担任艺术指导。

6 月 4 日，北京市文艺人才"百人工程"系列研讨会在北京举行，胡芝风与会并发言。

7 月 10 日至 23 日，为湖北省洪湖市花鼓剧院排练花鼓戏《六月雪》。

9 月 2 日至 10 月 19 日，为香港天马粤剧团、香港演艺学院排戏、上课，期间参加香港孔教学院举办的研讨会。

10月28日，第二届霸州文化艺术节在霸州开幕；10月29日，中国戏曲文化大观园奠基仪式在霸州市开发区举行，胡芝风参加了奠基仪式。

11月5号，香港中文大学邀请胡芝风作《戏曲文学与美学》讲座，配合讲座，香港天马菁莪粤剧团演出粤剧《梦蝶劈棺》（灵音饰田氏、文华饰王孙）、《哭灵》、《寻梦》。

12月12日至14日，第八届百家电视台电视文艺节目和第五届电视戏曲节目"兰花奖"评选颁奖暨创作研讨会以及2008年中国广播电视协会电视文艺工作委员会年会在河北省石家庄市举行，胡芝风出席，并对电视戏曲获奖节目作了点评。

12月16日，山西运城蒲剧团主演兼团长武俊英艺术生涯40年研讨会及庆典晚会在山西运城市举行，胡芝风与会并发言。

12月21日，由全国政协京昆室和澳门特区全国政协委员"推动澳门文化产业建设小组"联合举办的"'两岸四地'中国戏曲艺术交流合作传承与发展澳门论坛"，在澳门丽景湾酒店隆重举行，胡芝风出席了论坛。

### 2009年，71岁

3月26日至4月20日，在加拿大多伦多为宝新声粤剧团排戏，并在加拿大多伦多文化中心做讲座《戏曲表演的美学精神》。

5月16日至20日，到石家庄为邯郸市平调落子剧团加工排演《邯郸梦》（主演王红）。

5月21日，河北省邯郸市平调落子剧团青年演员王红，拜胡芝风为师，河北省文化厅副厅长边发吉在石家庄市人民会堂，为之主持了拜师仪式。

7月13日至7月17日，在由陕西省文联、陕西省剧协举办的"戏剧人才（西北五省区梅花奖演员）高级研修班"在临潼举行，胡芝风做了讲座《戏曲之美》。

7月21日，中国戏曲表演学会，长治市委、市政府主办，长治市委宣传部、长治市文化新闻出版管理局承办的"中国戏曲表演学会长治地方戏曲研讨会"在长治隆重召开。晚会上，中国戏曲表演学会会长胡芝风和戏曲理论家沈祖安代表学会，为长治上党梆子剧团团长、国家一级演员、表演艺术家张志明，上党落子剧团党支部书记、副团长、国家一级演员、表演艺术家傅永亮，颁发中国戏曲表演学会"突出贡献奖"。

8月16日，"第七届全国高校京剧演唱研讨会"在号称"京剧之乡"的烟台拉开帷幕，胡芝风参会。

8月25日晚，陈牧、胡芝风改编，胡芝风导演的新编古装戏河北梆子《灰阑情》，由天津河北梆子剧院在天津中华剧院首演（主演刘志欣），得到广大观众好评。

9月23日至25日，"中国戏曲表演学会2009年年会"，在河北省霸州市隆重召开，就"戏曲的精品与普及的统一"，展开了深入交流与探讨，胡芝风参会。

10月9日—12月4日，为香港演艺学院上课，为香港玲珑粤剧团和香港天马粤剧团排戏，其间还参加了香港孔教学院举办的研讨会。

12月7日，父亲逝世。

12月18日下午，为军事科学学院做讲座。

### 2010 年，72 岁

1月18日，在全国政协礼堂举行了胡芝风喜收声望听力连锁服务机构创始人李琼为徒的仪式。拜师仪式由《人民政协报》社长邬旦生主持，出席者有刘厚生和夫人傅慧珍，梅葆玖、孙毓敏、赵景勃、叶金援、张欣欣、卢昌华等。

2月6日，在香港富豪酒店的"林家声之友聚会"上，胡芝风、孙毓敏、刘玉玲为香港粤剧表演艺术家林家声先生颁发"终身成就奖"的奖状、奖杯、奖牌。

4月8日至12日，由胡芝风担任艺术指导和导演，香港丽晶粤剧团演出的新编古代粤剧《剑胆琴心巾帼情》《翰墨丹青系赤绳》（编剧：张泽明，主演：李龙、邓美玲、尤声普、廖国森、任冰儿、阮兆辉），在香港沙田大会堂拉开帷幕。

5月4日，出席了在浙江省宁波市召开的中国戏曲表演学会"地方戏曲的传承与创新"专题研讨会，并作重要发言。

5月15日，在上海京剧院排练厅，为"FOLLOW ME京昆时尚课堂"的学员们进行戏曲发声及表演的初步培训。

5月18日上午，中国戏曲学院表演系在大剧场二层会议室举办"名师讲坛"系列讲座——《戏曲表演的美学精神》，特邀胡芝风担任主讲。

5月19日晚，出席了戏曲艺术片《桃花庵》在郑州河南人民会堂举行的首映式，胡芝风担任该片的舞台艺术指导。

5月20日，"大型戏曲艺术片《桃花庵》首映暨桑派艺术理论研讨会"，在郑州河南广播大厦举行，胡芝风出席了研讨会。

6月5日，在辽宁省新民市大剧场举办的"纪念评剧表演艺术家花淑兰诞辰80周年吴丹阳花派名段演唱会"上，为新民市副市长冯永久颁发"弘扬民族艺术特殊贡献奖"。

6月27日至28日，出席中国戏曲学院建院60周年院庆学术论坛。

10月1日，由全国高校京剧委员会、重庆红岩联线文化管理中心和四川外语学院联合举办的"'红岩杯'第八届全国高校京剧演唱研讨会"，在重庆四川外语学院隆重举行，胡芝风参会。

10月3日至11月28日，为香港演艺学院上课。

12月16日下午，胡芝风为军事医学科学院研究生作《京剧赏析》讲座。

12月18日，胡芝风出席山西省运城市蒲剧团举行的建团40周年庆典活动。


### 2011年，73岁

1月11日、13日，分别在梅兰芳大剧院和天津京剧院，为赵燕侠、杜近芳、吴素秋、李慧芳、王则昭、王金璐、谭元寿、梅葆玖、李世济、张春华、李金泉、赵慧秋、李元春、李韵秋、李荣威、江新蓉、迟金声、马崇仁等18位前辈表演艺术家，颁授中国戏曲表演学会"终身成就奖"。

1月16日，程派传人李文敏收沙蕾、张茜为徒的拜师仪式，在北京华侨大厦举行，胡芝风参加了仪式并讲话祝贺。

2月24日晚，在北京大学第二教学楼314教室，讲授北京大学全校本科生的公选课《经典昆曲赏析》，受到青年学子的热烈欢迎。

3月26日，由河北省文联、河北省戏剧家协会主办，中共永年县委县政府协办，邯郸洪生平调落子剧团承办的第六届河北省名演员（编导）读书班在石家庄开班。开班期间，胡芝风做了讲座。

3月31日，由中国戏曲表演学会、中原城市电视台文艺协作体、丰县人民政府主办，中共丰县县委宣传部、丰县文化广电与体育局承办的"全国梆子戏精英邀请赛"，在江苏省丰县开幕。胡芝风出席了开幕式并致辞。

4月9日，在西安易俗大剧院，中国戏曲表演学会与陕西省文化厅振兴秦腔办公室、陕西电视台等单位联合主办，为15位前辈秦腔表演艺术家（卫赞成、马蓝鱼、马桂芬、马友仙、全巧民、贠宗翰、刘茹惠、李爱琴、李瑞芳、李买刚、余巧云、肖玉玲、杨金凤[①]、郝彩凤、雷开元）颁发了中国戏曲表演学会"终身成就奖"，会议由胡芝风主持。

4月27日至5月15日，为香港玲珑粤剧团导演粤剧《李清照》。

5月15日、27日，香港玲珑粤剧团在香港演出由胡芝风担任导演的粤剧《李清照》（编剧：张泽明，主演：吴仟峰、邓美玲、任冰儿、陈鸿进、廖国森）。

5月17日至6月6日，为加拿大宝新声粤剧团排戏。

7月10日，加拿大宝新声粤剧团举办师生会演"仲夏戏曲展缤纷"，其中《红鸾喜》《木兰辞》《破阵子》等节目的舞蹈身段是由胡芝风设计的。

7月18日，在北京长安大戏院举办"小麟童表演艺术研讨会"，胡芝风参会。

8月18日，在北京音乐厅欣赏宋士芳京胡演奏会——"海峡两岸梨园情"。

---

① 杨金凤于获奖前一天仙逝，由她的女儿代领。

9月3日，中国戏曲表演学会在北京中国儿童中心影剧厅，举办"评剧耆耋艺术家终身成就奖"颁奖活动，为杨培、张其祥、李福安、筱俊亭、花月仙、张玮、莲小君、王景山、花砚茹、王景明、新艳琴、李梓森、王其珩、洪影、喜彩君、筱紫玉、郑伯文、陈桂秋等18位评剧老艺术家，颁发中国戏曲表演学会"终身成就奖"，会议由胡芝风主持。

9月19日至10月1日，为香港演艺学院上课。

10月28日至11月17日，为香港玲珑粤剧团（主演兼团长邓美玲）排戏。

11月16日、17日，胡芝风为香港玲珑粤剧团导演的新编粤剧《新倩女幽魂》（编剧：张泽明，主演：李龙、邓美玲、陈鸿进、廖国森、宋洪波、郑咏梅），在香港沙田大会堂演奏厅演出。

11月28日至12月16日，为香港天马粤剧团导演《狮子山下红梅艳》（编剧文华）。

12月16日，胡芝风担任导演的原创神话粤剧《狮子山下红梅艳》，在香港高山剧场演出。

12月22日，中国戏曲表演学会在北京长安大戏院举行"第六届中国京剧终身成就奖"颁奖仪式。

### 2012年，74岁

1月16日，中国戏曲表演学会在上海新锦江饭店菊花厅，举行"第六届中国京剧终身成就奖"颁奖仪式。

1月29至3月25日，为香港演艺学院上课。

2月13日、14日，胡芝风担任艺术顾问的粤剧《孔子之周游列国》（编剧：胡国贤，主演：阮兆辉、邓美玲、新剑郎、温玉瑜、陈鸿进、廖国森），由香港玲珑粤剧团在香港文化中心大剧院演出3场。

3月9日和24日，胡芝风担任导演、周仕深改编的《双教子》，由香港演艺青年粤剧团在香港演出。

3月10日，香港康文署主办《双教子》导演座谈会及编剧座谈会，会上，导演胡芝风详细阐述了该剧的编导过程。

4月9日至4月28日，为加拿大多伦多宝新声戏曲演艺中心排粤剧。

4月30日至5月12日在香港，为邓美玲和演艺学院排戏。

5月，胡芝风导演的粤剧折子戏《水漫金山》，由加拿大多伦多的"宝新声戏曲演艺中心"在满地可演出。

5月20日至21日，中国戏曲表演学会与营口鲅鱼圈区联合举办"地方戏的传承与发展"研讨会，会议由胡芝风主持。

5月24日，在武汉大学做讲座。

5月26日，胡芝风担任导演的《双教子》，由香港演艺学院中国戏曲课程班学生演出。

5月28日下午，随全国政协在深圳保安区考察戏曲进校园的工作。

6月，应袁淑梅之邀，为石家庄市评剧院一团整理加工评剧传统剧目《秦香莲》。

6月28日，香港演艺学院授予胡芝风"荣誉院士"称号。

7月4日下午，为中国戏曲学院做讲座。

7月18日至24日，"第九届全国高校京剧演唱研讨会"于兰州举办，胡芝风参会。

7月，北京京剧昆曲振兴协会向胡芝风颁发"弘扬京昆艺术特殊贡献奖"。

8月13日，中国戏曲表演学会在山西省长治市，召开"戏曲人才培养"研讨会，会议由胡芝风主持；晚上在长治潞州剧场举行"名家演唱会"。

9月11日，参加中国艺术研究院戏曲研究所召开的王红丽表演艺术学术研讨会。

10月4日至18日，为香港演艺学院上课，期间参加香港孔教学院举办的研讨会。

10月21日，由河南电影电视制作集团公司、河南电影制片厂、美国河南总商会、邯郸市东风剧团联合出品的豫剧艺术片《打金枝》，在浙江横店影视城开拍，胡芝风担任该片的戏曲艺术指导。

**2013 年，75 岁**

春节前后，胡芝风为宁波市鄞州越剧团讲授戏曲演员身段美的组合等内容，并排练折子戏《六月雪·法场》。

1 月 24 日，中国戏曲表演学会联合武汉市文化局、武汉京剧院、武汉大学，在武汉京剧院礼堂，为 92 岁高龄的著名京剧表演艺术家杨菊苹，颁发"终身成就奖"，并举行"杨菊苹老师表演艺术与京剧文化传承研讨会"，颁奖仪式和研讨会由胡芝风主持。

2 月，第十二届"公益中国"中国青少年电视艺术新星展播活动暨"关爱下一代"文化传承戏曲春节大联欢，在北京举行，晚会由胡芝风担任艺术总监。

3 月 3 日至 5 月 27 日，为香港演艺学院上课，排练由周仕深改编自布莱希特《高加索灰阑记》的《灰阑情》。

5 月 24 日、25 日，胡芝风担任导演的粤剧《灰阑情》，由香港演艺学院青年粤剧团和中国戏曲部学生分别演出。

6 月 20 日，为中国戏曲学院做讲座。

6 月 29 日，胡芝风代表中国戏曲表演学会，在上海奉贤区海湾园，向著名京剧表演艺术家、京剧服装设计大师、收藏家包婉蓉先生颁发"终身成就奖"。

8 月 20 日至 9 月 8 日，中国戏曲表演学会与中央文化管理干部学院艺术学院，联合举办"首届戏曲高级研究班"。

8 月 25 日下午，作为嘉宾出席在香港演艺学院歌剧院举办的"京昆粤戏曲艺术交流会"，畅谈个人学艺过程、从艺经验、演出心得、艺术理念等。

9 月 15 日至 12 月 11 日，为香港演艺学院、香港天马粤剧团、香港玲珑粤剧团上课、排戏。

10 月 19 日，参加香港孔教学院举办的研讨会。

12 月 2 日，在中国戏曲学院与香港演艺学院的交流演出中，香港演艺学院青年粤剧团演出了由胡芝风导演、改编自"莎"剧的粤剧《驯悍记》（编剧周仕深）片段。

12 月 22 日，应邀到宁波市鄞州区图书馆"明州大讲堂"，做《戏曲表演与审美》的讲座。

12月24日，在宁波市鄞州区伯豪大酒店望春厅，召开由中国戏曲表演学会、宁波市鄞州区文化广电新闻出版局主办，鄞州区集仕港镇人民政府、鄞州区越剧艺术传习中心、鄞州区城乡演出院线承办的"中国戏曲表演学会2013年年会暨戏曲传承弘扬与现代戏表演研讨会"，会议由胡芝风主持。

**2014年，76岁**

1月2日至27日、2月11日至4月13日、4月22日至7月6日，为香港演艺学院、香港天马菁莪粤剧团、香港玲珑粤剧团上课、排戏。

3月29日，香港天马菁莪粤剧团演出胡芝风导演的粤剧《狮子山下红梅艳》。

4月20日，香港天马菁莪粤剧团演出胡芝风导演的粤剧《梦蝶劈棺》。

5月7日至9日，香港《新世纪论坛》与《新青年论坛》举办"京、台、港戏曲文化交流暨社区推广计划"和"当代中西戏剧文化的历史性碰撞与跨文化对话"研讨会，胡芝风在研讨会上，就戏曲"创新"的误区以及中国戏曲美学精神作了发言。

5月9日、10日，为庆祝香港演艺学院建院30周年，林颖施、王志良、洪海、林小叶等在演艺歌剧院主演了胡芝风导演，由"莎"剧改编的粤剧《驯悍记》(编剧周仕深)。

9月5日，胡芝风主持的"中国戏曲表演学会2014年会暨婺剧艺术研讨会"，在浙江金华望江饭店召开。

9月14日至12月20日，在香港上课、排戏。

9月20日至21日，参加香港孔教学院举办的研讨会。

11月7日、8日，香港原创佛教大型舞剧《佛道》，于香港艺术中心寿臣剧院搬演，胡芝风担任其中粤剧折子戏《摩登伽女》《大爱道》的导演。

11月11日，妹妹胡芝梅逝世。

12月5日、6日，胡芝风导演的粤剧《驯悍记》在香港，分别由香港演艺学院青年粤剧团的林颖施和王志良、香港演艺学院的学生谢晓瑜和莫华敏主演。

### 2015年，77岁

1月17日，出席在广州红线女艺术中心多功能室举行的"《琼姿霞彩报恩师——红线女》琼霞交响粤剧音乐会研讨会"，并发言。

3月1日至5月30日，为香港演艺学院、香港天马粤剧团上课、排戏。

4月13日，由艺文创荟文化协会、香港演艺学院、台湾中国文化大学、北京大学、中国传媒大学联合主办的"京港台传新青年艺术创作挑战赛"香港总决赛，在香港演艺学院举行，胡芝风为决赛评委之一。

5月21日，胡芝风在香港演艺学院导演的粤剧折子戏《杜十娘怒沉百宝箱》（周仕深改编），由香港演艺学院的学生李泽恩、朱兆壹、江骏杰上演。

7月19日，胡芝风担任艺术指导的粤剧《再世红梅记》，由香港文荟星辉粤剧团在香港高山剧场演出。

8月31日，胡芝风导演的新编粤剧《李清照》（主演：吴仟峰、邓美玲），由香港玲珑粤剧团在香港沙田大会堂演出。

9月24日，为上海戏剧学院做关于戏曲美学精神的讲座。

10月15日，为上海戏剧学院做关于戏曲剧本的讲座。

10月26日，出席由梅兰芳纪念馆主办，于中国艺术研究院第五会议室召开的"梅派艺术传承发展学术研讨会"，并发言。

11月5日，为上海戏剧学院做关于戏曲导演的讲座。

11月7日至8日，"中国戏曲表演学会2015年理事会暨戏曲院团管理研讨会"在长治市召开，胡芝风参会。

11月11日至12日，国立台湾戏曲学院在台北市举办"戏曲国际学术研讨会"，胡芝风参会，并提交论文《传统表演艺术教育之思考与实践》。

11月19日，"国家级非遗剧种——扬剧艺术研讨会"在中国戏曲学院举行，会议由王绍军和胡芝风共同主持。

12 月 17 日，为上海戏剧学院做关于戏曲舞台美术的讲座。

三十多年来，胡芝风多次应邀到清华大学、北京大学、中国戏曲学院、上海戏剧学院、首都师范大学、河北大学、同济大学、复旦大学、南京信息工程大学、南通师范学院、航空航天大学、深圳大学、青岛中国海洋大学、香港演艺学院、香港中文大学、丹麦哥本哈根大学、奥尔胡斯大学、新加坡国立大学、美国明州大学等高校讲学。

# 附录二：胡芝风研究资料索引

## 一、胡芝风个人专著

1.《艺海风帆——我的艺术道路》，上海学林出版社 1990 初版，中国国学出版社 2009 年再版。

2.《胡芝风谈艺》，文化艺术出版社 1993 年版。

3.《戏曲演员创造角色论》，上海文艺出版社 1994 年初版，2000 年再版。

4.《戏曲艺术二度创作论》，中国戏剧出版社 2000 年版。

5.《戏曲舞台艺术创作规律》，文化艺术出版社 2005 年版。

6.《戏剧散论》，北京时代华文书局 2016 年版。

## 二、胡芝风改编剧本

1. 京剧《李慧娘》，《江苏戏剧》1981 年第 4 期。

2. 京剧《百花公主》，《剧影月报》1989 年第 10 期。

3. 京剧《灰阑记》，《戏文》1992 年第 5 期。

4. 甬剧《双玉蝉》，《戏文》2001 年第 6 期。

5. 越剧《杜十娘》，《戏文》2003 年第 5 期。

## 三、胡芝风个人文章

1.《要适应今天观众的"心气"》，《中国戏剧》1981 年第 2 期。

2.《周信芳演〈青风亭〉》，《解放日报》1984 年 2 月 25 日。

3.《梅兰芳教我〈穆柯寨〉》，《解放日报》1984 年 6 月 12 日。

4.《梅先生谈古装戏》，《解放日报》1984 年 6 月 24 日。

5.《从〈游园惊梦〉到〈贵妃醉酒〉》，《解放日报》1984 年 7 月 8 日。

6.《晓艇的眼睛》,《中国戏剧》1984年第4期。

7.《愿剧院"松绑",盼您再次南来！——致刘长瑜》,《中国戏剧》1984年第9期。

8.《周信芳先生为我说〈坐楼杀惜〉》,《戏剧报》1985年第3期。

9.《戏曲表演的体验和表现》,《中国戏剧》1985年第12期。

10.《意满情溢〈还魂曲〉》,《北京日报》1986年6月3日。

11.《友谊的结晶——看美国英语京剧〈凤还巢〉》,《人民日报》1986年7月19日。

12.《恰到好处地融戏曲精华于话剧舞台》,《上海戏剧》1987年第2期。

13.《此时无声胜有声——谈石小梅表演中的"停顿"》,《戏曲艺术》1987年第3期。

14.《漫谈戏曲身段程式的出新》,《戏曲研究》第23辑。

15.《从实践中认识阿甲的戏曲表演理论》,《戏曲研究》第24辑。

16.《戏曲美的追求》,《戏曲研究》第25辑。

17.《要把健康完美的艺术奉献给人民》,《中国戏剧》1990年第3期。

18.《月白风清人潇洒——难得的麒派人才陈少云》,《中国戏剧》1991年第9期。

19.《戏曲影视片的实践与思考》,《戏剧艺术》1992年第1期。

20.《黑土地赢得金凤栖》,《中国京剧》1992年第1期。

21.《舞美艺术世界一颗闪光的明珠——记舞台美术家王晓中》,《中国戏剧》1992年第4期。

22.《京剧〈灰阑记〉编导演思考》,《戏文》1992年第4期。

23.《把握主题是表演的灵魂》,《中国戏剧》1992年第8期。

24.《不薄古人爱今人》,《文艺界通讯》1992年第11期。

25.《虚拟在戏曲舞蹈中的应用》,《戏曲研究》第41辑。

26.《呼唤当代奚啸伯》,《河北日报》1992年6月13日。

27.《凤凰展翅翱翔》,《中国文化报》1992年6月28日。

28.《博采众长随熔炼》,《北京日报》1992年8月21日。

29.《戏曲通俗化的探索》,《光明日报》1992 年 8 月 28 日。

30.《审美感受与艺术表现》,《中国文化报》1992 年 11 月 15 日。

31.《越剧舞台上的"闪回"》,《人民日报》(海外版)1992 年 12 月 17 日。

32.《戏曲表演与规定情境》,《中国京剧》1993 年第 1 期。

33.《念白在戏曲中的地位和功能》,《艺术百家》1993 年第 1 期。

34.《狮城菊坛春意浓》,《电视戏曲》1993 年第 1 期。

35.《戏曲革命三议》,《上海戏剧》1993 年第 2 期。

36.《戏曲表演辨证关系三题》,《武汉剧坛》1993 年第 2 期。

37.《戏曲表演程式的沿用与创造》,《戏剧春秋》1993 年第 3 期。

38.《地方戏表演的提高之我见》,《渝州艺谭》1993 年第 4 期。

39.《戏曲与其他戏剧流派的比较》,《戏剧艺术》1993 年第 4 期。

40.《天籁神韵彻狮城——记新加坡天韵京剧社》,《中国京剧》1993 年第 6 期。

41.《中国戏曲在新加坡生根开花》,《中外文化交流》1993 年第 6 期。

42.《胡桂馨与新加坡"敦煌剧坊"》,《中国戏剧》1993 年第 11 期。

43.《海内存知己,天涯若比邻》,《中国文化报》1993 年 7 月 21 日。

44.《京剧海外知音》,《人民日报》(海外版)1993 年 8 月 31 日。

45.《台湾京剧名票毛家华》,《光明日报》1993 年 9 月 19 日。

46.《都有一颗热爱京剧艺术的心》,《中国文化报》1993 年 10 月 3 日。

47.《笑声中的余味》,《文艺报》1993 年 10 月 9 日。

48.《好一个大都督小周郎》,《光明日报》1993 年 11 月 18 日。

49.《"敦煌剧坊"女小生卢眉桦》,《中国文化报》1993 年 12 月 10 日。

50.《嘉卉得所托,尚可见余芳》,《文艺报》1993 年 12 月 18 日。

51.《与君远相知,不道云海深》,《人民日报》(海外版)1993 年 12 月 23 日。

52.《唱腔艺术的变革与创新》,《戏曲研究》第 47 辑。

53.《试论浙江戏曲文化的源流与特征》,《中国民间文化》1994 年第 1 期。

54.《李玉茹——我心中崇拜的艺术美神》,《中国戏剧》1994 年第 3 期。

55.《晶莹的戏曲里程碑——纪念梅师百岁诞辰》,《艺术百家》1994 年第 4 期。

56.《中国戏曲在新加坡——"狮城梅花戏剧节 94"一瞥》,《中国戏剧》1994 年第 9 期。

57.《陶性溶情谱新韵》,新加坡《陶融儒乐特刊》1994 年第 1 期。

58.《表演艺术家李玉茹》,香港《大公报》1994 年 4 月 19 日。

59.《周莉艺术追求》,新加坡《联合早报》1994 年 4 月 7 日。

60.《壮美的巾帼英雄形象》,新加坡《联合早报》1994 年 4 月 13 日。

61.《三出蒲剧的技艺性》,新加坡《联合早报》1994 年 4 月 23 日。

62.《呈现舞台的整体美》,新加坡《联合早报》1994 年 4 月 18 日。

63.《〈威尼斯商人〉变成〈天之骄女〉》,新加坡《联合早报》1994 年 5 月 15 日。

64.《来新教戏马虎不得》,新加坡《联合早报》1994 年 5 月 22 日。

65.《广东省粤剧院一团在新加坡》,《深圳特区报》1994 年 6 月 28 日。

66.《南国一星陈韵红》,《人民日报》1994 年 10 月 26 日。

67.《字字千钧 高屋筑瓴》,《北京日报》1994 年 10 月 21 日。

68.《新加坡的乐龄人》,《中国电视戏曲》1995 年第 1 期。

69.《随黄宗江"寻梅"》,《中国电视戏曲》1995 年第 2 期。

70.《写在 21 世纪大幕边上——记上海梅、周百岁诞辰纪念闭幕式》,《上海戏剧》1995 年第 2 期。

71.《我在新加坡和丹麦教戏、讲学的感受》,《中外文化交流》1995 年第 2 期。

72.《梅开绿岛香溢海外——记新加坡纪念梅兰芳百岁诞辰演出》,《戏文》1995 年第 3 期。

73.《谈戏曲演唱的发声训练》,《中国音乐》1995 年第 3 期。

74.《谈谈古典名著改编》,《光明日报·书摘》1995 年第 3 期。

75.《中国戏曲表演体系试探》,《中外文化交流》1995 年第 4 期。

76.《警世醒俗,意义深远——马少波剧作〈闯王进京〉新演》,《剧影月报》1995 年第 5 期。

77.《上海娃　陇上花——谈周桦的表演艺术》,《中国戏剧》1995 年第 7 期。

78.《与"沪上第一净"对话录》,《中国演员报》1995 年第 9 期。

79.《我梦中的路》,《中国演员报》1995 年第 9 期。

80.《从丹麦讲学归来》,《人民日报》(海外版)1995 年 1 月 2 日。

81.《一首美丽的诗——赞红线女暨红豆粤剧团晋京演出》,《人民日报》(海外版)1995 年 1 月 20 日。

82.《两袖清风一剧翁——怀念著名戏剧家阿甲先生》,《北京日报》1995 年 3 月 10 日。

83.《陈素真的艺术精神永存》,《郑州晚报》1995 年 4 月 10 日。

84.《道德的审判和审判的道德——评河北梆子〈美狄亚〉》,《人民日报》1995 年 12 月 28 日。

85.《初识中国戏曲表演体系的基本特征》,《艺术百家》1996 年第 2 期。

86.《道德的审判与审判的道德》,《大舞台》1996 年第 2 期。

87.《陈鹏其团、其事、其人》,《广东艺术》1996 年第 3 期。

88.《怎么找不到刘芸》,《中国演员报》1996 年 1 月 12 日。

89.《可贵的书卷气》,《中国演员报》1996 年 2 月 6 日。

90.《余琛,你怎么总是那么年青》,《中国演员报》1996 年 3 月 8 日。

91.《演员要学会做减法》,《中国演员报》1996 年 4 月 12 日。

92.《看日本狂言交流团访华演出》,《人民日报》(海外版)1996 年 4 月 18 日。

93.《东方奇人与演艺圈的不解之缘》,《中国演员报》1996 年 5 月 31 日。

94.《梅开绿岛,香溢京华》,《中国文化报》1996 年 7 月 5 日。

95.《一次成功的中新戏曲交流》,《人民日报》(海外版) 1996 年 7 月 17 日。

96.《读文学·文学·伦理》,《文艺报》1996 年 8 月 9 日。

97.《艺术的崇高,来自人生的崇高》,《中国演员报》1996 年第 41 期。

98.《戏曲表演杂谈》,《中国演员报》1996 年第 48 期。

99.《戏曲表演杂谈》,《中国演员报》1996 年第 49 期。

100.《昆曲武生有好戏》,《中国演员报》1996 年第 55 期。

101.《戏曲舞台的基本美学精神》,《艺术百家》1997 年第 1 期。

102.《把文学本变成舞台本—戏曲导演的第一步》,《艺坛》1997 年第 1 期。

103.《戏曲表演真假辨》,《上海艺术家》1997 年第 2 期。

104.《音乐是戏曲舞台语言的核心——戏曲导演与音乐设计》,《艺海》1997 年第 3 期。

105.《戏曲舞美》,《渝州艺坛》1997 年第 3 期。

106.《美满人间——悼张君秋老师》,《中国演员报》1997 年第 87 期。

107.《港情深深》,《中国演员报》1997 年第 110 期。

108.《戏曲演员与导演》,《贵阳文化》1998 年第 2 期、3 期。

109.《孔子·儒学及戏曲审美精神》,《艺术百家》1998 年第 3 期。

110.《戏曲导演与观众审美》,《艺海》1998 年第 4 期。

111.《戏曲与两大戏剧流派的比较》,《渝州戏剧》1998 年第 4 期。

112.《把文学本演绎为舞台本——戏曲导演的第一步》,《戏曲艺术》1999 年第 1 期。

113.《戏曲舞台动作构思》,《贵阳文化》1999 年第 2 期。

114.《戏曲导演与观众的审美》,《艺海》1999 年第 2 期。

115.《戏曲舞台节奏》,《戏剧丛刊》1999 年第 3 期。

116.《京剧〈骆驼祥子〉的艺术价值和认识价值》,《中国京剧》1999 年第 3 期。

117.《陈伯华:钟情汉剧半世缘》,《中国文化报》2000 年 1 月 20 日。

118.《戏曲导演的修养之一》,《戏剧之家》2000年第1期。

119.《戏曲导演的修养之二》,《戏剧之家》2000年第2期。

120.《戏曲导演的修养之三》,《戏剧之家》2000年第3期。

121.《当代第一流戏曲服饰设计师——蓝玲》,《中国戏剧》2000年第3期。

122.《从蜉蝣跨越到霸王》,《上海戏剧》2000年第7期。

123.《我所认识的袁淑梅》,《中国戏剧》2000年第9期。

124.《三看川剧〈金子〉的启示》,《中国戏剧》2000年第12期。

125.《我演〈李慧娘〉》,《中国京剧》2001年第1期。

126.《一个好带头人——记江苏省京剧院院长高舜英》,《中国戏剧》2001年第1期。

127.《〈双玉蝉〉编、导思考》,《戏文》2001年第6期。

128.《泰州初看淮剧〈板桥应试〉》,《上海戏剧》2001年第7期。

129.《金龙与蜉蝣》,《中国演员报》2001年2月23日。

130.《安溪高甲戏剧团印象》,《中国演员报》2001年2月16日。

131.《村办的戏校尽朝晖》,《中国演员报》2001年4月20日。

132.《川剧有个花脸孙普协》,《中国演员报》2001年6月1日。

133.《戏曲的科学发声与润腔艺术》,《艺术百家》2002年第1期。

134.《戏曲表演的身形雕塑美和流程美的科学规律》,《四川戏剧》2002年第2期。

135.《看〈寒号鸟〉有感》,《上海戏剧》2002年第4期。

136.《观赏陈泽恺的〈巾帼红玉〉》,《中国戏剧》2002年第5期。

137.《戏曲眼神表演规律》,《戏剧丛刊》2002年第6期。

138.《感念刘琼为我导演戏曲影片〈李慧娘〉》,《中国戏剧》2002年第8期。

139.《刘琼为我拍戏的日子》,《新民晚报》2002年7月8日。

140.《戏曲舞台调度的意象世界》,《艺术百家》2003年第2期。

141.《步入戏曲人物创造的自由王国》,《戏剧之家》2003年第3期。

142.《戏曲现代戏形象创作的美学规律》,《戏曲研究》2003年第3期。

143.《戏曲导演创作之旅》,《戏剧丛刊》2003年第3期。

144.《优秀的豫剧鼓师石振虎》,《中国戏剧》2003年第4期。

145.《看梅花奖演员的表演,谈中国戏曲表演审美特征——评陈霖苍、黄孝慈、沈铁梅的表演》,《四川戏剧》2003年第4期。

146.《张派声腔艺术的美学特征》,《中国京剧》2003年第8期。

147.《戏曲人物形象的诞生》,《贵阳文化》2003年第9期。

148.《观亿元村的红灯记》,《中国文化报》2003年4月30日。

149.《吴祖光老师随霞光而去》,《中国文化报》2003年4月17日。

150.《雪中送炭》,《人民政协报》2003年5月13日。

151.《余笑予导演艺术的启示》,《戏剧之家》2004年第3期。

152.《重视戏曲表、导演基本科学规律》,《四川戏剧》2004年第3期。

153.《传统戏创新略论》,《四川戏剧》2004年第4期。

154.《论程砚秋声腔和念白的艺术美》,《中国京剧》2004年第4期。

155.《庄再春与苏剧》,《中国戏剧》2004年第5期。

156.《谈戏曲剧本创作技巧要素》,《艺术百家》2004年第5期。

157.《宋德珠老师的最后一课》,《中国戏剧》2004年第8期。

158.《程砚秋女弟子江新蓉近影》,《中国京剧》2004年第8期。

159.《戏曲人才流失的危机》,《人民政协报》2004年9月13日。

160.《当今戏曲的三类走向的思考》,《传承与发展——第四届中国京剧艺术节研讨会论文集》2004年12月。

161.《从零开始——评现代京剧〈霸王别姬〉》,《中国京剧》2005年第2期。

162.《荀派艺术的启示——读〈荀慧生演剧散论〉》,《艺术界》2005年第3期。

163.《我所了解的沈祖安先生》,《戏文》2005年第4期。

164.《从刘薇在〈三寸金莲〉中的跷功谈起》,《中国京剧》2005年第8期。

165.《沈祖安先生其人其事》,《中国戏剧》2005年第8期。

166.《尚小云和他的"尚派艺术"》,《上海戏剧》2005年第9期。

167.《任玉岭印象记》,《中国政协》2005 年第 9 期。

168.《张庚的戏曲理论,永远活在舞台实践中》,《张庚学术研究文集》,中国戏剧出版社 2005 年版。

169.《梅派即美派》,《传承与发展》,上海社会科学院 2005 年版。

170.《沈铁梅表演的心理流程与艺术特征》,《沈铁梅表演艺术研讨文集》,中国戏剧出版社 2006 年版。

171.《戏曲音乐创作思考》,《当代戏剧》2006 年第 2 期。

172.《郭汉城的戏曲理论价值——读〈郭汉城文集〉》,《Hundred Schools in Arts》2006 年第 2 期。

173.《李晔:香港粤剧编剧后起之秀》,《广东艺术》2006 年第 4 期。

174.《她不会流星般从审美世界消失——品析电影〈小城之春〉中韦伟的表演》,《艺术评论》2006 年第 5 期。

175.《戏曲表演艺术之身形美》,《戏剧春秋》2006 年第 5 期。

176.《麒派艺术对我的启迪》,《中国京剧》2006 年第 7 期。

177.《粤剧创作不乏后起之秀》,香港《大公报》2006 年 7 月 12 日。

178.《台湾昆剧〈风筝误〉〈狮吼记〉的有益启示》,《中国戏剧》2007 年第 1 期。

179.《有味 有情 有品——记加拿大粤剧名家白雪红》,《南国红豆》2007 年第 2 期。

180.《戏曲剧本呢要符合戏曲的舞台性》,《戏剧论丛》2007 年第 3 期。

181.《性格迥异 风情万种——看袁淑梅演出〈月嫂〉〈天山丽人〉》,《中国戏剧》2007 年第 5 期。

182.《戏曲艺术的美学精神》,《福建艺术》2007 年第 5 期。

183.《朱文相戏曲理论建树》,《艺术百家》2007 年第 5 期。

184.《不谢之花——看吴凤花在越剧〈虞美人〉中的表演》,《上海戏剧》2007 年第 10 期。

185.《母校清华大学与我的戏曲情结》,《"啊,清华"》,清华大学出版社 2007 年版。

186.《戏曲剧本要符合戏曲的舞台性》,《戏剧论丛》2007 年第 3 期。

187.《戏曲美学精神的新载体——探索戏曲与银屏的契合点》,《戏曲研究》第 75 辑。

188.《焕发戏曲舞台艺术的"青春"——青春版〈牡丹亭〉的艺术价值和审美导向》,《中国演员》2008 年第 1 期。

189.《满台才俊照眼来 观上海青年京昆剧团晋京演出有感》,《上海戏剧》2008 年第 3 期。

190.《戏曲宝典 艺术精粹——〈当代河南戏曲名角〉序》,《中国演员》2008 年第 2 期。

191.《重庆川剧学会为李奎光先生举办从艺七十周年暨八十华诞纪念活动》,《中国演员》2008 年第 2 期。

192.《一本富有亲和力的杂志——评〈上海戏剧〉》,《中国演员》2008 年第 2 期。

193.《祝贺张鑫海前辈司鼓艺术家九十华诞》,《中国演员》2008 年第 2 期。

194.《魏俊英印象——〈桃花庵〉拍摄小记》,《中国演员》2008 年第 3 期。

195.《多才多艺徐全心》,《中国演员》2008 年第 3 期。

196.《简约 大气 意韵——品味黄永瑛的舞美设计》,《戏曲艺术》2008 年第 2 期。

197.《辉映三晋 香飘九州的蒲苑红梅——武俊英艺术印象三部曲》,《中国演员》2008 年第 4 期。

198.《读〈陈广民戏剧散文集〉有感》,《中国演员》2008 年第 5 期。

199.《学习宋德珠老师弘扬流派艺术》,《中国演员》2008 年第 6 期。

200.《为情劈棺也自然——〈梦蝶劈棺〉导演札记》,《中国演员》2008 年第 6 期。

201.《继承盖派艺术》,2008 年 11 月 21 日杭州盖派研讨会发言稿。

202.《纪念宋德珠老师》,《大舞台》2009 年第 1 期。

203.《气韵生动 美不胜收 川剧演员崔光丽表演赏析》,《中国戏剧》2009 年第 1 期。

204.《麒派艺术是戏曲演员的通识教材——在"周信芳艺术传承研

习班"上的发言》,《中国演员》2009 年第 1 期。

205.《他山之石:豫剧优秀演员魏俊英》,《南国红豆》2009 年第 2 期。

206.《北雁南归是乡魂——评福建京剧院〈北风紧〉的表、导演艺术》,《中国京剧》2009 年第 3 期。

207.《南北武生技艺与风格的融合——从赏析翁国生的〈宝莲灯〉谈起》,《中国演员》2009 年第 3 期。

208.《初识粤剧名家林家声先生(之一)》,《中国演员》2009 年第 3 期。

209.《林家声先生的博学与业勤 初识粤剧名家林家声先生(之二)》,《中国演员》2009 年第 4 期。

210.《评袁淑梅主演的电影〈西柏坡〉》,《中国演员》2009 年第 4 期。

211.《林家声先生艺术"精深"与"创新"初识粤剧名家林家声先生(之三)》,《中国演员》2009 年第 5 期。

212.《师承和传承》,《中国演员》2009 年第 5 期。

213.《观台湾兰庭昆剧团"小全本"〈长生殿〉》,《中国演员》2009 年第 6 期。

214.《初会粤剧名家林家声先生》,香港《戏曲之旅》2009 年第 7 期。

215.《林家声先生的博学与业勤》,香港《戏曲之旅》2009 年第 8 期。

216.《林家声先生艺术之"精深"》,香港《戏曲之旅》2009 年第 9 期。

217.《林家声先生艺术之"创新"》,香港《戏曲之旅》2009 年第 10 期。

218.《林家声先生的艺术修养和艺德》,香港《戏曲之旅》2009 年第 11 期。

219.《一场空前的粤剧演唱会》,香港《戏曲之旅》2009 年第 12 期。

220.《警惕戏曲"创新"的误区》,《当代戏剧》2010 年第 1 期。

221.《中国戏曲表演学会为林家声颁发"终身成就奖"》,《南国红豆》2010 年第 2 期。

222.《苏剧不能失传》,《中国演员》2010 年第 1 期。

223.《一场空前的粤剧演唱会 香港再会林家声先生（之五）》,《中国演员》2010 年第 1 期。

224.《沪上风景线，时尚青年青睐京昆"follow me"——访上海京昆艺术中心推广部赵春燕有感》,《中国演员》2010 年第 2 期。

225.《〈杨门女将〉成经典，英年早逝惜秋玲——忆杨秋玲二三事》,《中国演员》2010 年第 2 期。

226.《为弘扬民族艺术做出特殊贡献——中国戏曲表演学会在辽宁省新民市为冯永久颁奖辞》,《中国演员》2010 年第 3 期。

227.《金丽生与苏州京剧团的〈海港〉》,《中国演员》2010 年第 3 期。

228.《林家声先生北京之行》,《中国演员》2010 年第 4 期。

229.《祝贺多伦多宝新声粤剧团 10 岁》,《中国演员》2010 年第 4 期。

230.《"移"是创新"形"是规律》,《中国文化报》2010 年 8 月 13 日。

231.《小议〈昭君出塞〉》,《中国演员》2010 年第 5 期。

232.《赞沈国芳的表演》,《中国演员》2010 年第 6 期。

233.《苗文华与豫剧桑派艺术》,《中国演员》2010 年特辑。

234.《把蒲剧艺术推向新的高度——王艺华舞台生活 40 年画册"序"》,《中国演员》2011 年第 1 期。

235.《漫谈地方戏的继承和创新》,《中华艺术论丛》2011 年。

236.《刘子微与现代京剧〈生活秀〉》,《中国演员》2011 年第 2 期。

237.《王君安印象》,《中国演员》2011 年第 3 期。

238.《此音只应天上来——宋士芳京胡演奏音乐会欣赏》,《中国演员》2011 年第 5 期。

239.《悼念韩建民阿姨》,《中国演员》2011 年第 5 期。

240.《移植剧目对荀派艺术发展的影响——孙毓敏移植剧目展演研讨会上发言》,《中国演员》2012 年第 1 期。

241.《香港演艺学院青年粤剧团演出林家声经典剧目〈无情宝剑有情天〉》,《中国演员》2012 年第 1 期。

242.《粤剧〈双教子〉导演的话》,《中国演员》2012 年第 2 期。

243.《师生飞鸿》,《中国演员》2012 年第 2 期。

244.《林戈尔管弦乐作品音乐会欣赏》,《中国演员》2012 年第 4 期。

245.《民营剧团的佼佼者王红丽》,《中国演员》2012 年第 5 期。

246.《天府灵秀随乐来》,《中国艺术报》2012 年 9 月 21 日。

247.《赞眉户大型现代戏〈雷雨〉》,《中国演员》2012 年第 6 期。

248.《"浙京"〈飞虎将军〉赞翁国生导演、主演新编武戏第三部曲》,《中国演员》2013 年第 1 期。

249.《赞李金枝的表演》,《中国演员》2013 年第 6 期。

250.《民营剧团的佼佼者王红丽》,《戏曲研究》第 88 辑。

251.《戏曲舞台务以表演为中心》,《人民日报》2013 年 8 月 20 日。

252.《香港天马菁莪粤剧团在迎新春惠民晚会上演出粤剧〈桂枝写状〉》,《中国演员》2014 年第 1 期。

253.《从"香港艺术节"林家声先生的〈武松〉讲座说开去》,《中国演员》2014 年第 2 期。

254.《琼霞的"琼姿霞彩"——赞〈琼霞交响粤剧音乐会〉》,《中国演员》2014 年第 5 期。

255.《浙江婺剧艺术研究院院长王晓平印象》,《中国演员》2014 年第 6 期。

256.《苗文化与豫剧桑派艺术》,《当代人》2014 年 8 月 16 日。

257.《香港邓宛霞赴京演出——饰演杨贵妃和潘金莲》,《中国演员》2015 年第 1 期。

258.《贺〈文华粤剧剧本选〉出版》,《中国演员》2015 年第 2 期。

259.《为情劈棺也自然〈梦蝶劈棺〉导演札记》,《中国演员》2015 年第 4 期。

260.《欣赏〈云水松柏续范亭〉》,《中国演员》2015 年第 6 期。

**四、涉及胡芝风及其演出、指导剧目的评论、新闻报道、采访、回忆文章等**

1. 拾风《临江仙》，《上海戏剧》1979 年第 5 期。

2. 龚义江《胡芝风和她的〈李慧娘〉》，《中国戏剧》1980 年第 6 期。

3. 金谈《"野"——看胡芝风演百花公主》，《上海戏剧》1980 年第 4 期。

4. 石欣《锐意创新，红梅灿然——从胡芝风表演的〈李慧娘〉谈推陈出新》，《戏曲艺术》1980 年第 4 期。

5. 淑娴《冯牧、刘厚生等到中国戏曲学院讲课》，《戏曲艺术》1980 第 4 期。

6. 苏州市京剧团《立志改革 大胆创新——编演〈李慧娘〉的几点体会》，《人民戏剧》1980 年第 12 期。

7. 吴鹚筠《醉心于艺术的人——记著名京剧演员胡芝风》，《新华日报》1981 年 1 月 18 日。

8. 孟光辉、陈瑞峰、范钧宏、金煦、谷文月、吴春林《戏曲剧团的体制应当尽快改革》，《人民戏剧》1981 年第 1 期。

9. 刘长瑜《关键是要在感情上打动观众》，《人民戏剧》1981 年第 1 期。

10. 王永敬、张杰《剧坛新葩〈李慧娘〉》，《陕西戏剧》1981 年第 6 期。

11. 苏州市京剧团演出《李慧娘》（戏剧连环画），文化艺术出版社 1981 年版。

12. 周和平，徐铭《胡芝风谈〈李慧娘〉》，《电影评介》1981 年第 11 期。

13. 楚平《傲雪红梅新花放——喜看胡芝风主演的电影〈李慧娘〉》，《长江日报》1981 年 12 月 2 日。

14. 龚啸岚《京剧艺术的春的消息——写给胡芝风同志的一封信》，《长江日报》1981 年 12 月 26 日。

15. 晓芜《三夜见闻——访苏州市京剧团》，《人民戏剧》1982 年第 1 期。

16. 张希圣《慧娘不该恋战急》,《电影评介》1982 年第 3 期。

17. 苏州市文化局剧目工作室整理《曹禺、赵寻、金山谈胡芝风主演的〈百花公主〉》,《上海戏剧》1982 年第 3 期。

18. 梁廉禁《大学生下海——记京剧新星胡芝风》,《戏剧与电影》1982 年第 3 期。

19. 钱璎,金煦《他们在前进! ——介绍苏州市京剧团的工作情况》,《上海戏剧》1982 年第 4 期。

20. 余樟《胡芝风入川学艺记》,《戏剧与电影》1982 年第 5 期。

21. 苏州市京剧团演出《百花公主》(戏剧连环画),中国戏剧出版社 1983 年版。

22.《中青年戏曲工作者座谈戏曲现状》,《戏剧报》1985 年第 11 期。

23. 赓续华《戏曲会消亡吗——首都戏剧界人士讨论戏曲前途问题》,《戏剧报》1986 年第 1 期。

24. 吕国庆《胡芝风"寒窗"苦读》,《中国戏剧》1986 年第 4 期。

25. 赓续华《轰动京城的江西赣剧——本刊举行推荐赣剧折子戏演出座谈会》,《戏剧报》1987 年第 2 期。

26. 怀玉《涂玲慧的"刚"与"柔"》,《戏剧报》1987 年第 5 期。

27. 寒冰《影剧名家"体验"苏三的生活》,《戏剧报》1987 年第 6 期。

28. 伊平《首都戏剧界座谈豫剧现代戏〈石头梦〉》,《戏剧报》1987 年第 11 期。

29. 林直《"戏曲艺术讲习班"在北大举行》,《戏剧报》1988 年第 6 期。

30. 晓耕《愿苏剧之花越开越鲜艳》,《戏剧报》1988 年第 6 期。

31. 黄文锡《事业之情浓于酒——涂玲慧侧影》,《上海戏剧》1988 年第 3 期。

32. 亦耕《涂玲慧评二级演员当之无愧——首都戏剧名家谈涂玲慧的艺术》,《中国戏剧》1988 年第 5 期。

33. 金龙《胡芝风导演的京剧〈百花公主〉在大连演出》,《中国戏剧》1989 年第 8 期。

34. 伊平《胡芝风和她的〈百花公主〉》，《中国戏剧》1990 年第 2 期。

35. 曲祖文《张虹找了个好老师，胡芝风找了个好学生》，《中国戏剧》1991 年第 6 期。

36. 李汝伦《马得京剧人物画四题（自度曲）》，《诗刊》1991 年第 5 期。

37.《编者述怀》，《中国京剧》1993 年第 3 期。

38. 一骥《第七届"田汉戏剧奖"评奖揭晓》，《上海戏剧》1993 年第 4 期。

39. 任跟心《新加坡观众喜爱蒲剧艺术》，《中国戏剧》1993 年第 5 期。

40. 毛阳羡《胡芝风新传》，《艺术百家》1994 年第 3 期。

41.《胡芝风在京剧世界》，《上海画报》（英文版）1994 年第 6 期。

42.《著书告慰梅兰芳——介绍〈戏曲演员创造角色论〉》，《书海知音》1994 年第 9 期。

43.《胡芝风在干什么》，《姑苏晚报》1994 年 2 月 17 日。

44.《潘月红胡芝风合演传统京剧〈坐宫〉》，新加坡《联合早报》1994 年 4 月 2 日。

45.《胡芝风在新加坡》，《姑苏晚报》1994 年 5 月 24 日。

46.《胡芝风率天韵京剧社演梅派名剧》，新加坡《新明日报》1994 年 6 月 28 日。

47.《纪念梅兰芳百岁诞辰——毛威、胡芝风演京剧》，新加坡《联合早报》1994 年 8 月 8 日。

48.《胡芝风丹麦讲学归来》，《姑苏晚报》1994 年 11 月 28 日。

49. 毛子《胡芝风丹麦讲学前前后后》，《中国电视戏曲》1995 年第 2 期。

50. 郭汉城《为时而著，为事而作》，《人民日报》1995 年 5 月 24 日。

51. 刘厚生《一本有益于演员的书》，《文艺报》1995 年 8 月 25 日。

52. 罗松《梅大师称她大学生、小徒弟——记戏曲理论研究员、国家一级演员胡芝风》，《人民日报》（海外版）1995 年 4 月 1 日。

53. 谢蔚明《胡芝风的书》，《文汇读书周报》1995 年 2 月 25 日。

54. 刘放《从梨园一枝秀到桃李满天下——访中国戏曲表演艺术家胡芝风》，《姑苏晚报》1995 年 5 月 12 日。

55. 宿浩良《又见当年"李慧娘"——访京剧艺术家胡芝风》，《锡山日报》1995 年 11 月 11 日。

56. 纪闻《〈中国演员报〉创刊》，《戏曲艺术》1996 年第 1 期。

57. 路梅《胡芝风老师给我们排戏》，《大舞台》1996 年第 6 期。

58. 韩占武《培养高素质的青年演员振兴戏曲事业》，《大舞台》1996 年第 12 期。

59. 马玉芝《重视艺术科技理论，抓好演员队伍的基本建设——在优秀戏曲演员培训班听专家讲课漫笔》，《大舞台》1996 年第 12 期。

60. 贾佶庆《艺术信息》，《大舞台》1996 年第 12 期。

61. 文有仁《请传媒多为演艺界唱正气歌——与胡松华、王立平等一起赴滇考察有感》，《中国记者》1997 年第 1 期。

62. 苍天《中国戏曲表演体系研讨会与戏曲演员、教师进修班在京举办》，《中国戏剧》1997 年第 2 期。

63. 刘仲武、石萍《"法场"原本就该"闯"——袁淑梅和〈闯法场〉》，《大舞台》1997 年第 6 期。

64. 叶志刚《梅花绽清香》，《大舞台》1997 年第 6 期。

65. 周续端《陈寅恪与胡芝风》，香港《大公报》1997 年 7 月 27 日。

66. 彭荻《年轻人，应该懂得"国粹"走访梅派传人胡芝风》，《艺海》1998 年第 1 期。

67. 安志强《风风火火胡芝风》，《中国戏剧》1998 年第 10 期。

68. 魏麟《戏不厌细——胡芝风为李萍排戏》，《大舞台》1999 年第 2 期。

69. 向端《一出丰富了越剧艺术宝库的好戏——评胡芝风导演的越剧〈窦娥冤·法场〉》，《戏文》2000 年第 2 期。

70. 徐晋《全国政协调查组在浙江考察电视节目市场》，《中国文化报》2000 年 7 月 20 日。

71. 万素《学理思辨：关于戏曲的创新与继承》，《中国文化报》2001 年 3 月 27 日。

72. 陈京文《从一级演员到研究员的胡芝风》，《戏曲研究》第 59 辑（2002 年）。

73. 金扬《刘琼与〈李慧娘〉》，《大众电影》2002 年第 17 期。

74. 陈晓红、余宁《文化遗产保护工作要规范化》，《中国艺术报》2003 年 3 月 14 日。

75. 曹丽薇《梅兰芳的女弟子胡芝风》，《今日中国》（中文版）2003 年第 11 期。

76. 马得、李汝伦《美哉少年》，《广东艺术》2003 年第 4 期。

77. 陆璐《胡芝风：为民族戏曲而生》，《统战》2003 年第 6 期。

78. 沈祖安《清华才女胡芝风》，《中国京剧》2004 年第 3 期。

79. 吴鹏《苏剧不能失传》，《中国艺术报》2004 年 3 月 12 日。

80. 肖飞、李庆明《让民族民间文化保护有 "法" 可依》，《人民政协报》2004 年 3 月 14 日。

81. 徐馨《文化名人谈文化保护（保护中国民族民间文化）》，《人民日报》2004 年 3 月 24 日。

82. 阳羡《中国戏曲表演学会研讨戏曲文化保护与发展》，《中国文化报》2004 年 6 月 22 日。

83. 李玉梅《准确把握人物，精心塑造形象——我对〈梦蝶劈棺〉田氏的理解与把握》，《中国戏剧》2004 年第 8 期。

84. 夏浩《看胡芝风演〈贵妃醉酒〉》，《中国京剧》2004 年第 10 期。

85. 连涛《上山下乡演出的模范剧团》，《中国文化报》2005 年 4 月 26 日。

86. 乌云斯琴《京剧 "角儿" 们的生存状态》，《人民政协报》2005 年 8 月 20 日。

87. 乌云斯琴《摆脱戏曲艺术边缘化危机迫在眉睫》，《人民政协报》2005 年 8 月 22 日。

88. 王慧峰《少点功利心 让戏曲回归表演》，《人民政协报》2006 年 12 月 30 日。

89. 阿文《警惕"非戏曲"误区》,《中国文化报》2007 年 1 月 2 日。

90. 虞瑞庆、忆斯《壮心未已红氍毹——京剧前辈王玉田喜获中国戏曲表演学会奖》,《上海戏剧》2007 年第 8 期。

91. 苏丽萍、昝馨《对京剧进课堂应多些理解和宽容》,《光明日报》2008 年 2 月 28 日。

92. 王如昆《全国高校的京剧盛会——记"第六届全国高校京剧演唱研讨会"》,《中国演员》2008 年第 1 期。

93. 尔东《演员身上有戏,她笑了——胡芝风为阳原县青年晋剧团导演〈泥河湾〉散记》,《中国演员》2008 年第 1 期。

94. 娇蓉《北京市文艺人才"百人工程"系列研讨会》,《中国演员》2008 年第 3 期。

95. 罗德军《艺术家的风范》,《中国演员》2008 年第 4 期。

96. 何明星《胡芝风导演的洪湖花鼓戏〈六月雪〉好!》,《中国演员》2008 年第 4 期。

97. 宋锡麒《我爱京剧》,《中国演员》2008 年第 5 期。

98. 高景田、李静、李宇超《第二届霸州文化艺术节》,《中国演员》2008 年第 5 期。

99. 本刊编《香港中文大学举办戏曲讲座》,《中国演员》2008 年第 6 期。

100. 文册《〈梦蝶劈棺〉给我们的反思和启示》,《中国演员》2008 年第 6 期。

101. 罗德军《洪湖花鼓戏〈六月雪〉荣获首届湖北地方戏曲艺术节奖》,《中国演员》2008 年第 6 期。

102. 夏浩《蒲剧表演艺术家武俊英艺术生活 40 年庆典活动》,《中国演员》2008 年第 6 期。

103. 奚克群《试论戏曲电影中电影语言对戏曲艺术的提升——以戏曲电影〈李慧娘〉为例》,《电影评介》2008 年第 18 期。

104. 佚名《第八届百家电视台电视文艺节目和第五届电视戏曲节目"兰花奖"评选颁奖暨创作研讨会年前在石家庄市举行》,《中国演员》2009 年第 1 期。

105. 谢颖《中国戏曲好！——两岸四地中国戏曲艺术交流合作传承与发展"澳门论坛"圆满成功》，《中国演员》2009 年第 1 期。

106. 贾占生《著名表演艺术家胡芝风河北收徒》，《中国演员》2009 年第 3 期。

107. 刘仲武《芝兰之室育德艺，氍毹之上荡春风——走近著名导、表演艺术家胡芝风》，《中国演员》2009 年第 3 期。

108. 贾占生《著名表演艺术家胡芝风河北收徒》，《中国演员》2009 年第 3 期。

109. 李潞刚《梨园盛会长治城"梅花飘香"上党地——中国戏曲表演学会长治地方戏曲研讨会召开》，《中国演员》2009 年第 4 期。

110. 刘莉莎《胡芝风老师为我排戏》，《中国演员》2009 年第 4 期。

111. 夏天《多伦多宝新声粤剧团演出 林家声名剧〈情侠闹旋宫〉》，《中国演员》2009 年第 4 期。

112. 王轶《中国戏曲表演学会长治地方戏曲研讨会在我市召开》，《长治日报》2009 年 7 月 22 日。

113.《胡芝风：勇于创新 敢于攀登》，《姑苏晚报》2009 年 8 月 9 日。

114. 王广粉《西北五省区戏剧人才高级研修班举办》，《中国艺术报》2009 年 9 月 1 日。

115. 刘平《天津河北梆子剧院演出〈灰阑情〉》，《中国演员》2009 年第 5 期。

116. 周海根《灰阑一曲响津门——评天津河北梆子剧院首演〈灰阑情〉》，《中国演员》2009 年第 5 期。

117. 一丁《第七届全国高校京剧演唱研讨会在烟台召开，三百名高校师生会聚"京剧之乡"》，《中国演员》2009 年第 5 期。

118. 石满《精到的讲解，精彩的演绎——胡芝风在"军事医学科学院博学讲坛"作专题讲座》，《中国演员》2009 年第 6 期。

119. 吉朋辉《改编智慧的结晶，中西交流的典范——观河北梆子〈灰阑情〉》，《中国演员》2009 年第 6 期。

120. 沈祖安《阳光道上缓缓跑——奉教刘厚生、傅惠珍前辈伉俪并陈牧、荆桦、康式昭、钮骠等学长》，《中国演员》2009 年第 6 期。

121. 阳羡客《戏曲盛会霸州市，梅花香飘文化城——中国戏曲表演学会年会在霸州市召开》,《中国演员》2009 年第 6 期。

122. 文华《感谢林家声先生观摩粤剧〈梦蝶劈棺〉》,《中国演员》2010 年第 1 期。

123. 贾宁《胡芝风喜收李琼为徒》,《中国演员》2010 年第 1 期。

124. 吴孟庆《读郑长符京剧人物画》,《中国演员》2010 年第 1 期。

125. 青松《粤剧大师林家声庆贺"五喜临门"》,《中国演员》2010 年第 2 期。

126. 陈青《"宁波戏曲发展土壤肥沃"》,《宁波日报》2010 年 5 月 5 日。

127. 美玲《提高表演水平，掌握塑造人物的规律——邓美玲给胡芝风老师来信》,《中国演员》2010 年第 3 期。

128. 祎露《胡芝风为上海"京昆时尚课堂"讲座》,《中国演员》2010 年第 3 期。

129. 本刊讯《中国戏曲表演学会在宁波市召开 2010 年理事会》,《中国演员》2010 年第 3 期。

130. 小尹《香港粤剧名伶邓美玲》,《中国演员》2010 年第 3 期。

131. 美玲《提高表演水平，掌握塑造人物的规律——邓美玲给胡芝风老师来信》,《中国演员》2010 年第 3 期。

132. 陈景英《加拿大粤剧"小豆丁"点滴》,《中国演员》2010 年第 5 期。

133. 荆桦《一本流水账——〈荆桦戏剧文集〉第二部后记》,《中国演员》2010 年第 5 期。

134. 陈书忠《第八届全国高校京剧演唱研讨会在重庆召开》,《中国演员》2010 年第 5 期。

135. 本刊编《运城市蒲剧团建团四十周年庆典活动侧记》,《中国演员》2010 年第 6 期。

136. 文华《向林家声先生学戏笔记》,《中国演员》2010 年第 6 期。

137. 晓雪《大型戏曲艺术片〈桃花庵〉首映座谈暨桑派艺术理论研讨会在郑州举行》,《中国演员》2010 年特辑。

138. 郭春堂《希望出现更多这样的精品》，《中国演员》2010年特辑。

139. 齐飞《一朵奇葩馨梨园》，《中国演员》2010年特辑。

140. 张秉义《戏曲艺术片〈桃花庵〉的观众认可度（总结）》，《中国演员》2010年特辑。

141. 陈青《"宁波戏曲发展土壤肥沃"——访中国戏曲表演学会会长胡芝风》，《宁波日报》2010年5月5日。

142. 于帆《〈生活秀〉的探索：京剧艺术可以既古老又年轻》，《中国文化报》2011年1月26日。

143. 本刊编《程派传人李文敏喜收高徒》，《中国演员》2011年第1期。

144. 张娴飒、石满《走进京剧 享受艺术——胡芝风在军事医学科学院讲座》，《中国演员》2011年第1期。

145. 函谷《全国梆子戏精英邀请赛圆满落幕》，《中国演员》2011年第2期。

146. 何伯《河北省举行第六期名演员（编导）读书班》，《中国演员》2011年第2期。

147. 刘方《给昆曲传承插上梦想的翅膀》，《中国文化报》2011年3月21日。

148. 小华《香港玲珑粤剧团邓美玲、吴仟峰主演〈李清照〉》，《中国演员》2011年第3期。

149. 潘讯《苏州"非遗"保护新探索》，《中国新闻出版报》2011年7月8日。

150.《北京举办"小麟童舞台生活七十周年演出专场"》，《中国演员》2011年第4期。

151. 阿英《宝新声粤剧团师生"仲夏戏曲展"演出》，《中国演员》2011年第4期。

152. 唐菁萍《读〈王君安印象〉有感》，《中国演员》2011年第5期。

153. 王刚、张尧《吕端大事不糊涂——河北梆子〈宋相吕端〉进京汇报演出圆满成功》，《中国演员》2011 年第 6 期。

154. 王朝闻《一个观众的随感，王朝闻给湖北省文联〈艺术与时代〉原主编胡克庆的信》，《中国演员》2011 年第 6 期。

155. 王友军、崔杏纯《浅谈戏曲艺术的通俗性》，《大舞台》2011 年第 7 期。

156. 谢绮玲《北京学习之旅》，《中国演员》2011 年第 6 期。

157. 陈惠坚《致导演胡芝风》，《中国演员》2012 年第 1 期。

158. 王戌平《豫剧传统戏〈打金枝〉搬上银幕》，《中国演员》2012 年第 1 期。

159. 张泽明《编剧与导演 我跟胡芝风老师合作学到的东西》，《中国演员》2012 年第 1 期。

160. 招婉妮、胡芝风《师生飞鸿》，《中国演员》2012 年第 2 期。

161. 周仕深《粤剧〈双教子〉的成功演出》，《中国演员》2012 年第 2 期。

162. 孙令媛《我是如何爱上京剧的》，《中国演员》2012 年第 2 期。

163. 孙景瑞《门外观花——读〈中国演员〉感想》，《中国演员》2012 年第 3 期。

164. 黄秀英《三看粤剧〈双教子〉》，《中国演员》2012 年第 3 期。

165. 本刊编《深圳宝安区的"戏曲娃"文化品牌——全国政协京昆室考察团观摩宝安区"戏曲进校园"活动》，《中国演员》2012 年第 3 期。

166. 本刊编《中国戏曲表演学会与营口鲅鱼圈区联合举行"地方戏的传承与发展"研讨会与"名家演唱会"》，《中国演员》2012 年第 3 期。

167. 包闻《绚丽多彩的多伦多宝新声戏曲演艺中心》，《中国演员》2012 年第 3 期。

168. 小君《赞邓美玲、李龙再演〈新倩女幽魂〉》，《中国演员》2012 年第 4 期。

169. 本刊讯《香港演艺学院颁授周振基荣誉博士、胡芝风等荣誉院士》，《中国演员》2012 年第 4 期。

170. 王如昆《高校聚会兰州，唱响校园京剧——第九届中国戏曲表演学会高校京剧委员会演唱研讨会侧记》，《中国演员》2012 年第 4 期。

171. 林颖施《胡芝风老师为我们导演粤剧〈双教子〉》，《中国演员》2012 年第 4 期。。

172. 本刊编《关爱成长，百花迎春——中国下一代文化传承戏曲春节大联欢拉开帷幕》，《中国演员》2012 年第 5 期。

173. 毛秋妍《鄞州越剧团艺术风采》，《中国演员》2013 年第 2 期。

174. 刘婕《把青春献给越剧表演艺术——学戏心得》，《中国演员》2013 年第 2 期。

175. 郑燕《老一辈艺术家给予我们的巨大财富——专业培训有感》，《中国演员》2013 年第 2 期。

176. 本刊编《首届中国戏曲表演艺术高级研修班启动》，《中国演员》2013 年第 3 期。

177. 晓湘《香港演艺学院青年粤剧团、香港演艺学院中国戏曲部学生演出新编粤剧〈灰阑情〉》，《中国演员》2013 年第 3 期。

178. 卓泠《粤剧在传统中显新意——观新编粤剧〈灰阑情〉》，《中国演员》2013 年第 3 期。

179. 黄秀英《观新编粤剧〈灰阑情〉》，《中国演员》2013 年第 3 期。

180. 本刊编《香港举行"京昆粤戏曲艺术交流会"》，《中国演员》2013 年第 4 期。

181. 景岚《对包畹蓉先生的认识》，《中国演员》2013 年第 4 期。

182. 陈伟君《看"京昆粤艺术交流会"有感》，《中国演员》2013 年第 5 期。

183. 本刊编《中央文化管理干部学院艺术学院、中国戏曲表演学会联合举办的 2013 年"首届戏曲高级研究班"结业》，《中国演员》2013 年第 5 期。

184. 王一敏《在文化艺术殿堂汲取精华 2013 年"首届戏曲高级研究班"学习小结》，《中国演员》2013 年第 5 期。

185. 本刊编《中国戏曲学院赴香港与香港演艺学院交流演出，中国戏曲学院演出〈麦克白的四次方〉香港演艺学院演出〈驯悍记〉》,《中国演员》2013年第6期。

186. 阳云秀《尘封岁月的往事——谨此无限缅怀父亲阳友鹤》,《中国演员》2013年第6期。

187. 港息《鲍淑娴与〈梓铷艺叙天〉》,《中国演员》2014年第1期。

188. 秋盈《赞新编粤剧〈狮子山下红梅艳〉》,《中国演员》2014年第2期。

189. 荆桦《洛阳牡丹又一枝——贺豫剧表演艺术家曾广兰舞台生活六十年》,《中国演员》2014年第2期。

190. 本刊编《香港演艺学院庆祝建院30周年所属各学院并肩演出莎士比亚经典〈驯悍记〉》,《中国演员》2014年第3期。

191. 林颖施《参加演出〈驯悍记〉有感》,《中国演员》2014年第3期。

192. 于少华《评剧舞台上下璀璨一枝花袁淑梅》,《中国演员》2014年第4期。

193. 陈晓婷《自净其意是诸佛教——香港原创佛教大型舞剧〈佛道〉》,《中国演员》2014年第6期。

194. 廖妙薇《中国式的〈驯悍记〉》,《中国演员》2014年第6期。

195. （香港）秀英、小晔、小君、灵音《粤剧〈驯悍记〉十分精彩》,《中国演员》2014年第6期。

196. 鲍淑恒《看粤剧〈驯悍记〉》,《中国演员》2015年第1期。

197. 翁敏、李澄纳《〈琼姿霞彩报恩师——红线女〉琼霞交响粤剧音乐会研讨会发言（摘要）》,《中国演员》2015年第1期。

198. 文华《〈文华粤剧剧本选〉自序》,《中国演员》2015年第2期。

199. 毛俊辉《香港演艺学院"锣鼓响"演出前言》,《中国演员》2015年第3期。

200. 彭慧卿《纤花不染尘·生命谱悲歌——观香港演艺学院学生演出粤剧折子戏〈杜十娘怒沉百宝箱〉有感》,《中国演员》2015年第4期。

**五、音像资料**

1. 胡芝风主演：京剧电影《李慧娘》（VCD）（《艺海风帆——我的艺术道路》配书赠品），上海电影制片厂拍摄。

2. 李玉梅主演：河北梆子经典《大脚皇后》（VCD），河北百灵音像出版社出版，广东唱金影音有限公司总经销。

3. 王艺华、景英杰主演：蒲剧《哭坟》，中国文采声像出版公司出版。

4. 王艺华主演：蒲剧《黄鹤楼》（VCD），中国文采声像出版公司出版，山西省文化厅监制。

5. 王艺华主演：蒲剧《寇老西升堂》（VCD），中国文采声像出版公司出版，山西省文化厅监制。

6. 丁洁主演：荆州花鼓戏《六月雪》（VCD），2008年7月。

7. 陈牧改编，胡芝风导演，天津河北梆子剧团演出：河北梆子《灰阑情》（VCD），2009年7月。

8. 王杭娟主演：越剧《杜十娘怒沉百宝箱》（VCD），浙江华涛光盘制作有限公司制作，浙江音像出版社出版，华人传媒总经销。

9. 王杭娟主演：越剧《蔡锷与小凤仙》（VCD），浙江华涛光盘制作有限公司制作，浙江音像出版社出版，华人传媒总经销。

10. 石家庄市评剧院一团演出：评剧《窦娥冤》（VCD），河北省百灵音像出版社1999年版。

11. 陈牧改编，胡芝风导演，河北省河北梆子剧院演出：河北梆子《梦蝶劈棺》（VCD），北京电视台1998年录制。

# 附录三：胡芝风担任政协委员和人大代表时间表

1. 1965 年，担任江苏省苏州市第五届政协委员
2. 1981 年—1983 年，担任江苏省苏州市第八届人大代表
2. 1983 年—1988 年，担任江苏省第五届政协委员
3. 1988 年—1993 年，担任江苏省第六届政协常委
4. 1991 年—1993 年，担任第七届全国政协委员
5. 1993 年—1998 年，担任第八届全国政协委员
6. 1998 年—2003 年，担任第九届全国政协委员
7. 2003 年—2008 年，担任第十届全国政协委员

胡芝风在全国政协会上

# 附录四：胡芝风源流谱系

　　幼年时，胡芝风曾跟随父亲胡选斌学唱京剧。

　　小学期间，师从吴继兰、刘君麟、朱庆辉、卢文勤等老师，学习过《拾玉镯》《铁弓缘》《金玉奴》《辛安驿》《红楼二尤》《花田错》《红娘》《玉堂春·嫖院》《乾元山》等京戏。

　　中学期间，师从京剧大师梅兰芳的大弟子魏莲芳和昆曲艺术家方传芸，学习了《穆柯寨》《宇宙锋》《十三妹》《穆天王》《樊江关》《破洪州》《棋盘山》《霸王别姬》《天女散花》《花木兰》《贵妃醉酒》《打渔杀家》《凤还巢》等梅派戏，和《金山寺》《挡马》《思凡》《扈家庄》《小放牛》《昭君出塞》《借扇》等昆剧刀马旦戏，还参加了方传芸在上海戏剧学院举办的昆剧旦角身段训练班，与越剧名演员王文娟、傅全香、金采风、吕瑞英等一同学习昆曲旦角表演。还经常聆听周信芳的教导，并在周信芳的指导下，与周少麟一起排演过《坐楼杀惜》《打渔杀家》。还常到李玉茹家聆听教诲，李玉茹为其指导过《贵妃醉酒》《小放牛》《铁弓缘》等剧。

　　大学期间，曾先后师从杨畹农、包幼蝶，学习过《祭塔》《武家坡》《大登殿》《女起解》《玉堂春》《生死恨》《审头刺汤》《二堂舍子》《四郎探母》等梅派唱功戏，提高了梅派的唱腔技巧；师从朱传茗学习《游园》《惊梦》《断桥》等昆剧的文戏；师从王福卿学习梆子戏《红梅阁》和《阴阳河》；师从杨小培学习武小生的起霸、趟马等基本身段。

　　大学肄业后，正式拜师梅兰芳，成为梅先生的关门弟子。拜师后，胡芝风在中和剧场演出了《穆柯寨》《穆天王》，得到梅兰芳先生的亲自指点；在梅兰芳家中，聆听了梅先生对古装戏和现代戏的独特见解，对梅先生的艺术创造精神尤有感触。

此后，加入苏州市京剧团。先后主演过《穆桂英》《花木兰》《杨排风》《霸王别姬》《大英杰烈》《昭君出塞》《十三妹》《新安驿》《拾玉镯》《花田错》《杨门女将》《佘赛花》《雏凤凌空》《白蛇传》《李慧娘》《百花公主》等传统戏和《社长的女儿》《山乡风云》《南海长城》《洪湖赤卫队》《苗岭风雷》《红珊瑚》《火烧红莲寺》《一元钱》《他是我的丈夫》《红灯记》《沙家浜》《海港》《龙江颂》《地道战》《杜鹃山》《审椅子》《苗岭风雷》《园丁之歌》《蝶恋花》《智取威虎山》《红灯照》《血冤记》《挡马》等现代戏。在苏州京剧团的二十多年间，胡芝风一共演出了六七千场戏。

其中，胡芝风主持改编、导演并主演的京剧《李慧娘》，由于在传统基础上突出的创新成就，被首都戏剧界认为"给古雅的京剧艺术灌注了新鲜血液"，获得文化部的嘉奖。一时间，与京剧《李慧娘》相关的各种评论、宣传也在报端屡屡出现。《人民日报》曾以接近整版的篇幅发表了京剧《李慧娘》的剧照和介绍，赞誉胡芝风是中国戏曲舞台上一枝艳丽的红梅；《新华日报》以《醉心于艺术的人》为题对胡芝风做了专门报道。上海电影制片厂为其拍摄了同名京剧电影片《李慧娘》，获文化部 1981 年"最佳戏曲电影片奖"。京剧《李慧娘》还被文化部选派赴香港演出，香港各报刊共发表近两百篇赞扬文章，一时间中国整个京剧界，掀起了一股"胡旋风"；次年又赴意大利的威尼斯、佛罗伦萨、那不勒斯、罗马等城市演出，被欧洲报界誉为"震动意大利和欧洲的明星"。

胡芝风还在 1981 年底，向武汉的陈伯华学习了汉剧《宇宙锋》的表演；1982 年初春，向成都的川剧前辈阳有鹤学习了《别洞观景》和《斩杜后》等剧目，向陈书舫和周企合请教《秋江》的表演经验，还听取了成都市京剧团著名演员段丽君讲述的在《失子惊疯》中的尚派表演经验；1982 年 5 月，到北京请阿甲先生加工排练《百花公主》。

1983 年在上海养伤期间，向俞振飞、李蔷华学习了《贩马记·写状》，增添了自己继承前辈优秀技艺、不断开拓的信念和力量。1984 年参加了在泰州和北京举办的梅兰芳诞辰 90 周年的纪念演出活动，上演了《穆柯寨》《宇宙锋》和《穆天王》等剧，纪念恩师。

伤愈后逐渐转向戏曲表导演理论的学习和研究。一方面在中国艺术研究院指导戏曲表导演方向的硕士研究生；另一方面，继续从事舞台艺术实践，先后为涂玲慧、张虹、王艺华、袁淑梅、许荷英、卓佩丽、李萍、苗文华、刘莉莎、艾金梅、王杭娟、李玉梅、王锦文、项小娟、杨小蕊、张彩萍、魏润平、梁宛华等演员排过戏，其中有十多位获得了中国戏剧梅花奖。

从 2000 年至 2015 年，胡芝风每年都受邀到香港，进行为期几周到几个月不等的教学和排戏工作，排练并上演了《新倩女幽魂》《狮子山下红梅艳》《孔子之周游列国》《双教子》《灰阑情》《杜十娘》《梦蝶劈棺》《驯悍记》《李清照》等剧目。

胡芝风正式收徒有：1991 年 4 月 30 日，收徐州市江苏梆子剧团青年演员张虹为徒；2009 年 5 月 21 日，收河北省邯郸市平调落子剧团青年演员王红为徒；2006 年，收香港天马菁莪粤剧团的灵音为徒；2010 年 1 月 18 日，收声望听力连锁服务机构创始人李琼为徒；2014 年 12 月 14 日，收香港的影视演员徐子珊、黄光亮为徒。

此外，胡芝风辅导过的学生还有：苏州京剧团的沈霞娟，香港演艺学院的马丽珍、谢洁华，香港玲珑粤剧团的邓美玲，广州红豆粤剧团的郭凤女，潮剧演员郑舜英，豫剧演员袁昉，京剧演员李水莲等。

2009 年，胡芝风收徒王红

2010 年，梅葆玖祝贺胡芝风收徒李琼

2011年12月2日，香港天马粤剧团演员　2014年，胡芝风收徒香港的徐子珊（左）
为胡芝风庆祝生日（左起：文华、胡芝　和黄光亮（右）
风、张才珍、灵音、文轩），其中，灵音
于2006年拜胡芝风为师

1980年，胡芝风为苏州京剧团学生沈霞　胡芝风为香港演艺学院学生排戏
娟练功说戏

胡芝风（中）为香港演艺学院学生马丽珍（左）、　胡芝风为香港演艺学院学生谢
佩仪（右）排粤剧《梁祝·楼台会》　　　　　　洁华排《金山寺》

附录四：胡芝风源流谱系

253

胡芝风（右一）辅导香港粤剧表演艺术家陈好逑、邓 胡芝风为郭凤女导演粤剧
美玲 　　　　　　　　　　　　　　　　　　《梁红玉》

2002年，胡芝风为袁昉（冬梅）导演豫 胡芝风辅导郑舜英（潮剧）《霸王别姬》
剧《李慧娘》 　　　　　　　　　　　　　舞剑

胡芝风为李水莲导演京剧《孙尚香》

# 附录五：经胡芝风指导获得中国戏剧"梅花奖"的演员

1. 1993 年，为山西运城地区蒲剧团的王艺华，排蒲剧《黄鹤楼》《哭坟》《寇老西升堂》，王艺华荣获第十一届中国戏剧"梅花奖"；

2. 1996 年，为石家庄市评剧院一团的袁淑梅，排评剧《闯法场》，加工《红珠女》《花为媒》，袁淑梅荣获第十四届中国戏剧"梅花奖"；

3. 1997 年，为河北省河北梆子剧院的许荷英，排河北梆子《梦蝶劈棺》，许荷英荣获第十五届中国戏剧"梅花奖"；

4. 1997 年，为深圳市粤剧团的卓佩丽，排粤剧《李慧娘·见判》，卓佩丽荣获第十五届中国戏剧"梅花奖"；

5. 1998 年，为天津评剧院的曾昭娟，排评剧《生死令》，曾昭娟荣获第十六届中国戏剧"梅花奖"；

6. 1998 年，为张家口市晋剧团的李萍，排晋剧《三娘教子》《窦娥冤·法场》，李萍荣获第十六届中国戏剧"梅花奖"；

7. 2000 年，为邯郸东风豫剧团的苗文华，排豫剧《打金枝》《对绣鞋》《大祭桩》，苗文华荣获第十八届中国戏剧"梅花奖"；

8. 2000 年，为江苏省京剧院的艾金梅，排京剧《李慧娘·见判》，艾金梅荣获第十九届中国戏剧"梅花奖"；

9. 2001 年，为石家庄市河北梆子剧团的刘莉莎，排河北梆子《杜十娘》《灰阑记·判子》《李慧娘·访裴·追杀》，刘莉莎荣获第十九届中国戏剧"梅花奖"；

10. 2002 年，为河北省河北梆子剧团的王洪玲，排河北梆子《西施》，王红玲荣获第二十届中国戏剧"梅花奖"；

11. 2003 年，为浙江杭州黄龙越剧团的王杭娟，排越剧《玉蜻蜓》《蔡锷与小凤仙》《杜十娘》，王杭娟荣获第二十一届中国戏剧"梅花奖"；

12. 2004 年，为保定市河北梆子剧团的李玉梅，排河北梆子《梦蝶劈棺》，李玉梅荣获第二十二届中国戏剧"梅花奖"。

此外，胡芝风还在 1986 年，为江西省赣剧团的涂玲慧加工了《送饭斩娥》《夜梦冠带》；1991 年，为江苏省江苏梆子剧团的张虹加工了《打神告庙》等剧目，她们分别荣获了第四届和第九届中国戏剧"梅花奖"。

胡芝风为王艺华（右）加工蒲剧《黄鹤楼》《哭坟》《寇老西升堂》（获梅花奖），左为武俊英

胡芝风为袁淑梅导演评剧《闯法场》（获梅花奖）（左起：陈牧、袁淑梅、胡芝风）

胡芝风为许荷英导演河北梆子《梦蝶劈棺》（获梅花奖）

胡芝风为卓佩丽导演粤剧《李慧娘·见判》（获梅花奖）

胡芝风为曾昭娟导演评剧《生死令》（获　　胡芝风为李萍导演晋剧《三娘教子》
梅花奖）　　　　　　　　　　　　　　　《六月雪》（获梅花奖）

胡芝风为苗文华导演豫剧《对绣鞋》《打　　胡芝风为艾金梅导演《李慧娘·见判》
金枝》《大祭桩》（获梅花奖）　　　　　《百花公主》（获梅花奖）

胡芝风为刘莉莎导演河北梆子《百花公主》《李慧娘》　　胡芝风为王洪玲导演河北
《灰阑情》《杜十娘》（获梅花奖）　　　　　　　　　梆子《西施》（获梅花奖）

胡芝风为王杭娟导演越剧　胡芝风为李玉梅导演河北梆子《梦蝶劈棺》《大脚皇后》
《蔡锷与小凤仙》，王杭娟（获梅花奖）
饰小凤仙

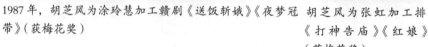

1987年，胡芝风为涂玲慧加工赣剧《送饭斩娥》《夜梦冠　胡芝风为张虹加工排
带》（获梅花奖）　《打神告庙》《红娘》
（获梅花奖）